신앙생활의 아홉 가지 질문

신앙생활의 아홉 가지 질문

2023년 11월 10일 처음 펴냄

지은이 | 박세식
펴낸이 | 김영호
펴낸곳 | 도서출판 동연
등 록 | 제1-1383호(1992년 6월 12일)
주 소 | 서울시 마포구 월드컵로 163-3
전 화 | 02-335-2630
팩 스 | 02-335-2640
이메일 | yh4321@gmail.com
인스타그램 | instagram.com/dongyeon_press

ISBN 978-89-6447-960-5 03230

신앙생활의 아홉 가지 질문

박세식 지음

동연

박세식 목사는 참 성실한 목회자이다. 꽤 오랫동안 여러 지역에 살고 있는 동역자들과 서울에서 독서 모임을 진행해 왔는데, 그는 아주 성실한 참여자였다. 책을 여러 차례 꼼꼼하게 읽고 오는 것은 물론이고 대화에도 적극적으로 참여했다. 그는 늘 동료들에게 배우려는 자세로 임했다. 노자는 학문을 연마하기 위해서는 날마다 쉬지 않고 정진해야 하고, 진리를 깨닫기 위해서는 날마다 자기를 내려놓을 줄 알아야 한다고 말했다. 박세식 목사는 학생정신과 구도정신의 조화를 지향하는 사람이다.

그가 이번에 쓴 『신앙생활의 아홉 가지 질문』은 그의 목회 현장인 오산감리교회에서 성도들에게 선포하고 가르친 내용을 정리한 것이다. 일반 신자들이 제기할 법한 신앙적 질문들을 가려 뽑고 거기에 답하는 방식으로 구성된 이 책은 일견 평이한 듯 보이지만, 우리를 심층적 신앙의 세계로 인도한다. 전통적인 신앙의 문법에서 크게 벗어나지 않지만 고루하게 느껴지지 않는 것은 복음을 우리 시대의 언어로 재맥락화하기 위해 치열하게 노력하고 있기 때문일 것이다.

개신교회에 대한 세상의 시선이 사뭇 따갑다. 맛 잃은 소금처럼 땅에 버려져 짓밟히는 신세가 되고 말았다. 많은 이들이 과연 교회에 희망이 있냐고 묻는다. 깊은 절망감에서 터져나오는 탄식이다. 어려운 시기이다. 이러한 때 자기 언어로 신앙을 바로 정립하기 위해 애쓰는 목회자들이 있다는 사실이 희망의 단초가 아닐까? 박세식 목사가 선보이는 이 책이 무너진 이 땅의 교회들을 일으켜 세우는 든든한 기둥 하나가 되기를 바란다.

김기석 목사

(청파교회)

가끔 책을 읽다 말문이 막힐 때가 있습니다. 내용에서 오는 감동도 감동이지만 책에 쏟은 정성이 경탄스러워서입니다. 그런 책은 쉬이 오지 않는데 정말 오랜만에 그런 책을 만난 것 같아 무척 설레고 기쁩니다. 사실 평소에 저자의 신앙적, 학문적 식견에 대해서는 웬만큼 알고 있다 싶었습니다. 그런데 이 원고를 대하고는 그 생각을 지울 수밖에 없었습니다. 제가 알고 있던 것은 겨우 겉모양 정도였습니다. 이것은 독자로서 이 책을 읽어보면 증명될 것입니다. 무엇보다 비신자의 신앙입문서로 쉽고 간결하고 꼼꼼하게 틀을 짰습니다. 또 기존의 신자들에게도 수시로 점검할 목록들로 채워져 있습니다. 그러니까 이 책은 신앙의 입문서와 지침서로 동시에 사용할 수 있을 것입니다. '백문(百聞)이 불여일견(不如一見)'은 이럴 때 쓰는 속담인 것 같습니다. 감히 주장하거니와 이 책은 안 읽으면 안 읽는 것만큼 손해입니다. 즉시 펴서 읽기를 강력히 추천하는 바입니다.

이렇게 책을 펴내기까지 겪었을 박 목사님의 산고(産故)를 생각하니 가슴이 먹먹해집니다. 책을 읽기는 좋아하지만 쓰는 데는 별 소질이 없는 제게 이 책의 두께와 깊이는 그저 희생과 헌신으로 느껴집니다. 더욱이 인문학적 소양이 깊으신 데도 그걸 감추고 신앙의 언어로 쓰시고자 애쓰셨던 겸손 앞에는 고개가 숙여집니다. 제 주변에 박 목사님 같은 성실하고도 진실한 목회자, 문필가가 있다는 사실이 자랑스럽습니다. 저뿐 아니라 모든 독자가 이 책의 단어 하나하나를 갈고 닦아 박은 열정에 감격스러워할 줄 믿습니다. 아무쪼록 이 책이 많은 사람에게 읽혀서 우리를 향한 하나님의 열심과 사랑을 다시 발견하게 되기를 기대합니다. 아름다운 책 『신앙생활의 아홉 가지 질문』의 출간을 축하하고, 일독하실 것을 다시 추천드립니다.

김성선 목사

(충청연회 감독)

하나님께서 가장 기뻐하시는 삶은 어떤 삶일까요? 그것은 두말할 나위도 없이 "순종하는 삶"입니다.

하나님께서 가장 기뻐하시는 사람은 어떤 사람일까요? 그것은 두말할 나위도 없이 "하나님, 말씀만 하십시오, 저는 언제든지 제 뜻을 버리고 하나님의 말씀에 순종할 준비가 되어 있습니다"라고 고백하는 사람입니다.

하지만 순종의 전제조건은 하나님의 말씀을 듣는 것입니다. 하나님의 말씀을 제대로 듣지 못한다면 어떻게 순종할 수 있겠습니까?

하나님의 말씀이 육신이라는 옷을 입어서 예수님이 되셨고, 하나님의 말씀이 글이라는 옷을 입어서 성경이 되었고, 하나님의 말씀이 목소리라는 옷을 입어서 설교가 되었는데, 여기에 기도하는 목회자로서 영적으로 깊이가 있고 법대 출신 목회자로서 체계적이고 논리적이며 신실한 목회자로서 구체적으로 실천할 수 있는 하나님의 말씀이 있으니 바로, 박세식 목사가 주일마다 강단에서 선지자의 심장으로 외친 설교입니다.

신앙생활의 9가지 질문에 명쾌한 대답을 하는 그의 설교는 모든 기독교인에게 분명한 지침서가 되리라고 확신합니다. 이 설교집을 대하면서 사람의 말로 받지 말고 하나님의 말씀으로 받아서 순종함으로 복을 받아 누릴 것을 기대하며 기쁨으로 이 책을 추천합니다.

방두석 목사
(당진감리교회)

봄이라고 하기에는 조금 이른 어느 날, 따뜻한 봄바람이 불고 연약한 새싹이 살짝 머리를 내밀 때 반짝반짝 빛나는 개울가를 건너보신 기억이 있으십니까? 그 기억 속의 우리는 아직 연약하고 소심해서 두려움과 호기심으로 세상에 나설 생각을 못 하고 비껴 있었을지도 모릅니다. 교회에 다니긴 하지만 믿음이 아직 새싹과 같고 목사님의 설교가 따뜻하게 느껴지긴 하지만 신앙인이라는 이름 앞에서 속수무책으로 서 있는 시간도 많았습니다.

박세식 목사님께서 수십 년간의 목회 경험을 바탕으로 쓰신 이 책은 따뜻한 봄바람 속에 반짝이는 시냇물처럼 흔들리는 우리를 따뜻하게 감싸 안으며 위로하고 믿는 자들에게 두려움 없이 가야 할 길을 지시해주는 친절한 안내서입니다. 목사님께서는 이 책을 통해 우리에게 '하나님의 형상'으로서 '존재의 경이로움'을 발견하라고 당부하시며 더 나아가서 '세상이 하나님께 속한 것이라는 사실을 알면 아무것도 함부로 대할 수 없다'라는 피조 세계 전체에 대한 존중과 삶의 아름다움을 발견하라고 가르쳐주고 계십니다. 이 귀한 가르침은 미래 세대의 삶의 기초가 되며 앞으로 올 세대에게 새로운 미래를 열어주는 희망의 찬가가 될 것입니다.

특별히 목사님께서는 가르치시는 자이시면서 동시에 스스로 그 가르침에 동참하시기 때문에 우리에게 그 목소리는 허구가 아닌 살아 있는 능력으로 다가옵니다. 그리고 그 능력은 우리의 잠재적 능력을 일깨워 주십니다. 이 책의 큰 줄기는 생명에 이르는 길입니다. 무지함은 의도하지 않은 범죄라고 할 수 있습니다. 소심하고 연약하여 쉽게 이탈할 수 있는 우리에게 목사님께서는 구약성서와 신약성서에 대한 깊은 통찰력으로 우리를 깨닫게 하시고 알게 해주십니다.

부드러운 봄바람과 같은 목사님의 글을 읽다 보면 처음의 그 부드러움은 사라지고 어느새 폭풍과 비바람으로 변합니다. 이 글을 마지막까지 읽어 내려가노라면 어느새 우리는 한여름의 비바람과 폭풍을 모두 이겨내고 굳건하게 성숙한 한그루 신앙의 나무로 자라난 모습을 느끼게 됩니다. 글의 마지막에 이르면 고난을 이겨낸 자의 성숙한 신앙을 보게 되며 우리가 가야 할 길이 어느 것인가를 확실하게 제시해 주고 계십니다.

목사님께서는 "인생이란 생명의 주인이신 하나님이 내주신 숙제를 하는 기간"이라고 하십니다. 그 숙제는 "사랑할 줄 아는 사람이 되라는 것"이라고 하십니다. 그렇기 때문에 우리가 "생존이 아닌 생명"을 살아낼 것을 격려하십니다. 이 책은 어린이에서부터 나이 드신 어르신들에 이르기까지 생명과 사랑의 문제를 깊이 깨닫게 하며 하나님의 세계로 깊이 빠져들게 합니다. 이 책이 미래세대를 위한 신앙의 길잡이, 곧 희망의 안내서가 될 것임을 확신합니다.

황현숙 명예교수
(협성대학교)

머리말

그리스도인은 하나님께서 주시는 복을 받아 살기를 원하는 사람들입니다. 그런데 어떻게 복을 받을까요? 그 해답이 성경에 있습니다. 성경에는 '하나님의 신비가 현실이 되는 이야기'가 기록되어 있습니다. 성경을 이해하기 위해서는 하나님의 신비에 마음을 열어야 합니다. 왼쪽을 보면 오른쪽을 볼 수 없듯이 세상을 보면 하나님을 볼 수 없기 때문입니다.

유용성에 따라 인간의 가치를 매기는 이 시대에 인간의 심오한 깊이를 드러내는 사람다운 사람이 더욱 그립습니다. 사람다운 사람으로 살아갈 유일한 길은 하나님의 신비에 나를 맡기는 것입니다. 세상을 바로 세울 큰일을 할 힘이 제게는 없습니다. 하지만 목회자로서 할 수 있는 작은 일을 하려고 합니다. 그 일 중 하나가 이 책입니다. 부족하지만 너그럽게 품어주시길 바랍니다.

이 책은 '신앙생활에 대한 아홉 가지 질문'에 대한 성경적 해석입니다. 신앙생활 중에 드는 질문을 ① 하나님, ② 기도, ③ 성경, ④ 교회, ⑤ 성령, ⑥ 죄와 용서, ⑦ 믿음, ⑧ 신앙 성장, ⑨ 하나님 뜻으로 분류하여 성경 말씀에 따라 구성하였습니다. 신앙생활 중에 알고 싶은 것에 맞게 사용하시기를 바랍니다. 각 설교는 유튜브를 통해서도 시청할 수 있습니다. 여러분의 신앙생활에 조금이나마 도움이 되었으면 하는 마음입니다.

고마운 분들이 너무 많습니다. 먼저 원고를 출판하기까지 수고를 아끼지 않은 도서출판 동연 김영호 장로님과 직원들에게 감사를 드립니다. 지금까지 저의 목회 여정에 도움을 주신 분들이 계십니다. 목회의 길을 열어주시고 지금도 조언을 아끼지 않으시는 당진교회 방두석 목사님, 말없이 지켜보시며 격려의 말씀을 주시는 충청연회 김성선 감독님, 신학교에서부터 지금까지 바른 신학을 지도해 주시는 황현숙 교수님, 끊임없이 성찰할 수 있도록 10여 년 동안 책 읽기를 지도해 주시는 청파교회 김기석 목사님께 머리 숙여 깊이 감사드립니다. 특별히 오산교회 교우 여러분께 감사합니다. 교우 여러분의 신뢰와 지지가 있었기에 여기까지 올 수 있었습니다. 끝으로 든든한 버팀목이 되어 모든 순간을 함께 해준 딸 수아, 아들 수동이 그리고 아내 김명화에게 사랑과 고마움을 전합니다.

오산중말길에서

박세식 목사

차 례

들어가며

'신앙생활에 대한 초신자의 질문 아홉 가지'를 분류의 기준으로 삼아 다음과 같이 주제 설교를 분류하였습니다.

1. **하나님**을 어떻게 믿어야 하나요? 어떻게 하면 하나님과의 관계를 더욱 깊게 만들 수 있을까요?

2. **기도**는 어떻게 해야 하나요? 기도가 어떤 의미를 가지며, 어떤 내용을 담아야 할까요?

3. **성경**은 어떻게 읽고 이해해야 하나요? 성경 공부에 어려움을 겪을 때 어떻게 해야 할까요?

4. **교회**에 가는 이유는 무엇인가요? 교회 생활이 신앙생활에 어떤 도움이 될까요?

5. **성령**이 누구이며, 성령의 역할은 무엇인가요?

6. **죄와 용서**에 대해 궁금해요. 하나님이 죄를 어떻게 용서해 주시는 건가요?

7. **믿음의 도전**과 시련에 대처하는 방법은 무엇인가요?

8. **신앙의 성장**을 위해 무엇을 해야 할까요? 초보자라서 어떻게 시작해야 할지 잘 모르겠어요.

9. **하나님의 뜻**을 알아내는 방법과 하나님께서 나에게 주시는 사명이 무엇일까요?

* 본문의 성경 구절은 별도의 표기가 없는 경우 '새번역성경'을 사용하였습니다.

| 1장 |

하나님을
어떻게 믿어야 하나요?

어떻게 하면 하나님과의 관계를
더 깊게 만들 수 있을까요?

하나님의 상속자

갈라디아서 4장 4-7절

문제의식

'어이구 내 팔자야~'라고 한탄하며 가슴을 치는 사람들을 볼 때가 있습니다. 그 말 한마디를 들을 때면 '이분도 참 쉽지 않은 삶을 살았구나'하고 느끼게 됩니다. 산다는 것이 그리 녹록하지만은 않은 것이 사실입니다. 그래서 때로는 '사는 게 다 그렇다'라며 자조하는 말을 하면서 사는 것이 더 현명한지도 모르겠습니다.

한편, '팔자 타령하지 마. 세상 모든 일은 다 자기 하기 나름이지 팔자는 무슨 팔자?'라고 하면서 '팔자'를 전근대적인 고루한 옛날이야기라고 말하는 분들도 있습니다. 어쨌든 태어난 연월일시(年月日時)에 따라 해석한 그 사람이 타고난 운명으로서의 '팔자'를 고쳐서라도 평탄하게 살고 싶은 것이 모든 사람의 바람인 것 같습니다.

오늘 본문은 그 '팔자'를 고치는 말씀이 들어 있습니다. 성경은 그것을 예수 그리스도를 믿는 것이라고 말합니다. 예수 그리스도를 믿는 사람은 엄청난 신분의 변화를 경험하게 됩니다. 운명이 바뀌고 팔자가 바뀌는 것입니다. 도대체 무슨 말인지 한번 말씀을 살펴볼까요?

1. 종노릇했던 어릴 때(1-3절)

¹내가 또 말합니다. 유업을 이을 사람은 모든 것의 주인이지만, 어릴 때에는 종과 다름이 없고, ²아버지가 정해 놓은 그 때까지는 보호자와 관리인의 지배 아래에 있습니다. ³이와 같이, 우리도 어릴 때에는, 세상의 유치한 교훈 아래에서 종노릇을 하였습니다.

1-3절 말씀은 먼저 종노릇 하는 때를 설명합니다. 실상은 모든 것의 주인이지만 어릴 때는 종노릇 한다는 것입니다. 종노릇이 무엇일까요?

세상 풍조에 따라 사는 삶

바울은 예수 그리스도를 믿기 전에 우리의 삶이 어땠는지 말합니다. 하나님을 배반하고 선악을 알게 하는 열매를 먹은 인간은 에덴에서 쫓겨나 이 땅에서 죄의 굴레를 쓴 종으로 살아가고 있습니다. 그러나 예수 그리스도께서 대신 죽으시고 우리의 죄값을 치러 주심으로 우리는 종에서 풀려나 자유인이 되었습니다.

1절에서 우리는 유업을 이을 주인이지만 어릴 때는 종과 다름이 없다고 말합니다. 여기서 '어릴 때'라 함은 '예수 그리스도께서 우리에게 오시기 전, 믿기 전, 또는 믿음이 어린아이 같을 때' 등을 말합니다. 우리는 하나님의 자녀로서 하나님 나라의 유업을 이을 자이지만, 그리스도께서 오시기 전에는 '세상의 유치한 교훈' 아래에서 종으로 살고 있습니다.

세상의 유치한 교훈은 '세상의 가르침', 즉 인간적 지식을 말합니다.

예수께서 이 땅에 오실 그 당시에는 유대인의 율법, 헬라인의 문화가 세상을 지배하고 있었습니다. 사람들은 모두 그 가르침이 옳은 줄 알고 살았습니다. 물론 인간의 지식도 하나님의 뜻에 따라 사용할 때 유용할 수 있습니다. 다만 그 지식으로 하나님을 재고 판단하려 할 때 유치한 초등학문이 되어 버립니다. 하나님은 인간의 한계 너머에 계시기 때문입니다. 따라서 예수 그리스도를 믿기 전의 삶은 자유인의 삶이 아니라 율법과 관습과 세상의 문화와 가치관에 따라 사는 종의 삶이었다고 성경은 말합니다.

한때 롱패딩이 유행이었습니다. 평창 동계올림픽 기념으로 한정 판매하는 제품이 짧은 시간에 품절되었다는 소식이 뉴스에 나온 적이 있습니다. 길에 보면 청소년과 젊은 사람들은 하나같이 롱패딩을 입고 있었습니다. 물론 롱패딩이 장점이 있습니다. 특별히 속에 입을 옷을 신경 쓰지 않아도 되고, 무릎까지 덮어주어 따뜻하기도 합니다. 저와 아내는 산책 겸 운동을 할 때 롱패딩의 장점을 느낍니다.

그러나 모두가 하나같이 입고 다니는 것은 소위 '유행'을 따르는 것입니다. 유행을 따르는 것이 꼭 나쁘다는 것은 아닙니다. 다만 이리저리 유행을 따라 모든 사람이 움직이는 것은 꼭 그래야만 하는지 생각해 봐야 한다는 것입니다. 이런 속담이 있습니다. '친구 따라 강남 간다.' 자신은 별로 하고 싶지 않은 일을 남이 하는 대로 덩달아 하게 됨을 비유적으로 이르는 말입니다. '남이 장에 간다고 하니 거름 지고 나선다'라는 말도 있습니다. 남이 무슨 일을 한다고 하면 주체성 없이 덩달아 행동함을 이르는 말입니다.

이와 같은 삶은 '자유인의 삶'이 아니라 '종의 삶'입니다. 예수 그리스도를 영접하기 전의 삶은 '생각 없이 세상의 풍조에 따라 사는' 종의 삶이라고 성경은 말합니다.

행위로서 인정받으려는 삶

하나님의 자녀는 행위로서 하나님께 인정받으려는 종과 같은 삶에서 벗어난 자입니다. 예수님께서 오시기 전에 모든 사람은 하나님께 의롭다고 인정받기 위해서 율법을 지켜야 했습니다. 마치 종이 주인의 눈에 들고자 애써야 했던 것처럼 율법을 지키려고 무진 애를 썼습니다. 그러나 계속 실패했습니다. 왜냐하면 죄인인 인간은 그 죄성 때문에 도저히 율법의 모든 것을 행할 수 없었기 때문입니다. 잠시 지킬 수는 있었지만, 평생 한 번도 어기지 않고 살 수는 없었습니다. 그것이 이 땅에 사는 인간의 현실입니다.

여러분은 어떻습니까? 착하고 선하게 살고 싶지만, 마음속에서 나도 모르게 올라오는 죄성을 느끼지 않으십니까? 형제를 미워하고 남 탓을 하고 변명하지 않으셨습니까? 저만 그런가요?

율법은 하나님이 주신 것으로 선하고 아름다운 것이지만 지킬 수 없는 자에게는 오히려 걸림돌입니다. 내가 할 수 없는 것을 하면 큰 보상을 주겠다는 계약은 아무 쓸모가 없는 것입니다. 혹시라도 이러한 계약을 하자고 하는 사람이 있다면 허튼소리 말라고 호통을 쳐서 쫓아 버려야 합니다.

그렇다면 하나님은 왜 율법을 주셨을까요? 예전에 인간이 지킬 수 없는 율법을 주신 하나님이 원망스럽다고 생각한 적도 있었습니다. '도대체 왜 율법을 주셔서 사람을 괴롭게 하실까?'라고 생각한 적이 있었습니다. 그러나 하나님은 우리를 사랑하셔서 독생자까지 주신 분입니다. 그런 사랑의 하나님이 우리에게 단지 걸려 넘어질 걸림돌로 율법을 주셨을 리가 없습니다.

하나님은 바울을 통해 율법을 주신 이유를 알려 주셨습니다. 율법은 우리가 행위로 지킬 수 없음을 알게 하시어 우리가 겸손하게 하나님의 은혜를 구하게 하려는 것이라고 합니다. 율법은 우리의 행위로 지킬 수 없습니다. 오직 하나님의 은혜로만 가능합니다. 행위가 아닌 은혜입니다.

혹시 주인의 눈에 들기 위해 종처럼 눈치 보고, 주인의 기대에 미치지 못할까 봐 종처럼 두려워지는 않습니까? 하나님 자녀로서의 삶은 그렇지 않습니다. 우리가 연약하고 부족해도 하나님은 우리를 자녀로 대하시고 은혜를 베풀어 주십니다. 그래서 우리는 '아빠 아버지'라고 부를 수 있는 것입니다.

예수님이 오신 후에는 행위로 인정받으려는 종의 삶에서 벗어나게 되었습니다. 이제는 예수 그리스도를 믿음으로, 행위가 아닌 은혜로 살아가게 되었습니다. 왜냐하면 우리는 하나님의 자녀이기 때문입니다.

2. 기한이 찼을 때에(4-7절)

⁴그러나 기한이 찼을 때에, 하나님께서는 자기 아들을 보내셔서, 여자에게서 나게 하시고, 또한 율법 아래에 놓이게 하셨습니다. ⁵그것은 율법 아래에 있는 사람들을 속량하시고, 우리로 하여금 자녀의 자격을 얻게 하시려는 것이었습니다.

기한이 찼을 때 하나님은 약속대로 그 아들을 보내셨습니다. 하나님은 예수님을 여자에게서 나게 하셔서 사는 날이 괴로움으로 가득할 뿐인 모든 인간이 태어나는 것과 같게 하셨고, 율법 아래에 놓이게 하셔서 인간의 삶 가운데로 오게 하셨습니다. 여자에게서, 그리고 율법 아래에서 나게 하신 것은 율법 아래에 있는 인간을 구원하고자 한 것입니다.

예수님은 참 인간으로 오셔서 인간의 죄를 온몸으로 겪으셨습니다. 따라서 예수님은 우리와 함께 계셨고 우리와 하나가 되셨습니다. 임마누엘의 예수 그리스도는 우리를 구원하실 자격이 있으십니다. 하나님은 우리를 자녀로 삼아 주셨습니다. 우리는 하나님의 자녀라는 신분을 갖게 됩니다. 그리고 자녀로서 두 가지 특권이 있습니다.

> 6그런데 여러분은 자녀이므로, 하나님께서 그 아들의 영을 우리의 마음에 보내 주셔서 우리가 하나님을 "아빠, 아버지"라고 부를 수 있게 하셨습니다. 7그러므로 여러분 각 사람은 '이제 종이 아니라 자녀입니다. 자녀이면, 하나님께서 세워 주신 상속자이기도 합니다.

첫째, 우리는 하나님을 '아빠, 아버지'라고 부를 수 있게 되었습니다. 두렵고 멀고 먼 하나님이 아니라 친밀하며 가까이 우리 곁에 계신 하나님이 되셨습니다. 이제 성령의 은혜의 인도하심을 따라 하나님을 직접 '아버지'라고 부르게 되었습니다.

둘째, 우리를 상속자로 삼아 주셨습니다. 우리는 하나님 나라를 상속하게 되었습니다. 우리는 더 이상 종이 아니라 하나님의 자녀이고, 하나님은 우리가 그분의 나라를 유업으로 받게 하십니다. '노예에서 아들로', '종의 신분에서 상속자의 신분으로' 우리의 팔자(八字)가 바뀌었습니다.

결론

그리스도 예수께서 이 땅에 오시기 전에 우리는 종과 같았습니다. 항상 주인의 마음에 들기 위해 눈치를 살피면서 주인의 기대에 미치지 못할까 봐 두려워했습니다. 그 삶은 절망의 삶이었습니다. 왜냐하면 세상의 초등학문(유치한 교훈)으로는 인생의 절망에서 벗어날 수 없기 때문입니다.

그러나 기한이 차서 예수 그리스도께서 이 땅에 오신 이후에는 더 이상 종으로 주인에게 인정받거나 주인의 마음에 들려고 노력하지 않아도 됩니다. 왜냐하면 이제는 종이 아니라 자녀로서 살기 때문입니다. 자녀이면서도 종노릇 하며 살았던 삶에서 하나님의 자녀로서 당당한 자유인으로 살게 되었습니다. 또한 보호자와 관리인(후견인)의 지배에서 벗어나 당당한 상속자로서 하나님 나라를 유업으로 소유하게 되었습니다. 이 모든 것은 행위가 아니라 은혜와 믿음으로 이루어진 것입니다. 믿는 자에게는, 모든 자녀에게는 하나님께서 성령을 부어주심으로 그리스도와 연합하게 하시어 모든 것을 그리스도와 함께 소유하게 되었습니다. 그러므로 당당하게 하나님의 자녀로 사시기를 바랍니다.

놀라움과 경외를 찾아서

이사야 1장 10-20절

문제의식

소돔과 고모라는 도덕적 타락으로 완전히 멸망 당한 도시입니다. 본문에서는 이스라엘의 타락을 강조하기 위하여 거론하고 있습니다. 이스라엘 사람들은 율법대로 하나님께 제물을 드리면 되는 것으로 생각했습니다. 그러나 하나님은 그들의 제물에 의미를 두지 않으셨습니다. 형식만 갖춘 예배는 성전의 뜰만 밟을 뿐이며 마당만 밟고 가는, 도장만 찍고 가는 일일 뿐이라고 책망합니다.

그렇다면 하나님이 원하시는, 기뻐하시는 예배는 무엇일까요? 거짓되고 위선적인 제사는 종교적인 형식에만 몰두할 뿐 하나님의 뜻과 말씀에는 관심이 없습니다. 하나님은 이것을 거부하십니다.

이스라엘은 때마다 제물을 바쳤습니다(11절). 그러나 그것은 하나님이 원하시는 영과 진리에서 먼 마음이 없는 종교적 행사일뿐이었습니다. 때가 되면 성전에 나오고 습관적으로 제단에 제물을 바칠 뿐 하나님을 향한 가슴 깊은 사랑은 사라져 버렸습니다. 경외감과 놀라움이 사라져 버리고 일상이 되어 버렸습니다. 그렇게 하나님을 느끼지 못합니다.

1. 형식적 종교 행위의 결과

첫째, 습관적 종교 행사는 실재에 대한 경이로움을 보지 못하고 눈이 멀게 됩니다. 예를 들면 창세기 2장에서 잠에서 깬 아담이 하와를 처음 본 순간, 그 어디에서도 볼 수 없었던 하와의 모습을 본 아담은 몹시 황홀하여 하와에게서 눈을 뗄 수 없었을 것입니다. 그래서 이렇게 고백합니다. "내 뼈 중의 뼈요, 살 중의 살이로다"

하지만, 창세기 3장을 보면 이제는 하와에게 익숙해지고 일상이 되자 더 이상 하와는 아담에게 관심의 대상이 아니었습니다. 그때 하나님의 책망을 듣자 "저 여자가 줘서 먹었습니다."라고 비난합니다. '뼈 중의 뼈, 살 중의 살'에서 이제는 그저 '저 여자'가 되어 버렸습니다. 처음 봤을 때의 놀라움과 순수한 경이로움은 보이지 않습니다.

형식적 종교 행위의 두 번째 결과는 진정한 가치를 알지 못한다는 것입니다. 세상은 외모, 부유함, 성공에 가치가 집중되어 있습니다. 이러한 가치를 어떻게 충족시킬지 걱정하고 노력하고 또 힘겨워합니다. 모든 관심이 그곳에 있습니다. 왼쪽을 보면 오른쪽을 보지 못하는 것처럼 진정한 가치 있는 많은 것을 보지 못하는 일이 발생합니다.

예수께서 우리에게 주시는 가르침은 세상의 가치에서 하나님의 가치로의 이동입니다. 예수의 길은 친숙하고 익숙한 삶의 방식에서 죽고, 놀라움과 경이로움을 느끼는 새로운 삶의 방식으로 살아나는 길입니다. 예수는 나의 익숙한 습관적 경험적 지혜에서 해방되어 각 사람에게 주어진 창조의 경이로움을 보게 합니다. 예수를 믿는다는 것은 우리에게 익숙하지만, 그 안에서 심한 고통으로 아파했던 삶의 방식(성공, 출세, 외모 재물에 가치를 두는 사고방식)에 대해 문제를 제기하고 있는 것입니다.

예수를 믿는다는 것은 '세상에서 하나님으로' 우리의 중심을 이동하는 삶입니다. 예수를 믿는다는 것은 예수가 새로운 세상으로 가는 지혜라는 것을 믿고 따르는 삶, 그래서 나의 삶이 사랑과 정의가 숨을 쉬는 삶이 되기를 바라는 것입니다.

하나님은 제물도 중요하게 보시지만 그 제물을 드리는 사람을 더 중요하게 보십니다. 아무리 좋은 음식도 더러운 그릇에 담기면 더러워서 먹지 못하게 되는 것과 마찬가지입니다.

2. 위선적 제사를 거부하시는 하나님

오늘 본문을 보면 이스라엘 백성들은 여전히 하나님을 섬기고 있습니다. 그러나 하나님은 그들이 하나님을 섬기지 않는다고 탄식하십니다. 어째서 이런 일이 일어났을까요? 이 소통 부재, 이런 차이는 무엇 때문일까요?

10-15절에는 형식적, 위선적 제사를 거부하시는 하나님을 볼 수 있습니다. 이스라엘 백성들은 착각하고 있습니다. 종교적 관습을 지키는 것을 영적 의무를 다한 것으로 생각한 이스라엘 백성들은 종교적 관행에서 벗어날 생각을 전혀 하지 못합니다. 예수의 본질적 가르침과 예수의 가르침을 전달하는 과정에서 생겨난 제의나 관습은 전혀 다른 것입니다. 이것을 깨닫지 못하면 예수의 말씀인 본질이 경직되고 오히려 관습적 제사 의식에 둘러싸여 본질이 생명을 잃어버리게 됩니다.

이것이 당시나 지금에나 가장 큰 아픔입니다. 율법은 하나님의 뜻이었지만 인간들은 그 뜻을 율법 속에 경직시킨 채 율법 안에 담긴 하나님의 마음을 잃어버렸습니다.

그 결과 이스라엘은 놀라움과 경외를 잊어버린 백성이 되었습니다.

이들은 모든 것이 일상이 되어 버렸습니다. 모든 것을 당연한 것처럼 느끼고 있습니다. 그러나 그 어떤 것도 당연한 것이 없습니다. 아담이 잠에서 깨어 하와를 처음 본 순간의 놀라움과 경외를 찾아야 합니다. 그 어떤 것도 하나님의 은혜가 아닌 것이 없습니다. 그 어떤 것도 감사하지 못할 것이 없습니다.

16-19절을 보면, 하나님이 원하시는 것은 다른 것이 아니었습니다.

하나님이 원하시는 것은 형식적 제사가 아니라 악한 행실을 버리고 정의를 찾으라는 것입니다. 지금까지 형식적 제사를 드리면서 성전 뜰만 밟았지만, 이제부터는 '기꺼이 하려는 마음으로 순종하면, 땅에서 나는 가장 좋은 소산을 먹을 것이다'라고 축복하십니다(19절). 비록 지금까지 죄를 지었을지라도 하나님께서 깨끗하게 하실 것이라고 약속하십니다(18절).

결론

오늘 본문에서 하나님은 놀라움과 경외를 잃어버린 이스라엘 백성의 제사와 절기를 받지 않으십니다. 그리고 하나님이 진정으로 원하시는 것이 무엇인지 말씀하십니다. 제사를 드리고 절기를 지키는 것은 하나님을 섬기는 일입니다. 그러나 이웃을 배제한 채 하나님을 섬길 수는 없습니다. '눈에 보이는 형제를 사랑하지 않은 사람이 어떻게 보이지 않는 하나님을 사랑할 수 있겠는가(요일 4:20)'라고 말씀하시는 것처럼, 이웃사랑 특히 약자와 소외된 자에 대한 배려가 없다면 제사를 드리고 절기를 지키는 것이 헛되다는 것입니다.

우리 삶에서 정의와 공의가 없는 예배자의 예배는 하나님이 받지 않으십니다. 왜냐하면 그것은 단지 자기만족을 위한 종교적인 행사에 지나지 않기 때문입니다.

　우리는 어느 틈엔가 우리가 느끼지 못하는 사이에 하나님이 주신 놀라움과 경외를 잃어버린 채 살고 있지는 않습니까? 우리가 날마다 성전에서 기도하고 말씀을 읽는 것은 하나님께서 우리에게 베풀어 주신 놀라운 일들을 기억하고 감사하며 기뻐하기 위함입니다. 다시 한번 놀라움과 경외를 찾아 나서는 여러분이 되시기를 바랍니다.

참된 행복

시편 1편 1-6절

문제의식

옛날 어느 선생님이 사람 인(人)자 다섯을 써 놓고 제자들에게 해석해보라고 했다고 합니다. 여러분은 혹시 알겠습니까? 제자들이 뜻을 헤아리지 못하고 머뭇거리자 스승은 그 뜻을 풀어주었습니다.

'사람(人)이면 다 사람(人)인가 사람(人)이 사람(人)다워야 사람(人)이지'

옳은 말입니다. 그런데 '사람다운 게 뭡니까?'라고 물으면 선뜻 대답이 떠오르지 않습니다. '~답다'라는 것은 '아버지답다', '목사답다', '기독교인답다'라고 사용합니다. 그럼 누가 사람다운 사람일까요?

성경에서 말하는 사람다운 사람은 '하나님을 사랑하고 이웃을 사랑하라'는 하나님의 계명을 실천하는 사람입니다. 하나님을 사랑하는 것은 하나님을 향한 책임을 다하고, 이웃을 사랑하는 것은 이웃에 대한 책임을 다하는 것입니다.

하나님을 향한 책임은 '거룩'입니다

'내가 거룩하니 너희도 거룩하라.' 따라서 하나님의 형상을 따라 지음 받은 사람은 함부로 살면 안 됩니다. 우리가 그것을 알든지 모르든지 우리는 하나님이 보내신 존재이기 때문입니다. 우리 생명이 얼마나 존엄한 것인지 모르고, 육체가 하는 대로 함부로 살아가는 것은 자신에 대한 배신이고 아버지 하나님에 대한 불효입니다. 우리에게 남아 있는 시간은 내 욕심을 덜어내고 그 자리에 하늘의 뜻을 채우는 삶이 되어야 하지 않을까요?

이웃에 대한 책임은 '환대'입니다

에덴동산에서 쫓겨난 후부터 사람은 다른 사람에 대한 의심과 적대적인 태도를 보이기 시작합니다. 가인은 동생을 죽인 후 "네 동생이 어디 있느냐"는 하나님의 물음에 "내가 내 동생을 지키는 자입니까?"라고 항변했습니다. 우리는 에덴에서 쫓겨난 가인의 성정을 갖고 있습니다.

사람답게 산다는 것은 우리 속에 있는 이기적이고 배타적인 무정한 성정을 극복하고 누군가의 좋은 이웃이 되는 것입니다. 이것이 환대입니다. 하나님 나라는 겨자씨 한 알이 자라서 나무가 되고 새들이 쉬는 쉼을 제공하는 환대의 공간입니다. 이런 공간을 만드는 것이 우리의 소명이고 교회의 존재 목적입니다. 하나님에 대한 책임과 이웃에 대한 책임을 감당하는 사람을 성경은 사람다운 사람이라고 말하는 것으로 보입니다.

그러나 문제는 사람답게 산다는 것이 말처럼 쉽지 않다는 것입니다.

저 자신을 들여다볼 때 낯설게 느껴질 때가 종종 있습니다. 세수하려고 거울을 들여다보다가 생기를 잃은 나 자신의 모습을 마주칠 때가 있습니다. 여러분은 거울에 비친 자기 모습이 마음에 드시나요? 어떤 생각이 드시나요? 보톡스나 맞아볼까 하고 생각할 수도 있지만 생기를 불어넣어 주시는 하나님의 은총을 생각할 수도 있습니다. 낯선 거울 속의 내 모습을 보면서 이런 노래가 생각나기도 합니다.

어느 날 난 낙엽 지는 소리에 갑자기 텅 빈 내 마음을 보았죠. 난 참 바보처럼 살았군요. 난 참 바보처럼 살았군요.

뭔가 이게 아닌데 하는 느낌, 길을 잘못 든 느낌이 드는 것은 왜일까요? 나는 나름대로 열심히 살았는데 그동안 살아온 인생이 억울하기도 하고, 밀물처럼 밀려오는 허무를 느낄 때가 있습니다. 그것은 세월에 등 떠밀려 사는 동안 세상 누구도 대신해줄 수 없는 '나 자신'에 대한 존재 이유를 묻지 않고 살았기 때문이 아닐까 생각해 봅니다. '다 늙어서 무슨 인생의 의미? 그냥저냥 살다 가는 거지 뭐' 이렇게 생각하시는 분도 있으시겠지만, '한 번 사는 인생인데 제대로 살아봐야 하지 않을까'라고 생각하는 분도 있으시겠지요.

오늘 본문인 시편 1편은 복 있는 사람의 이야기입니다. 그런데 잘 보면 악인에 대해 더 많이 말하고 있습니다. 이는 악인을 말함으로 복 있는 사람을 드러내려는 것입니다. 이런 경우 사자성어로 '반면교사(反面教師)'라고 합니다. 본이 되지 않는 남의 말이나 행동이 도리어 자신의 인격을 수양하는 데 도움을 주는 경우를 이르는 말로, 다른 사람의 모습을 통해 우리의 모습을 비추어 보는 것입니다.

1복 있는 사람은 악인의 꾀를 따르지 아니하며, 죄인의 길에 서지 아니하며, 오만한 자의 자리에 앉지 아니하며

잘 들여다보면 '누가 복 없는 사람인가'를 말하고 있습니다. 복 없는 사람이 누굽니까? ① 악인의 꾀를 따릅니다. ② 죄인의 길에 섭니다. ③ 오만한 자의 자리에 앉습니다. 이런 일들은 달콤합니다. 따라서 유혹에 빠지기 쉽습니다. 악인이 판치는 세상에서 착하게 정도를 묵묵히 걷는 사람은 '어리석거나 융통성이 없는 사람'이라는 평을 듣기 쉽습니다. 한마디로 '바보'라는 것입니다.

그런데 정말 그들이 어리석을까요? 바보일까요? 꾀를 내어 조금 이익을 취할 수도 있고, 부정 앞에서 눈 한번 딱 감고 부자가 될 수도 있고, 오만하게 높은 자리에 앉을 수도 있습니다. 그러나 성경에 의하면 그들은 기껏해야 모래 위에 집을 짓는 사람일 뿐입니다(마 7:24-27, 찬송가 204장). 어느 순간 든든하다고 여겼던 그들의 집은 한순간에 무너지고 허물어질 수 있습니다.

오늘 본문에서는 악인을 가리켜 '한낱 바람에 흩날리는 쭉정이와 같다'라고 말합니다. 사람답게 살기 위해서는 그릇되고 망령된 것들이 드나들지 못하도록 막고, 헛된 유혹이 흘러들 틈을 막아버려야 합니다. 그러기 위해서는 삶의 원칙이 분명해야 합니다. 원칙을 세우는 것이 사람다운 삶을 사는 비결입니다.

'대나무는 마디가 있음을 귀하게 여긴다'라는 말이 있습니다. 대나무가 바람에도 꺾이지 않는 것은 마디가 있기 때문입니다. 나무는 나이테가 있어서 단단해집니다. 사람이 살아가는 데에도 마디 또는 나이테가 필요합니다. 마디가 없는 인생, 나이테가 없는 인생은 재미없는 무의미한 인생입니다. 성경은 그 마디가 무엇인지, 나이테가 무엇인지 우리에게 알려줍니다.

성경의 한자는 聖經입니다. 성스러운 성, 글 경입니다. 글 경자는 실 사(糸) 변이 붙어 있습니다. 경의 의미는 천을 만드는 '날줄'을 의미한다고 합니다. 천은 세로에 날줄, 가로에 씨줄이 엮여서 만들어집니다. 날줄은 세로줄입니다. 옛날 가마니 짜던 모습을 보면 먼저 날줄, 세로줄을 틀에 걸고, 씨줄을 북으로 넣고 바디로 내려칩니다. 이 과정의 중심은 날줄입니다. 우리 삶도 날줄 같은 중심이 있어야 가지런하고 아름다운 사람다운 삶을 만들어 갈 수 있습니다.

시편 1편은 누가 복 있는 사람인지 묻습니다. 그는 오로지 주님의 율법을 즐거워하며, 밤낮으로 율법을 묵상하는 사람입니다. 성경이 우리의 날줄입니다. 하나님의 말씀을 중심에 두고 사는 사람은 복 있는 사람입니다. 말씀을 묵상한다는 것은 말씀을 나의 존재 전체로 읽고 듣고 생각하고 행해야 한다는 것입니다. 요한계시록 10:9 말씀에 두루마리 말씀을 주시면서 '이것을 받아먹어라. 이것은 너의 배에는 쓰겠지만, 너의 입에는 꿀같이 달 것이다'라고 합니다. 입(읽고 들음)에는 달지만, 배(삶에 적용하는 데)에는 쓰다는 것입니다.

하나님의 말씀을 중심에 둘 때 어떤 경우에도 흔들리지 않는 삶의 원칙이 생기고 그것을 붙잡아야 삶이 요동치지 않습니다. 이러한 사람을 3절에서는 이렇게 말합니다.

> ³그는 시냇가에 심은 나무가 철따라 열매를 맺으며 그 잎이 시들지 아니함 같으니,
> 하는 일마다 잘 될 것이다.

다만 주의할 것은 '하는 일마다 잘될 것이다'라는 말씀입니다. 언뜻 보면 우리 현실에 딱 들어맞지는 않는 것 같습니다. 공평함이 없는

세상에서 악인이 잘되고, 착한 사람이 어려움을 겪는 현실을 보고 있기 때문입니다. 그렇다면 시편 1편은 현실과 다른 미래의 바램이나 이상일뿐일까요? 아닙니다. 하나님의 말씀에 따라 사는 사람은 하는 일마다 잘 된다는 말씀이 옳습니다. 하나님은 믿음의 자녀들을 지키시고 보호하십니다. 복을 주십니다. 생기를 주십니다.

다만 이 말씀이 내 욕망이 이루어지는 것으로만 생각하면 그 뜻을 올바르게 알지 못합니다. 하나님의 말씀대로 살다 보면 어려움을 겪기도 합니다. 모세도, 엘리야도, 바울도, 예수님도 그랬습니다. 그러면 그들이 불행한 사람들입니까? 인간적으로 보면 그렇다고 할 수 있습니다. 수많은 고난을 겪었으니 말입니다. 그러나 영원의 관점에서 보면, 그들은 승리자입니다. 여러분은 모세처럼, 엘리야처럼, 바울처럼, 예수님처럼 살고 싶지 않으십니까? 하나님의 형상대로 지음 받은 나의 모습대로 사는 것만큼 소중한 일은 없습니다. 원칙이 바로 서면 조금 덜 먹어도, 조금 덜 편안해도 감사할 수 있습니다. 행복할 수 있습니다. 말씀에 굳게 서 있을 때 무슨 일을 만나든지 새 힘을 얻을 것입니다.

결론

세월이 흘러 나이가 들수록 우리 마음이 쓸쓸한 것은 젊음을 잃어서도, 많은 재물을 쌓아두지 못해서도 아닌 것 같습니다. 어쩌면 나 자신의 존재 의미와 목적에서 멀어졌기 때문인지도 모릅니다. 하나님의 말씀을 날줄로 삼고 우리의 삶의 시간과 조건들을 씨줄로 삼아 사람다운 삶을 살아가면 좋겠습니다.

나는 하나님의 기쁨입니다

시편 139편 13-18절

'노벨상'을 아시나요? 노벨상은 알프레드 베르나르드 노벨의 유언에 따라 설립한 기금으로, '지난해 인류에게 가장 큰 공헌을 한 사람들'에게 주는 상입니다. 노벨상은 국적·인종·종교·이념에 관계없이 누구나 받을 수 있습니다.

노벨상은 물리학, 화학, 생리학·의학, 문학, 평화, 경제학 부문에서 수상자를 선정합니다. 우리나라는 김대중 전 대통령께서 평화상을 받았습니다. 조만간 다른 분야에서도 수상자가 나오기를 고대합니다.

혹시 '필즈상'을 아십니까? 노벨상은 아시는 분이 있겠지만 필즈상은 아시는 분이 많지 않을 것입니다. 노벨상에는 수학에 대한 시상이 빠졌습니다. 필즈상은 지난해 가장 큰 공헌을 남긴 수학자에게 주는 상입니다. 한마디로 말하면 필즈상은 수학계의 노벨상입니다.

얼마 전 한국인 최초로 필즈상 수상자가 나왔습니다. 그는 서울대학교를 졸업하고 현재 프린스턴대학 교수로 재직 중인 허준이 교수입니다. 최근 허준이 교수의 서울대학교 졸업식 축사가 화제가 되었습니다. 축사의 한 부분을 읽어 드리겠습니다.

여러 변덕스러운 우연이, 지쳐버린 타인이 그리고 누구보다 자신이 자신에게 모질게 굴 수 있으니 마음 단단히 먹기를 바랍니다. 나는 커서 어떻게 살까, 오래된 질문을 오늘부터의 매일이 대답해줍니다. 취업 준비, 결혼 준비, 육아, 교육, 승진, 은퇴, 노후 준비를 거쳐 어디 병원 그럴듯한 일인실에서 사망하기 위한 준비에 산만해지지 않기를 바랍니다.

무례와 혐오와 경쟁과 분열과 비교와 나태와 허무의 달콤함에 길들지 말길 바랍니다. 의미와 무의미의 온갖 폭력을 이겨내고 하루하루를 온전히 경험하길 바랍니다. 그 끝에서 오래 기다리고 있는 낯선 나를 아무 아쉬움 없이 맞이하길 바랍니다.

곱씹어 생각해 볼 말이 있습니다. 허준이 교수는 "공부를 제일 열심히 잘할 수 있는 때는 매일 똑같은 일상이 견고하게 잡혀있을 때"라며 일상의 반복이 충분히 이루어질 때 좋은 생각이 든다고 했습니다. 그는 필즈상을 받기 전 매일 오전 3시에 일어나 운동을 하며 새벽에 혼자만의 시간을 보낸 뒤 아침을 먹고 학교에 출근했다고 합니다. 일상의 반복이 충분히 이뤄질 때 좋은 생각이 든다고 합니다. 결국 똑같은 일상, 견고한 일상이 쌓여 대가를 만들어낸다는 말입니다.

주변을 살펴보면 똑똑한 사람이 참 많습니다. 하지만 잘 보면 가짜로 똑똑한 사람이 많습니다. '약삭빠르다'라는 말이 있습니다. 생각해 보면 그렇게 살아야 하는 때가 있었습니다. 어떻게든 살아남는 것이 중요한 때, 바로 전쟁 때입니다. 서로 죽이는 것이 목표인 전쟁 때에는 살아남기 위해 눈치껏, 약삭빠르게 행동해야 살아남을 수 있습니다. '겉약다'라는 말도 있습니다. 실제로는 그렇지 않으면서 겉으로 보기에만 약다는 뜻입니다. "그는 겉약아서 실속을 챙기지 못한다"라고 씁니다.

세상은 이렇게 똑똑하고 약은 사람이 많습니다. 하지만 성경은 다르게 말합니다. 따뜻한 가슴이 없으면 아무리 공부를 많이 해도 겉약은 사람일 뿐입니다.

2차 대전 이후 지난 수십 년 동안 평화의 시기가 있었습니다. 인류는 유례없는 풍요를 누리게 되었습니다. 하지만 표면적인 전쟁은 없으나 일상이 전쟁과 같게 되었습니다. 그래서일까요? 이 시대는 겉약은 가짜로 똑똑한 사람이 많은 것 같습니다. 겉약은 '가짜로 똑똑한 사람'이 많은 이때 우리 그리스도인은 어떻게 살아야 할까요?

무엇보다 중요한 것은 '자기 분수를 아는 것'입니다. 주눅이 들어 살라는 말이 아니라 자기에게 '주어진 인생의 가능성을 알차게 살라'는 말입니다.

성경에서 말하는 죄는 자기에게 주어진 삶을 알차게 살아내지 못하는 것을 말합니다. 하나님의 형상을 따라 지음 받은 자기 자리를 이탈하여 '사람이 각기 자기의 소견에 옳은 대로, 자기의 뜻에 맞는 대로(삿 21:25)' 사는 것이 죄입니다.

그리스도인의 삶은 주어진 대로 사는 것이 아니라 하나님의 명령에 따라 살아내는 것입니다. 잠시 한눈을 팔면 어느새 가짜로 똑똑한 사람이 되어 있는 나 자신을 발견하곤 합니다. 그래서 정신을 바짝 차려야 합니다. 그리스도인의 삶은 저절로 살아지거나 그저 사는 것이 아니라 주어진 삶을 온전히 살아내는 것이기 때문입니다. 가짜로 똑똑한 사람이라는 말을 듣지 않으면서도 어떻게 하면 주어진 삶을 하나님의 뜻에 따라 살아낼 수 있을까요? 그리스도인으로서 온전히 살아내기 위해 중요한 것은 무엇일까요?

바울은 고린도전서 15:10에 이렇게 고백합니다. '내가 나 된 것은 하나님의 은혜입니다', '나는 하나님의 은혜로 오늘의 내가 되었습니다.' 바울이 이렇게 고백할 수 있었던 것은 부활의 예수님을 만났기 때문입니다. 부활의 예수님을 만나지 않았다면 바울은 바리새인으로 살면서 '가짜로 똑똑한 사람'으로, '약게' 살았을 것입니다. 우리도 마찬가지입니다. 바울처럼 주님을 온전히 만나 하나님의 은혜 안에 있는 것이 중요합니다.

그럼 어떻게 하면 그리스도인으로서 주어진 삶을 알차게 살아낼 수 있을까요? 무엇보다 다른 사람과 비교하면서 남보다 앞서려고 하는 것이 아니라, 자기답게 사는 것입니다. 큰일이 중요한가요? 대단한 일이 거룩한가요? 나에게 맡겨진 일에 정성과 사랑을 담아서 하면 그 일이 중요하고 거룩한 일이 아닐까 합니다. 하나님은 그것을 기뻐하십니다.

최근 생활고를 비관한 세 모녀의 죽음이 우리 사회를 큰 충격으로 빠뜨렸습니다. 복지 사각지대에서 삶을 끝낼 수밖에 없었던 삭막한 세상의 현실이 안타깝습니다.

철학자 사르트르는 '타인은 나에게 있어 지옥'이라고 말했습니다. 타인이 지옥인 세상을 경험했던 세 모녀를 생각하면 쓸쓸함과 외로움을 지울 수가 없습니다. 모두가 즐거워하는데 나만 홀로 잊힌 사람이 되는 것은 참을 수 없는 고통입니다.

하지만 우리는 한 번도 잊힌 적이 없고 버림받은 적도 없습니다. 세상은 나를 잊었어도 하나님은 언제나 우리 곁에 계십니다. 세상은 나를 버렸어도 하나님은 언제나 나를 사랑하십니다. 그리스도인은 그것을 잊지 말아야 합니다.

시편 139편의 시인은 우리가 어디에 있더라도 주님은 우리와 함께 계신다고 고백합니다. 하늘에도, 스올에도, 바다 끝에서도 주님이 함께하신다고 고백합니다. 설사 주님의 현존이 느껴지지 않는다고 해도 주님은 언제나 그 자리에 계신다는 것을 확신합니다.

형 에서를 피하여 달아나던 야곱은 '루스'라는 곳에서 고단한 몸을 쉬려고 누웠습니다. 황량한 광야에서 돌을 베개 삼아 누웠을 때 그에게 두려움과 함께 외로움이 엄습합니다. 한 치 앞도 내다볼 수 없는 그때, 밤새 잠을 이루지 못하다가 깜박 잠들었을 때 야곱은 하늘과 땅을 잇는 사닥다리를 보았습니다. 천사들이 그 사다리를 오르락내리락합니다. 그리고 하늘에서 음성이 들립니다.

> 내가 너와 함께 있어서, 네가 어디로 가든지 너를 지켜 주며, 내가 너를 다시 이 땅으로 데려 오겠다. 내가 너에게 약속한 것을 다 이루기까지, 내가 너를 떠나지 않겠다. (창세기 28:15)

잠에서 깬 야곱은 혼자 중얼거립니다.

> 야곱은 잠에서 깨어서, 혼자 생각하였다. '주님께서 분명히 이 곳에 계시는데도, 내가 미처 그것을 몰랐구나.'(창세기 28:16)

야곱의 이 고백이 우리의 고백이 되기를 바랍니다. 야곱은 그곳을 '벧엘'이라고 명명합니다. 하나님의 집이라는 뜻입니다. 평범한 땅 '루스'가 '벧엘', 곧 하나님의 집이 됩니다. 저와 여러분이 있는 그 자리가 하나님의 집입니다.

하나님의 집, 벧엘은 특별한 장소가 아니었습니다. 우리가 하나님을 만나는 곳, 하나님의 은혜를 체험하는 곳이 바로 하나님의 집, 벧엘입니다. 하나님은 우리가 어디를 가고 어디에 있든지 우리 곁에서 우리와 함께 계십니다.

생명은 사랑을 먹고 자란다고 합니다. 지금도 하나님은 저와 여러분의 아픔을 사랑으로 쓰다듬고 계십니다. 그런 하나님의 사랑이 있기에 우리는 살 수 있습니다.

살다 보면 지치고 힘들어서 모든 것을 내려놓고 싶을 때가 있습니다. 나 자신이 정말 하찮게 느껴질 때가 있습니다. 다른 사람의 기대에 부응하지 못하는 것도 슬프지만, 내 스스로 변변찮게 느껴질 때 더욱 마음이 아픕니다. 자기에 대한 실망감이 깊어지면 자존감이 낮아지고 스스로 가치 없다고 느껴집니다. 이때 우울증이라는 불청객도 찾아옵니다.

자존감이 떨어진 사람의 특징은 다른 사람에게 관대할 수 없다는 것입니다. 자기방어적 태도로 남을 탓하고 원망합니다. 사소한 문제에도 화를 냅니다. 누군가 이러한 것을 '마음의 감기'라고 했습니다. 마음의 감기 증상은 남들을 공격하면서 자신의 부족함을 감추기 위해 허영이라는 가면을 쓰는 것입니다. 자기를 긍정하고 아끼는 사람만이 다른 사람도 사랑할 수 있습니다. 기독교는 '하나님은 당신을 사랑하십니다'라고 분명하게 말합니다.

오늘 본문인 시편 139편의 시인은 놀라운 경험을 합니다. 내가 이렇게 빚어진 것이 오묘하다, 세상에 살아있다는 사실이 놀랍다는 것입니다. 내가 없어도 세상은 별문제가 없을 것인데 내가 이 세상에 있다는 것이 놀랍고 오묘합니다. 혹시 내가 세상에 있는 이유가 있지 않을까? 나는 왜 이 세상에 있는 것일까? 이런 질문을 해본 적이 있습니까? 굳이 대답해 본다면 내가 이곳에 있기에 하나님께 영광이 되고 이웃에게 기쁨이 되기를 바랍니다.

오늘 본문을 보면, 하나님이 나의 가장 은밀한 자아를 만드시고 장기를 맞추셔서 나를 이 세상에 있게 하셨습니다. 그렇다면 나는 하나님의 작품입니다. 다른 사람이 보기에 보잘것없어 보일지 몰라도 나는 분명 하나님의 작품입니다.

시인의 둘째 경험은 주님이 하신 일의 놀라움입니다. 하나님은 우리를 위험에서 건지시고 보호해주시고, 갈 바를 알지 못할 때 나침반이 되어주시고 먹이시고 입히십니다.

오늘날 우리가 누리고 있는 모든 것들을 곰곰이 생각해 봅니다. 우리 앞에 있는 모든 것 중에 당연한 것은 아무것도 없습니다. 내가 힘들어 번 돈으로 마련했다고 말하고 싶지만 깊이 살펴보면 모든 것이 주어진 것입니다. 그렇기에 감사하지 않을 수 없습니다. 참으로 감사할 수 있는 마음은 그 어떤 것도 당연한 것으로 여기지 않는 마음에서 나옵니다.

시인은 주님이 하신 일에 놀랍니다. 자기의 존재에 대해 놀라고 하나님이 하신 일에 놀라는 사람은 '복 있는 사람'입니다. 우리가 불행한 것은 삶의 의미가 없는 것이 아니라 삶의 의미를 온전하게 살아내지 못하기 때문입니다. 주님은 공중의 새 한 마리, 들에 핀 꽃 한 송이에도 하나님의 돌보심이 있다고 말씀하십니다. 주님이 우리에게 주시고자 하는 선물 가운데 가장 소중한 것은 '놀람과 경탄하는 마음'이 아닐까 합니다. 놀람과 경탄으로 나와 세상을 보는 사람이 복된 사람입니다.

모두가 기쁨입니다. 나를 지으신 분이 하나님이시기에 나의 존재는 하나님과 세상의 기쁨입니다. 또한 내 앞에 있는 사람도 마찬가지입니다. 그들을 지으신 분이 하나님이시기에 그들도 또한 기쁨입니다. 따라서 지으신 분이 하나님이시기에 그 누구도 함부로 대할 수 없습니다. 서로 존중하고 사랑하며 귀하게 여겨야 합니다.

누군가를 귀하게 여기면 그 사람에 대해 관심을 두고 바라보게 됩니다. 관심은 곧 사랑입니다. 상대방의 있는 그대로의 모습, 그의 아픔과 부족함까지도 사랑으로 품어 안아줍니다. 아담이 처음 하와를 보고 한 말은 '내 뼈 중의 뼈요 살 중의 살이다'라는 놀람과 기쁨의 탄성입니다. 하와의 존재 자체가 아담의 기쁨입니다.

함께 말합시다. 먼저, 자기 자신에게 '나는 하나님의 기쁨입니다', 그리고 서로에게 '당신은 나의 기쁨입니다'.

[18]내가 세려고 하면 모래보다 더 많습니다. 깨어나 보면 나는 여전히 주님과 함께 있습니다.

우리는 주님의 멋진 일에 초대받은 사람들입니다. 세상의 허망한 꿈에서 깨어나 보면 나는 여전히 주님과 함께 있음을 알게 됩니다. 주님과 함께 할 수 있음을 알고 주님의 뜻에 따라 아름다운 세상을 살아내기를 바랍니다.

하나님을 잊지 말라

신명기 8장 7-18절

문제의식

출애굽 한 이스라엘은 40년간의 광야 생활을 마치고 아모리 왕 시혼과 바산 왕 옥을 쳐서 요단강 동쪽 땅을 차지하였습니다. 광야에서 40년이 지나는 동안 출애굽 1세대는 죽고, 그 후손인 출애굽 2세대가 이스라엘의 주축이 되었습니다. 모세는 약속의 땅 가나안에 들어가기 전, 새로운 세대인 출애굽 2세대에게 다시 한번 하나님의 율법을 선포합니다. 이것은 시내산 언약을 갱신함으로써 새로운 세대에게 가나안 정복과 그곳에서의 삶을 준비시키기 위함입니다.

오늘 본문은 장차 약속의 땅에 들어가 살 때 하나님을 잊지 말라는 모세의 부탁이자 명령의 말씀입니다.

1. 하나님을 찬양하라(7-10절)

리비아, 이집트, 시리아, 요르단, 사우디아라비아, 이라크, 쿠웨이트, 이란 하면 떠오르는 것이 무엇입니까? 중동지역입니다. 중동 하면 생각나는 것은 사막과 석유입니다. 석유가 나지 않는 나라에 사는 저는 석유가 풍부한 중동을 부러워한 적이 있습니다. 특별히 석유파동이 있을 때는 더욱 그러했습니다. 그러나 중동은 석유가 풍부하지만, 사막으로 둘러싸인 지역입니다.

사막은 물이 없는 지역입니다. 우리나라는 어디에나 풀이 자라고 농사를 지을 수 있습니다. 그러나 사막은 그렇지 않습니다. 사막은 풀 한 포기 나지 않는 건조한 땅입니다. 중동지역이 사막으로 둘러싸여 있습니다. 성지순례를 다녀오면 우리나라의 풍요로운 환경에 새삼스럽게 감탄하게 됩니다.

중동의 사막 지역에도 물이 있는 지역이 있는데, 바로 '비옥한 초승달 지역'입니다. 비옥한 초승달 지역은 지도상으로 보면 지금의 쿠웨이트에서 시작하여 안디옥을 거쳐 이집트까지 이르는 지역입니다. 초승달처럼 생겼다고 해서 붙여진 명칭입니다. 비옥한 초승달 지역은 티그리스-유프라테스강과 만년설이 있는 헬몬산으로부터 시작되어 지중해 연안의 팔레스타인, 그리고 나일강 삼각주가 있는 물이 풍부한 지역입니다. 가나안은 비옥한 초승달 지역에 속해 있는 지중해 연안의 팔레스타인 지역으로 헬몬산의 만년설로부터 물을 공급받습니다. 이스라엘 백성이 향하는 가나안 땅은 농산물이 풍부한 젖과 꿀이 흐르는 땅입니다.

하나님이 인도하시는 가나안 땅에 들어가기에 앞서 모세는 장차 누리게 될 가나안 땅의 풍요로운 삶을 기대하라고 합니다. 가나안은 아름다운 땅으로 어디에나 물이 흐르고, 곡식과 과일이 풍성하여 먹고살기에 부족함이 없을 뿐만 아니라 철과 구리 같은 지하자원도 있다고 합니다. 따라서 지금까지 지내온 광야와는 완전히 다른 풍요를 누릴 것이라고 합니다.

7주 당신들의 하나님이 당신들을 데리고 가시는 땅은 좋은 땅입니다. 골짜기와 산에서 지하수가 흐르고 샘물이 나고 시냇물이 흐르는 땅이며, [8]밀과 보리가 자라고 포도와 무화과와 석류가 나는 땅이며, 올리브 기름과 꿀이 생산되는 땅이며, [9]먹을 것이 모자라지 않고 아무것도 부족함이 없는 땅이며, 돌에서는 쇠를 얻고 산에서는 구리를 캐낼 수 있는 땅입니다.

모세는 모든 것이 하나님의 은혜임을 강조하며, 먹고 배부르고, 만족하며 살 수 있는 가나안 땅으로 인도하신 하나님을 찬양하라고 말합니다.

[10]주 당신들의 하나님이 당신들에게 주신 옥토에서, 당신들은 배불리 먹고 주님을 찬양할 것입니다.

우리는 상황이 좋으면 하나님을 찬양하다가도 어느새 금방 식어버리기 일쑤입니다. 그러다가 상황이 좀 어려워지면, 원망하면서도 하나님께 매달리곤 합니다. 신앙이 환경에 좌우된다면 믿음이 성장할 수 없을 뿐만 아니라 하나님의 은혜를 온전히 누릴 수 없습니다. 건조한 땅 광야에서도 풍요로운 가나안에서도, 어떠한 상황에 부닥치든지 우리는 하나님의 백성으로서 하나님의 은혜를 찬양해야 합니다.

성경은 하나님을 경외하고 그 명령에 따를 때 하나님의 복(물질과 평안)이 임한다고 합니다. 그러나 우리는 어떻습니까? 영혼의 평안은 하나님께 구하면서도 물질적 풍요를 위해서는 세상의 길을 택하고 있지 않습니까? 우리를 택하신 하나님의 약속을 붙들고 살아갈 때, 우리의 삶은 믿음으로 시작해서 물질적 풍요뿐만 아니라 하나님을 경외하는 은혜를 누리게 될 것입니다.

2. 하나님을 기억하라(11-18절)

하나님을 기억하라(11-17절)

11절을 보면, 모세는 가나안에 들어간 뒤에 하나님을 잊어버리지 말라고 강조합니다.

> ¹¹오늘 내가 당신들에게 전하여 주는 주님의 명령과 법도와 규례를 어기는 일이 없도록 하고, 주 당신들의 하나님을 잊지 않도록 하십시오.

잊어버린다는 것은 하나님을 중요하게 여기지 않는 것, 소홀히 여기며 무시하는 것을 말합니다. 즉 모세가 전해 준 명령과 법도와 규례를 지키지 않고 어기는 것입니다.

12-13절에서는 가나안에 들어간 뒤에 하나님을 잊어버릴 수 있는 상황, 즉 하나님의 법을 지키지 않게 되는 상황을 말합니다.

> ¹²당신들이 배불리 먹으며, 좋은 집을 짓고 거기에서 살지라도, ¹³또 당신들의 소와 양이 번성하고, 은과 금이 많아져서 당신들의 재산이 늘어날지라도,

배불리 먹고, 좋은 집에서 살며, 소와 양이 번성하고, 은과 금이 많아져서 재산이 늘어나는 때, 곧 가나안 땅에서 풍요를 누리는 상황입니다. 가나안 땅에서 풍요를 누리는 상황은 광야 때와는 크게 다른 환경입니다. 15-16절은 광야 때를 이야기합니다.

¹⁵주님께서는 넓고 황량한 광야 곧 불뱀과 전갈이 우글거리는 광야와 물이 없는 사막에서 당신들을 인도하여 주시고, 차돌 바위에서 샘물이 나게 하신 분이십니다. ¹⁶ 광야에서는 당신들의 조상도 알지 못하던 만나를 당신들에게 먹이셨습니다. 이것이 다 당신들을 단련시키고 시험하셔서, 나중에 당신들이 잘 되게 하시려는 것이었습니다.

넓고 황량한 광야 곧 불뱀과 전갈이 가득하고 물이 없는 사막에서 하나님은 샘물을 내시어 이스라엘 백성들을 지키시고 조상도 알지 못하는 만나를 날마다 먹이셨습니다. 이는 백성들을 시험하고 단련시켜서 후에 가나안에 들어갔을 때 애굽에서 인도하신 하나님, 반석에서 물을 내신 하나님, 날마다 만나를 먹이신 하나님을 잊지 않도록 하려는 훈련이었습니다.

이스라엘은 가나안 땅에 정착하여 살 때 광야와는 다른 새로운 도전에 직면하게 됩니다. 그것은 바로 '풍요'입니다. 이에 모세는 걱정합니다.

¹⁴혹시라도 교만한 마음이 생겨서, … ¹⁷당신들이 마음 속으로 '이 재물은 내 능력과 내 손의 힘'으로 모은 것이라고 생각할 것 같아서 걱정이 됩니다.

광야에서 훈련받았음에도 불구하고 배불리 먹고 좋은 집에서 살며, 소와 양이 번성하고 은과 금이 많아져서 재산이 늘어나는 때, 곧 가나안 땅에서 풍요를 누리는 때에 혹시라도 마음이 교만하여지지는 않을까 모세는 걱정합니다.

하나님의 은혜를 기억하지 않으면 모든 것이 자신의 업적이라고 생각하여 교만해지고, 하나님에게서 멀어지는 결과를 가져오게 됩니다. 이는 멸망으로 가는 길입니다.

　사실 자기 능력만으로 풍요롭게 살 수 있는 사람은 없습니다. 일꾼을 구하지 못해서 애타는 농민들을 봅니다. 또한 하나님께서 비와 햇빛을 주시지 않는다면 농사를 지을 수 없습니다. 모든 것이 협력할 때 비로소 풍요를 누릴 수 있습니다. 그런데 풍요롭게 사는 사람들은 자기 혼자 그 풍요를 이루었다고 착각하여 교만에 빠지는 경우가 많습니다.

　이스라엘은 배불리 먹고 좋은 집에서 살며, 가축이 번성하고 은과 금이 많아져서 부를 축적할 것입니다. 풍요로운 그때 이스라엘은 하나님을 기억해야 합니다. 가나안 땅에서 먹고 배부르게 될 때 마음이 교만하여 하나님을 잊어버리는 일이 없도록 하라고 모세는 경고합니다. 가나안 땅에서 이룬 풍요를 내 능력과 내 손의 힘으로 모은 것이라고 착각하고 자기 능력으로 이룬 것이라고 교만할 수 있기 때문입니다.

　세상에서 부와 재물은 그 사람의 능력과 힘을 나타냅니다. 하나님의 백성이라는 이스라엘도 하나님을 잊으면 세상과 마찬가지로 스스로 자신을 높이게 됩니다. 이스라엘 백성들은 자신을 과신하여 교만하지 말고 겸손하게 땅을 주신 하나님을 기억해야 합니다. 이스라엘의 풍요는 그들의 능력이 아니라 하나님의 은혜이기 때문입니다.

'하나님을 잊지 말라'는 경고(18절 이후)

　요즘 귀찮을 정도로 반복해서 경고 문자가 옵니다. 코로나, 미세먼지, 자연재해 등 우리가 이미 경험해서 다 알고 있는 경고의 문자입니다. 왜 이리도 귀찮게 계속 보내는지 짜증이 날 정도입니다. 하지만 경고가 반복되는 것은 이유가 있기 때문입니다. 대비하지 않으면 그것이 가져올 수 있는 결과가 끔찍하기 때문입니다.

마찬가지로 하나님은 이스라엘에게, 그리고 저와 여러분에게 부단히 경고하고 계십니다.

> ¹⁸그러나 주 당신들의 하나님이, 당신들의 조상에게 맹세하신 그 언약을 이루시려고 오늘 이렇게 재산을 모으도록 당신들에게 힘을 주셨음을, 당신들은 기억해야 합니다. ¹⁹내가 오늘 당신들에게 다짐합니다. 당신들이 주 당신들의 하나님을 참으로 잊어버리고, 다른 신들을 따라가서 그들을 섬기며 절한다면, 당신들은 반드시 멸망할 것입니다. ²⁰당신들이 주 당신들의 하나님의 음성을 듣지 않으면, 주님께서는, 당신들 앞에서 멸망시킨 민족들과 똑같이, 당신들도 망하게 하실 것입니다.

우리가 하나님께 구하는 것은 주로 건강, 재물, 형통 등입니다. 우리가 하나님의 명령과 법도와 규례를 지키고 하나님을 떠나지 않으면 누릴 수 있는 것들입니다. 그러나 신앙의 위기는 풍요할 때 찾아옵니다. 『나니아 연대기』를 쓴 C. S. 루이스는 그의 소설 『스크루테이프의 편지』에서 '풍요의 상태가 지속되면 인간은 빠르게 하나님을 잊어간다'라고 했습니다. 인간은 풍요로울 때 하나님을 잊고 모든 것을 자기가 이루었다고 생각하는 교만에 빠질 수 있습니다.

이스라엘은 가나안 땅에 들어가서 물질적 풍요를 누릴 때 하나님을 잊지 않도록 주의해야 합니다. 이스라엘 백성들이 애굽에서 신음하고 있을 때 하나님께서 광야로 보내시고, 끝내는 젖과 꿀이 흐르는 가나안 땅으로 인도하셨기 때문입니다. 이스라엘 백성들이 가나안 땅에서 풍요를 누리며 살 때, 하나님을 잊어버리고 그들이 가진 것과 이룬 것에 만족하면서 우상을 섬기면 이스라엘은 멸망할 것이라고 경고합니다(19절).

모든 것은 하나님이 주신 것임에도 불구하고 눈에 보이지 않는 하나님을 믿는 것은 쉽지 않습니다. 그래서 보이지 않는 하나님보다 눈에 보이는 우상에 쉽게 현혹됩니다. 이스라엘 백성들은 가나안 풍요의 신, 곧 자신들의 유익을 위해 우상을 섬겼습니다. 우상은 에덴동산의 선악과와 같습니다. 먹으면 나에게 유익이 될 것 같지만 우상에게 마음을 빼앗기는 순간 하나님과의 관계가 깨지고 은혜에서 멀어지게 됩니다.

이스라엘에 대한 경고는 오늘날에도 유효합니다. 한국 교회는 하나님의 은혜로 놀라운 부흥을 경험했습니다. 그런데 부흥과 풍요 속에서 하나님의 은혜에 대한 감격과 감사가 약해진 것이 사실입니다. 하나님 아닌 세상의 것들에 더 관심을 두고 있는 것 같습니다. 선악과를 앞에 두고 서로 먼저 먹으려고 다투는 형국입니다. 한국 교회에 은혜를 주신 분은 하나님입니다. 풍요에 취해서 교만하지 않도록 겸손하게 자신을 성찰하는 한국 교회가 되기를 바랍니다.

우리도 마찬가지입니다. 병, 가난 등 기타 여러 가지 문제들이 있을 때는 신앙생활을 열심히 하다가, 병이 낫고 재물이 풍성해지는 등 문제가 해결되면 언제 그랬냐는 듯이 신앙생활을 소홀히 하는 경향이 있습니다. 하나님은 그것을 경고하십니다.

그러면 어떻게 하면 될까요? 하나님의 음성을 들어야 합니다(20절). 가진 것에 취해서 하나님과 멀어지는 것을 경계해야 합니다. 깨어 있으라는 명령에 따라 자신을 살피고 하나님의 뜻을 깨달아 행하여야 합니다. 우리 자신의 능력을 과신하여 교만하지 말고 하나님의 은혜를 기억해야 합니다. 그리하면 하나님이 주신 모든 영광을 더욱 풍성하게 누리게 될 것입니다.

베델에서 꿈을 꾸다
창세기 28장 12-22절

야곱은 고향 브엘세바를 떠나 외갓집이 있는 하란으로 갑니다. 형 에서의 보복을 피해 떠난 그의 행색은 초라합니다. 창세기 32장 10절을 보면 야곱은 보잘것없는 모습으로 지팡이 하나에 의지하여 길을 떠났다고 회상합니다. 날이 저물자 야곱은 돌을 베개 삼아 노숙합니다. 그것이 집을 나선 첫날 밤이었습니다. 아버지 이삭을 속이고, 형 에서의 장자의 복을 빼앗은 사기꾼 야곱의 파란만장한 삶의 여정이 그렇게 시작되었습니다.

돌 하나를 베개 삼아 누운 야곱은 만감이 교차했을 것입니다. 그의 곁에는 아무도 없습니다. 아무도 자신을 돌아보지 않으며, 그 누구도 자신에게 관심이 없다고 느꼈을 것입니다. 그런데 이때 야곱에게 놀라운 일이 일어납니다.

1. 꿈과 약속(12-15절)

불편한 잠자리에서 자는 둥 마는 둥 뒤척이던 야곱은 문득 꿈을 꿉니다. 꿈속에서 놀라운 광경을 보았습니다. 하늘과 땅을 잇는 층계(계단, 사다리)가 있었고, 그 층계를 하나님의 천사들이 오르락내리락하고 있었습니다.

꿈꾸는 야곱이 있는 곳이 바로 하늘과 땅을 이어주는 장소입니다. 층계를 오르락내리락하는 천사들의 존재는 그곳이 바로 거룩한 땅이라는 증거입니다. 집을 떠난 야곱에게 하나님이 함께하십니다. 자기 잘못으로 변명의 여지가 없는 험난한 여행을 시작했지만, 하나님은 그런 야곱을 만나주십니다. 층계 위에서 주님이 말씀하십니다.

> 13나는 주, 너의 할아버지 아브라함을 보살펴 준 하나님이요, 너의 아버지 이삭을 보살펴 준 하나님이다.

층계 위에서 말씀하시는 분은 할아버지 아브라함과 아버지 이삭을 보살펴 주신 하나님입니다. 이 말씀이 야곱에게는 두려움과 함께 큰 위로가 되었을 것입니다. 할아버지와 아버지에게 주셨던 복이 야곱에게도 그대로 이어지리라는 소망을 갖게 합니다. 왜냐하면 야곱은 하나님께서 아브라함과 이삭을 어떻게 돌보셨는지 들어서 알고 있었을 것이기 때문입니다.

하나님은 야곱에게 세 가지 약속의 말씀을 주셨습니다.

> 13...네가 지금 누워 있는 이 땅을, 내가 너와 너의 자손에게 주겠다. 14너의 자손이 땅의 티끌처럼 많아질 것이며, 동서 남북 사방으로 퍼질 것이다. 이 땅 위의 모든 백성이 너와 너의 자손 덕에 복을 받게 될 것이다. 15내가 너와 함께 있어서, 네가 어디로 가든지 너를 지켜 주며, 내가 너를 다시 이 땅으로 데려 오겠다. 내가 너에게 약속한 것을 다 이루기까지, 내가 너를 떠나지 않겠다.

첫째와 둘째 약속은 아브라함과 이삭이 받았던 약속의 내용입니다. 땅을 물려받을 것이고, 땅의 티끌처럼 많은 자손을 가질 것이며, 모든 족속에게 복을 가져다줄 것이다. 땅과 후손에 대한 언약은 지팡이 하나만을 의지한 채 길을 떠난 야곱에게 절망을 이겨낼 소망이었을 것입니다.

그리고 셋째 약속은 야곱에게만 추가된 약속입니다. '네가 어디로 가든지 너를 지켜 주며, 내가 너를 다시 이 땅으로 데려오겠다. 내가 너에게 약속한 것을 다 이루기까지, 내가 너를 떠나지 않겠다.'

이 약속은 하나님이 함께하심의 약속입니다. 야곱의 삶이 앞으로 어떻게 진행될지 분명한 것이 아무것도 없습니다. 하지만 하나님께서 함께하셔서 야곱을 지키시고 돌아오게 하시며 약속하신 것을 끝내 이루실 것이 보장되고 있습니다. 이 약속은 야곱의 후손인 모세, 여호수아, 기드온에게 이어질 뿐만 아니라 끝내는 마태복음 1:23의 임마누엘의 약속으로 저와 여러분에게도 이어집니다.

> "보아라, 동정녀가 잉태하여 아들을 낳을 것이니, 그의 이름을 임마누엘이라고 할 것이다" 하신 말씀을 이루려고 하신 것이다. (임마누엘은 번역하면 '하나님이 우리와 함께 계시다'는 뜻이다.) (마태복음 1:23)

임마누엘의 약속은 하나님의 백성에게 주어진 가장 큰 복입니다. 왜냐하면 하나님 자신을 주시는 약속이기 때문입니다. 물고기 몇 마리보다 물고기 잡는 법을 가르쳐 주는 것이 더 큰 복입니다. 퇴근하는 아버지의 손에 들린 치킨보다 아버지가 더 중요합니다. 놀이공원의 미아 보호실에서 울고 있는 아이에게는 장난감이나 과자보다 부모와의 만남이 가장 좋은 일입니다. 마찬가지로 하나님의 여러 가지 선물보다 하나님 자신을 주시는 임마누엘은 신앙인에게 가장 큰 복입니다.

임마누엘의 약속은 하나님의 백성을 향한 하나님의 의지입니다.

불안한 야곱의 미래에 비추는 한 줄기 빛입니다. 주님의 빛을 의지하여 야곱은 담대하게 미래를 향해 나아갈 수 있습니다. 야곱과 함께하시는 하나님은 저와 여러분의 하나님입니다. 우리도 담대하게 미래를 향해 나아갈 수 있습니다.

2. 야곱의 깨달음(16-19절)

잠에서 깬 야곱은 꿈을 잊을 수가 없습니다. 꿈을 생각하다가 야곱은 깨달았습니다. '주님께서 분명히 이곳에 계시는데도, 내가 미처 그것을 몰랐구나(16절).'

야곱은 하나님이 자신과 함께 계신다는 것을 비로소 깨달았습니다. 마찬가지로 많은 사람이 이것을 깨닫지 못합니다. 저도 그랬습니다. 지금도 가끔은 잊어버립니다. 그러나 야곱이 그랬던 것처럼 우리와 하나님은 함께 하십니다. 언제 어디서나 함께 하십니다. 때로는 계시지 않을 것 같은 순간에도, 계시지 않을 것 같은 장소에도 하나님은 우리와 함께 계십니다. 다만 우리가 깨닫지 못할 뿐입니다.

임마누엘의 하나님을 깨달은 야곱은 자신도 모르게 중얼거립니다. '이 얼마나 두려운 곳인가! 이곳은 다름 아닌 하나님의 집이다. 여기가 바로 하늘로 들어가는 문이다(17절).'

야곱에게는 이 사건이 하나님과의 첫 번째 대면이었습니다. 할아버지 아브라함과 아버지 이삭의 하나님 경험을 알고 있었지만, 이제 비로소 하나님과 직접 대면한 야곱은 주님의 위엄에 압도당합니다.

하나님이 보고 계신다는 것을 깨닫는 것은 두려운 일입니다. 죄인이 거룩한 하나님을 만나면 자신의 죄를 뚜렷이 알게 되어 감히 하나님 앞에 설 수 없기 때문입니다. 하나님 앞에서 그 누가 당당할 수 있겠습니까? 아버지를 속이고 형의 복을 가로챈 야곱으로서는 더욱 그러했을 것입니다.

그런데 두려움과 함께 안도의 한숨이 쉬어집니다. 지팡이 하나만을 의지한 채 떠나온 외로운 야곱에게 하나님의 동행이 있음을 알게 되었기 때문입니다. 임마누엘의 하나님은 한편으로는 두렵지만, 또 한편으로는 큰 위로가 아닐 수 없습니다. 이제 야곱은 혼자가 아닙니다. 전능하신 하나님이 함께 계십니다.

하나님의 백성은 어디에 있든지 어디로 가든지 하나님이 함께 계시며, 하나님이 함께 계신 그곳이 바로 하나님의 집이며 하늘로 들어가는 문입니다. 야곱은 그것을 깨닫고는 즉시 행동합니다.

> [18]야곱은 다음날 아침 일찍이 일어나서, 베개 삼아 벤 그 돌을 가져다가 기둥으로 세우고, 그 위에 기름을 붓고, [19]그 곳 이름을 '베델'이라고 하였다.

야곱이 제일 먼저 한 행동은 베개 삼아 벤 돌을 가져다가 기둥을 세우고 기념하는 일입니다. 하나님의 계시를 받은 이곳은 거룩한 땅입니다. 야곱의 삶을 근본적으로 바꾸어 놓은 장소입니다. 야곱은 결코 잊을 수 없는 그 장소를 기억하기 위하여 그곳을 '벧엘'이라고 불렀습니다. '벧엘'은 하나님의 집이라는 뜻입니다.

야곱의 두 번째 행동은 맹세입니다. 21-22절을 보면 야곱은 세 가지 서원을 합니다.

① 주님이 저의 하나님이 되심으로 주님을 경배할 것이며, ② 기둥으로 세운 이 돌이 하나님의 집이 되어 거룩하게 여길 것이며, ③ 하나님께서 저에게 주신 모든 것에서 열의 하나를 하나님께 드리겠습니다.

벧엘에서의 하나님 경험은 야곱에게 새로운 신앙의 성숙을 가져다 줍니다. 벧엘에서의 하나님 경험은 성숙한 신앙의 열매로 이어집니다. 야곱은 이 신앙을 붙들고 평생을 살았습니다. 할아버지 아브라함과 아버지 이삭의 하나님을 영원토록 경배할 것이며, 하나님의 집을 거룩하게 여길 것이며, 은혜에 감사하여 주신 것의 십일조를 드리겠다는 신앙의 다짐입니다.

결론

벧엘에서 야곱의 경험은 지금까지의 약속을 다시 확인받았을 뿐만 아니라 한 단계 더 나아간 약속을 받는 계기가 되었습니다.

야곱의 경험은 또한 우리의 경험이기도 합니다. 아무도 나를 돌아보지 않으며, 그 누구도 나에게 관심이 없다고 느껴질 때, 어쩌면 그때가 하나님의 임재를 경험할 가장 중요한 순간일 수 있습니다. 우리에게 큰 위기가 닥쳐올 때 하나님께서 함께하시는 것과 하나님의 약속을 기억하는 것은 대단히 중요한 일입니다. 야곱에게 놀라운 일이 일어난 것처럼 우리에게도 같은 은혜가 임할 것을 믿습니다.

떨기나무 아래에서

출애굽기 3장 1-15절

문제의식

소명은 어떻게 올까요? 소명을 받은 사람은 어떻게 해야 할까요? 미디안에서 양을 치던 모세를 호렙산으로 부르신 하나님은 떨기나무 가운데서 불꽃으로 나타나셨습니다. "모세야, 모세야", "예, 제가 여기에 있습니다." 하나님의 부르심, 그리고 부르심에 순종하는 모세의 모습입니다. 모세를 부르신 하나님께서 말씀하십니다. "네가 서 있는 곳은 거룩한 땅이니, 너는 신을 벗어라(5절)."

'거룩한 땅'은 특정한 장소라기보다는 거룩하신 하나님이 계신 곳이 거룩하다는 의미입니다. 하나님은 어떤 특정한 장소에 매여 계신 분이 아니기 때문입니다. 떨기나무 아래가 거룩한 것은 하나님이 나타나신 장소이기 때문입니다. 벧엘이 하나님의 집인 것은 하나님께서 야곱을 만나주신 장소이기 때문입니다. 장소는 그저 장소일 뿐입니다. 하나님만이 거룩하십니다. 하나님이 계신 모든 장소가 거룩합니다.

하나님께서 '내가 거룩하니 너희도 거룩하라'고 말씀하십니다. 예수께서도 마태복음 18:20에서 '두세 사람이 내 이름으로 모여 있는 자리, 거기에 내가 그들 가운데 있다'라고 말씀하셨습니다. 예수 그리스도의 이름으로 모인 모든 장소, 즉 각종 공예배는 물론이고 하나님의 이름으로 모이는 모든 장소와 하나님의 이름으로 행하여지는 모든 일이 거룩합니다. 가정에서 또는 봉사활동에서 주님의 이름으로 하는 모든 일과 장소가 거룩합니다.

우리는 거룩한 백성입니다. 우리는 거룩한 백성답게 살아야 합니다. 하나님의 거룩함으로 나아가기 위해서는 신을 벗어야 합니다. "너는 신을 벗어라"라는 말씀은 어떤 의미가 있을까요? 하나님 앞에 선 인간은 자기 신발을 벗어야만 합니다. 구약의 제사장은 성소에서 일을 할 때 신발을 신지 않았다고 합니다.

신발을 벗는다는 것은 거룩한 분 앞에서 우리가 과거의 삶을 벗고 전인격으로 하나님 앞에 서야 한다는 의미일 것입니다. 신발은 지금까지 살아온 나의 과거를 상징합니다. 모세는 과거에 이집트 왕자였으며 지금은 미디안에서 양을 치는 목자이지만, 그 모습을 벗어버려야 합니다. 그리고 거룩하신 하나님의 뜻에 따라 순종해야 합니다.

우리도 하나님을 만나는 영적인 예배에 나아가기 위해서는 나 자신을 산제물로 드려야 합니다. 과거의 나를 벗고 하나님 앞에 서야 합니다. 하나님 앞에 선 저와 여러분은 새로운 피조물입니다.

과거의 자신을 벗은 모세에게 하나님은 "나는 너의 조상의 하나님, 곧 아브라함의 하나님, 이삭의 하나님, 야곱의 하나님이다(6절)." 라고 자신을 밝히십니다. 이에 모세는 하나님을 뵙기가 두려워서 얼굴을 가립니다.

오늘 본문에는 7-10절에는 하나님께서 모세를 부르시는 이유가 있습니다. 하나님께서 학대받는 히브리 민족의 신음을 들으셨습니다. 그들을 고통에서 건져내어 아름답고 광대한 땅, 젖과 꿀이 흐르는 땅으로 인도하여 아브라함과의 약속을 이루시겠다고 말씀하십니다. 모세는 그 일을 위하여 부르심을 받았습니다. 하나님의 부르심을 받은 모세는 두 가지 질문을 합니다.

1. 첫 번째 질문과 대답(11-12절)

모세는 하나님이 시키신 일을 감당하기에 자신이 부족하다고 생각합니다. 젊은 날에 자신감이 넘쳐서 무모하게 행하였던 일(애굽에서 다툼에 관여하다가 살인을 저지르고 왕궁을 떠난 일)로 큰 어려움을 겪었던 경험이 있었기에 감당할 자격이 없다고 여겼을 수도 있습니다.

사람들은 누군가가 어려운 일을 해결해준다면 환영할 것입니다. 그러나 막상 자신이 그 일을 해야 할 사람임을 알게 되면 주저하기 마련입니다. 모세도 마찬가지입니다. 하나님의 소명이 모세는 부담스럽습니다.

> 11"제가 무엇이라고, 감히 바로에게 가서, 이스라엘 자손을 이집트에서 이끌어 내겠습니까?"

모세의 변명에는 자기의 능력 없음에 대한 겸손도 있습니다. 하지만 하나님의 능력이나 지혜를 신뢰하지 못한다는 사실도 숨어 있습니다. 이에 하나님은 내가 너와 함께 있겠다고 단호하게 말씀하십니다. 하나님은 두려워하는 모세 혼자 가도록 하지 않으시고 함께 하실 것을 약속하십니다. 불붙은 떨기나무 아래에서 특별한 순간에 함께 하신 것처럼, 모세가 수행할 모든 일들 가운데도 하나님께서 함께하실 것이라고 약속하십니다.

우리도 기억해야 합니다. 모세에게 하신 이 약속은 모든 신앙인에게 주시는 약속입니다. (창 28:15, 수 1:5, 렘 1:8, 마 28:20) 임마누엘의 하나님을 기억하기를 바랍니다. 하나님이 우리와 함께하신다는 사실은 우리에게 주어진 삶을 함부로 살 수 없음을 깨닫게 합니다. 함부로 말할 수 없고, 함부로 행동할 수 없습니다.

그러나 하나님께서 함께하신다는 임마누엘의 약속에도 불구하고 우리는 늘 불안합니다. 모세도 마찬가지입니다. 불안해하는 모세에게 하나님께서 확신을 주십니다.

> 12"네가 이 백성을 이집트에서 이끌어 낸 다음에, 너희가 이 산 위에서 하나님을 예배하게 될 때에, 그것이 바로 내가 너를 보냈다는 징표가 될 것이다."

2. 두 번째 질문과 대답(13-14절)

모세의 첫 번째 질문은 '내가 누구라고, 내가 무엇이기에 그 일을 할 수 있습니까? 나는 그 일을 할 만한 사람이 아닙니다'라는 항변입니다. 그러나 하나님이 함께하신다는 약속을 붙들고 가야만 합니다. 가야만 한다고 결정한 모세에게는 또 다른 어려움이 있습니다. 모세가 맡은 일의 정당성을 이스라엘 백성들에게 이해시켜야 하는 것입니다. 모세 자신이 이스라엘 백성이 따를 만한 사람인지를 설득해야 합니다. 이 문제를 위해 모세는 하나님께 두 번째 질문을 합니다.

> 13"제가 이스라엘 자손에게 가서 '너희 조상의 하나님께서 나를 너희에게 보내셨다' 하고 말하면, 그들이 저에게 '그의 이름이 무엇이냐?' 하고 물을 터인데, 제가 그들에게 무엇이라고 대답해야 합니까?"

모세는 ‘당신은 누구십니까?’라고 하나님께 질문합니다. 모세의 질문을 정리하면 이렇습니다. ‘내게 자격이 없다는 것을 이스라엘 사람들이 잘 알고 있기에 내가 당신의 이름으로 그들에게 말하게 되면 그들은 당연히 당신에 대해 알고 싶어 할 것입니다. 그러므로 하나님이 누구신지 말씀하여 주십시오.’

이스라엘 사람들이 자신을 받아들이지 않을 것이라는 모세의 변명은 타당한 것입니다. 하나님은 야곱이 가족을 데리고 요셉이 있는 애굽으로 들어간 후 400년 동안 이스라엘 백성에게 나타나지 않으셨기 때문입니다. 모세는 이스라엘 백성에게 가서 자신이 하나님이 보내신 구원자임을 증명해야 합니다. 애굽의 우상들 속에서 살아온 이스라엘 백성들은 모세에게 물을 것입니다. 당신의 신은 누구냐?, 당신을 어떻게 믿을 수 있냐?

오늘날에도 때로는 ‘하나님을 보여달라’는 사람들이 있습니다. 이러한 질문을 받으면 참으로 난감합니다. 보여드릴 수 있다면 좋겠지만 하나님은 그런 분이 아니기에 그렇습니다. 다만 저로서는 ‘성경을 보라’고 말할 수밖에 없습니다. 모세와 같은 능력이 없는 저를 용서하시기를 바랍니다.

모세가 던진 두 번째 질문은 하나님께서 약속하신 바를 이행하실 수 있는지와 관계가 있습니다. ‘우리 조상의 하나님께서 막강한 애굽의 신들을 물리칠 수 있을 것인가? 애굽의 압제에 시달린 이스라엘 백성들은 하나님은 무엇을 하실 수 있는지, 혹은 자신들을 위해 무슨 일을 하실 수 있는지를 알기 원합니다.

모세가 자신을 보낸 분의 이름을 무엇이라고 답해야 하는지 묻자 하나님께서 대답하십니다. ‘나는 곧 나다. 너는 이스라엘 자손에게 이르기를, 나라고 하는 분이 너를 그들에게 보냈다고 하여라(14절)’

'나는 곧 나다'라는 대답은 단순한 이름이 아닙니다. 이 대답은 하나님의 권위와 본질에 대한 대답입니다. '나는 스스로 있는 자이니라'(개역개정)는 이 말씀은 모든 만물의 근원이신 하나님이라는 존재적 의미입니다. 존재이신 하나님과 그로부터 시작된 존재물인 피조물과 다르다는 말입니다. 하나님은 알파와 오메가이시고, 처음과 마지막이십니다. 모든 것이 그분에게 나와서 그분에게 돌아갑니다. 모든 사물과 생명에는 시작이 있습니다. 우리는 존재이신 하나님이 창조한 피조물입니다. '나는 곧 나다'라는 것은 '모든 것의 시작이 하나님이시다'라는 근원적인 대답입니다.

하나님은 스스로 존재하시며 하나님을 떠나서는 아무것도 없습니다. 우리가 하나님의 존재를 입증하려는 시도는 아무 의미가 없습니다. 시공간 안에 있는 창조된 인간은 시공간을 초월하시는 창조주이신 하나님을 파악할 수 없기 때문입니다. 우리는 오직 그분이 자신을 계시하신 대로 순복할 수 있을 뿐입니다.

자신을 '스스로 있는 자'라고 계시하신 하나님께서 또한 이스라엘 백성에게 다시 한번 '너희 조상의 하나님'임을 강조하십니다. 이는 피조물인 우리의 인식 수준으로는 알 수 없는 하나님을 우리 곁에 계신 하나님으로 분명하게 계시하시는 그분의 은혜입니다.

> [15]'여호와, 너희 조상의 하나님, 곧 아브라함의 하나님, 이삭의 하나님, 야곱의 하나님이 나를 너희에게 보내셨다'

하나님은 '스스로 있는 자'일 뿐만 아니라 아브라함의 하나님, 이삭의 하나님, 야곱의 하나님이신 바로 너희 조상의 하나님이라는 것입니다. 하나님은 우리 조상의 하나님으로 지금도 우리 곁에 계십니다.

결론

떨기나무 아래에서 모세를 만나주신 하나님은 우리 곁에 계신 하나님입니다. 모세를 통하여 애굽에서 고통받은 이스라엘 백성을 구원하신 하나님께서 예수 그리스도를 통해서 이 땅의 모든 사람을 구원하십니다. 저와 여러분은 구원받은 백성으로 하나님 나라의 거룩한 시민으로 이 땅에서 살아야 합니다. 떨기나무 아래에서 모세를 만나주신 하나님이 오늘도 우리에게 역사하시길 바랍니다.

2장

기도는
어떻게 해야 하나요?

기도는 어떤 의미를 가지며,
어떤 내용을 담아야 할까요?

다윗의 기도
시편 16편 1-11절

심리학자 매슬로우는 인간 욕구를 다섯 단계로 나누어 설명하였습니다.

① 생리적 욕구- 가장 기본적인 먹고 마시고 싸고 잠자는 것
② 안전 욕구- 가족, 건강, 재산 등을 지키는 것
③ 소속과 사랑의 욕구- 가족, 친구, 연인들 간의 친밀함
④ 존경의 욕구- 스스로에 대한 확신과 다른 이들의 존경
⑤ 자기실현의 욕구- 도덕성, 창조성, 이타적인 삶을 추구

여기서 '소속과 사랑의 욕구'는 현대인에게 더욱 절실히 요구되는 욕구입니다. 사회적 인간인 사람은 혼자 살 수 없습니다. 그러나 최근 다른 이들과 관계를 맺기를 거부하는 사람들이 있습니다. 일본에는 '히키코모리'라는 말이 있습니다.

사회생활을 거부하고 장기간 집안에만 틀어박혀 있는 사람이나 그 상태를 일컫는 말. 1970년대부터 일본 사회에 나타난 현상이었으며, 1990년대 초부터 심각한 사회적 증상으로 발전했다. 2005년 정신과 의사 사이토 타마키가 히키코모리에 대한 정신의학적 고찰을 통해 이들에 대한 의학적 진

단을 내렸다. 일본어 사전인 고지엔 2008년 판에 '히키코모리'라는 말이 수록되었고, 한국에서는 '은둔형 외톨이'라는 표현이 쓰인다.

소속이 있는 사람은 그렇지 못한 사람보다 건강합니다. 우리는 동창회, 향우회, 동호회 등에 참여하여 이러한 소속감을 충족하며 살아갑니다. 물론 지연, 혈연, 학연 등이 파당, 패거리, 지역감정으로 왜곡된 경우는 문제가 되겠지만, 건강한 공동체에서 건강한 삶을 나누는 경우엔 긍정적일 수 있습니다. 지금 여러분의 소속은 어디입니까? 어디에서 살아갈 힘을 공급받고 있습니까?

다윗은 본문에서 그 소속을 분명히 하고 있습니다.

① 내가 받을 유산(1-5절)
② 나더러 주님에 대해 말하라면 하나님은 나의 주님, 주님을 떠나서는 내게 행복이 없다고 하겠습니다.
③ 땅에 사는 성도들에 관해 말하라면 성도들은 존귀한 사람들이요, 나의 기쁨이라 하겠습니다.

다윗은 자신이 하나님께 속한 존재라고 고백합니다. 또한 5절을 보면, 주님이야말로 내가 받을 유산의 몫이라고 고백합니다. 주님께서 필요한 모든 것을 내려 주시고, 나의 미래를 책임지신다는 것입니다.

이런 확신은 한편으론 부럽기도 하고, 또 한편으로 아슬아슬한 느낌이 들기도 합니다. 현실은 이런 낭만적인 확신을 뒤흔들어놓는 경우가 많기 때문입니다. 살다 보면 믿음이 흔들릴 때도 있고, 어둠 속을 걸어야 할 때도 있고, 성도들끼리 상처를 주고받을 때도 있습니다. 그 모든 때에 다윗은 간절히 하나님께 간구합니다.

1. 하나님, 나를 지켜 주십시오. 내가 주님께로 피합니다

다윗도 세상이 얼마나 위험한 곳인지를 분명히 알 뿐만 아니라, 이런저런 어려움을 겪으며 살았음을 짐작할 수 있습니다. 신앙은 철저한 하나님 신뢰에 바탕을 두고 있습니다. 이 신뢰는 '모든 것이 다 잘될 거야'라는 막연한 믿음이 아니라, 하나님의 선하심과 인도하심에 대한 깊은 믿음에서 비롯된 것입니다.

문제가 어떻게, 언제 해결될지 우리는 알 수 없습니다. 어쩌면 우리가 원하는 때, 원하는 방식으로 이루어지지 않을 수도 있습니다. 그런데도 하나님의 생각은 내 생각보다 깊고 내 생각보다 옳다고 확신한다면, 우리는 불확실한 어둠 속에서도 잠잠히 기다릴 수 있습니다. 이것이 신앙인의 특권입니다.

2. 고난과 시련을 대하는 태도(6-7절)

코로나19 바이러스에 의해 경제가 어렵다는 경고가 여기저기에서 들려옵니다. 무엇이 어떻게 되는지 구체적인 것은 알 수 없지만 문제가 심각하다는 사실은 분명한 듯합니다. 경제가 어려워지면 가장 크게 피해를 보는 사람은 가난한 사람들입니다. 실업이 증가하고, 소득은 줄고, 전망은 불확실하기에 삶은 위축되기 마련입니다. 하지만 그런데도 삶은 계속되어야 합니다. 때로 고난과 시련을 피할 수 없을 때가 있습니다. 그러나 피할 수 없는 그때에도 그 고난과 시련을 대하는 태도는 우리가 선택할 수 있습니다.

고난과 시련을 극복한 사람들의 이야기를 들어 보면, 실패의 쓰라림이 있기에 기쁨이 더 각별하고 이별이 있기에 만남의 기쁨이 있고 병약함이 있기에 회복의 기쁨도 있다고 합니다.

사람들은 자기 앞에 주어지는 삶의 현실에서 저마다 다른 무늬의 삶을 만들어 냅니다. 누구를 원망할 것도 없습니다. 누가 뭐라 해도 내 인생은 내가 만들어 갑니다. 문제는 우리가 다른 사람의 삶을 모방하려 한다는 것입니다. 다른 사람의 말이나 의견, 충고에 숨이 가빠지고 얼굴이 굳어지는 경우가 적지 않게 나타납니다. 그러나 본문의 다윗은 자기에게 주어진 삶의 자리를 긍정합니다.

> 6줄로 재어서 나에게 주신 그 땅은 기름진 곳입니다. 참으로 나는, 빛나는 유산을 물려받았습니다.

다윗에게 주어진 현실이 어땠는지 구체적인 것은 알 수 없지만, 왕이 되기까지 그리고 왕이 된 후에도 다윗의 삶의 자리가 수월하지는 않았음을 성경이 말해주고 있습니다. 하지만 다윗이 하나님께서 주신 것들을 받아들이는 순간 두려움이나 원망에 짓눌리지 않는 것을 봅니다. 우리도 마찬가지입니다. 팔자타령하고 있기엔 우리의 삶이 너무 아름답지 않은가요.

신실한 기독교인은 자기에게 주어진 일상의 삶이 값진 보화를 간직한 현장임을 깨닫습니다. 반면에 세상 사람들은 늘 다른 세상을 꿈꿉니다. 저 건너편 삶이 늘 좋아 보이기에 지금 여기의 삶에 만족하지 못한 채 저기만 바라보며 삽니다. 이야기 하나 들려 드리겠습니다.

산골 총각 하나가 나무를 하러 산에 갔다가 호랑이를 만났다. 그는 죽을힘을 다하여 나무에 올라가 호랑이가 사라지기만을 기다렸지만, 배가 고팠던 호랑이는 떠날 기미를 보이지 않았다. 어느 순간 나무 위에서 깜박 졸던 그는 그만 나무에서 떨어지고 말았다. 그것도 호랑이 등 위로 말이다. 호랑이도 역시 졸고 있었는데 느닷없는 충격에 놀란 호랑이는 죽을힘을 다해서 달리기 시작했다. 그 총각도 호랑이 뒷덜미에 죽을 둥 살 둥 매달렸다. 떨어지는 순간이 죽는 순간이라고 생각했기 때문이다. 그런데 건너편 기슭에서 콩밭을 매고 있던 한 젊은이가 그 광경을 보고는 들고 있던 호미를 땅에 내동댕이치며 투덜거렸다.

"이런 제기랄, 어떤 놈은 팔자 좋아 호랑이를 타고 노는데 나는 이게 뭐람"

우리 사는 꼴이 꼭 이렇지는 않은가요? 우리 마음이 바깥을 떠돌다 보니 다리는 아프고, 마음이 심란합니다. 그러나 주님이 주신 삶의 자리를 거룩한 곳으로 여기고 살면 인생이 좀 더 풍요로워집니다.

봄을 맞이하며 주변을 둘러보고 거추장스러운 일거리로만 보지 않는다면, 풀 한 포기, 들꽃 한 송이도 그냥 그 자리에 있는 것이 아님을 알게 됩니다. 때로는 아웅다웅하기도 하지만 지금 내 곁에 그대가 있다는 사실이 기적이요 은총임을 알게 됩니다. 옷깃만 스쳐도 인연이라는데 정말 그렇지 않습니까?

우리 부부가 이곳에 온 지 10년입니다. 우리가 늘 만나는 사람들, 우리가 늘 해야 하는 일들 속에서 하나님의 현존을 경험하지 못한다면 우리는 어둠 속에서 헤매면서 투덜거리다가 일생을 마치게 될지도 모릅니다. 우리 부부는 주변 사람들에게 좋은 영향을 주는 사람이 되고 싶습니다. 그렇게 되기를 하나님께 기도합니다.

시편 16편의 저자인 다윗은 주변 사람들에게 좋은 영향을 주는 사람임이 분명합니다. 다윗은 7절에서 이렇게 말합니다.

[7]주님께서 날마다 좋은 생각을 주시며, 밤마다 나의 마음에 교훈을 주시니, 내가 주

님을 찬양합니다.

다윗은 좋은 생각을 구하고 주님의 말씀에 귀를 기울이는 사람입니다. 시편 1편에서 복 있는 사람을 가리켜 '주님의 율법을 즐거워하며 밤낮으로 율법을 묵상하는 사람'이라고 합니다. 그렇습니다. 바로 이것이 어긋난 길로 가다가도 절망하지 않고 다시 하나님께로 돌아오는 비결입니다.

3. 나는 흔들리지 않는다(8-11절)

이 시의 가장 중요한 부분은 8절입니다.

> **8주님은 언제나 나와 함께 계시는 분, 그가 나의 오른쪽에 계시니, 나는 흔들리지 않는다.**

지금은 모든 것이 불확실한 시대입니다. 어느 것 하나 믿고 의지할 만한 것이 없습니다. 사람들은 돈을 잡으려고 하지만, 그것은 한순간에 빠져나가는 모래처럼 새 나갑니다. 정말 중요한 것은 돈으로 살 수 없습니다. 명예와 권세도 허망하기가 이를 데 없습니다. 그것을 얻을 때는 잠시 행복하지만, 그 순간부터 불안이 시작됩니다. 사라지지 않을까, 누가 빼앗지는 않을까? 건강도 젊음도 믿을 수 없습니다. 한때 가슴을 뜨겁게 했던 가치들도 시간이 지나면 마찬가지로 허망합니다.
나는 전도서의 탄식을 잊을 수가 없습니다.

> 헛되고 헛되며 헛되고 헛되니 모든 것이 헛되도다. (전도서 1:2)

교회 화단에 활짝 핀 튤립을 심었는데 어느 순간 꽃이 다 떨어져 사라지고 말았습니다. 참 허망합니다. 어쩌면 우리가 소중하게 생각하는 것도 그렇게 허망하게 스러지지 아닐까요. 그렇다면 우리는 허망한 세상을 살다가 허망하게 가야 할까요? 그렇지 않습니다. 허망하지 않은 삶이 있습니다.

결론

인생이란 생명의 주인이신 하나님이 내 주신 숙제를 하는 기간이 아닐까요. 성경에 의하면 그 숙제는 사랑할 줄 아는 사람이 되라는 것입니다. 각자의 존재 의미를 알고 살라는 것입니다. 생존이 아닌 생명으로 살라는 것입니다. 생존에서 생명으로 변화하는 그 변화는 성숙을 말합니다. 성숙이란 창조적 삶을 말합니다. 창조적 삶이란 어제는 사랑하지 못했는데 오늘은 사랑하는 삶으로 변화하는 것입니다. 어제는 용서하지 못했는데 오늘은 용서할 수 있게 되는 것입니다. 그것이 사랑할 줄 아는 사람이 되라는 하나님의 숙제를 하는 것입니다.

니체라는 철학자는 '사람이 자기 자신을 넘어서기를 포기하는 때, 사람을 그 이상의 존재로 이끌어 줄 그 무엇을 포기한 채 그저 지금의 상태로 만족할 때가 가장 비참한 때'라고 말했다고 합니다.

물론 세상은 마치 바람이 나무를 흔들어 놓듯이 우리를 가만히 두지 않습니다. 온갖 유혹과 곤란으로 우리를 시험합니다. 하지만 하나님에 대한 깊은 신뢰가 있는 사람은 흔들리지 않습니다.

나는 흔들리지 않는다는 말이 우리 가슴에 자리매김할 때, 어떠한 고난과 시련에도 당당한 사람으로 서게 될 것입니다. 죽음의 세력조차 나의 생명을 삼킬 수 없다는 부활 신앙의 확신이 있다면, 우리는 작은 손해와 실패에 연연하지 않을 수 있습니다.

주님은 거룩하시다
시편 99편 1-9절

　세상을 뒤흔든 코로나19의 공포가 점차 사그라들고 있습니다. 국가들이 마스크 쓰는 의무를 해제하기 시작했습니다. 얼마 전에 수백만 명씩 확진자가 발생하였는데, 이제는 확진자가 줄었을 뿐만 아니라 사망자의 숫자가 확 줄었기 때문입니다. 가장 많은 확진자와 사망자로 공포에 떨었던 미국도 이제는 일상으로 돌아간다는 소식이 들려오고 있습니다.

　막바지에 이른 지금 지난날을 돌아봅니다. 특히 코로나19가 발생한 초기를 돌아보면, 신천지의 집단감염으로부터 시작된 감염이 전국적으로 확산하여 불안감이 고조된 적이 있었습니다. 자신이 신천지 소속이라는 사실을 드러내지 않으려는 이들 때문에 방역에 어려움을 겪기도 했습니다.

　악한 영에 미혹된 이들은 반사회적인 태도를 드러내면서도 오히려 그것을 믿음으로 치장하는 일이 많았습니다. 지금도 마찬가지입니다. 지나친 자기 확신으로 코로나19의 위험성을 과장하거나 경시하면서 사람들을 미혹하기도 합니다. 이런 이들의 말에 넘어가지 말아야 합니다.

　욥기 42:3에서 욥은 '무지한 말로 이치를 가리는 자가 누구니이까 나는 깨닫지도 못한 일을 말하였고 스스로 알 수도 없고 헤아리기도 어려운 일을 말하였나이다'라고 하면서 자신의 입을 가렸습니다. 미혹하는 이들의 말은 한순간 신령한 지혜처럼 보일지 모르겠지만 사실은 이치를 가리는 무지한 말일 뿐입니다.

사람들의 불안 심리를 이용하여 마음을 지배하려는 이들, 마음이 온통 자기 이익에 쏠려 있으면서 입만 열면 거룩을 가장하는 말들을 쏟아내는 이들을 경계해야 합니다. 특별한 깨달음을 얻었다고 말하거나, 특별한 계시를 받았다고 말하는 이들은 우리의 영혼을 혼란케 하는 사람일 경우가 많습니다. 미혹된 영혼들은 '영적'이라는 말로 사람들을 옭아맵니다. 이럴 때일수록 우리의 영혼을 올바르게 지켜야 합니다.

신앙은 인간의 이성으로 미처 파악할 수 없는 신비가 있습니다. 다만 신비를 비상식적인 신앙으로 포장할 수는 없습니다. 우리는 하나님이 우리에게 주신 건전한 '이성'을 활용하면서 분별 있고 책임 있는 신앙인의 자리를 지켜야 합니다.

오늘 본문은 주님은 거룩하시다고 찬양합니다.

거룩이란 구별되었다는 것입니다. 속되고 악한 인간과는 구별된다는 뜻입니다. 하나님은 빛이시고 그에게는 어둠이 조금도 없다고 요한일서 1:5에서 말씀합니다. 우리는 흠이 있는 존재이기에 거룩하신 하나님을 경외할 수밖에 없습니다.

오늘 본문에서는 시내산과 시온산이 등장합니다. 시내산은 공평과 정의라는 '출애굽 언약'을 말하고, 시온산은 예루살렘 성전과 법궤 그리고 그룹이 등장하면서 '다윗의 언약'을 언급합니다. 시편 99편은 이 두 전통을 결합하여 주님의 거룩하심을 찬양하고 있습니다.

1. 공평과 정의의 하나님(1-4절)

¹주님께서 다스리시니, 뭇 백성아, 떨어라. 주님께서 그룹 위에 앉으시니, 온 땅아, 흔들려라. ²시온에 계시는 주님은 위대하시다. 만백성 위에 우뚝 솟은 분이시다. ³ 만백성아, 그 크고 두려운 주님의 이름을 찬양하여라. 주님은 거룩하시다! ⁴주님의 능력은 정의를 사랑하심에 있습니다. 주님께서 공평의 기초를 놓으시고, 야곱에게 공의와 정의를 행하셨습니다.

그룹은 커다란 날개를 펼쳐 법궤의 덮개인 속죄소를 가리는 천사입니다. 하나님은 그 위에 앉으셔서 온 땅을 다스리십니다. 주님께서 다스리시니 뭇 백성아, 떨어라. 주님께서 그룹 위에 앉으시니, 온 땅아, 흔들려라. 모든 백성은 하나님 앞에서 떨고 온 땅은 흔들립니다.

사람은 거룩하신 하나님 앞에 설 때 두려워 떨 수밖에 없습니다. 자신이 어둠에 있음을 인정하지 않을 수 없기 때문입니다. 하나님을 경외한다는 것은 공경하고 두려워한다는 뜻입니다.

누가복음 5:1 이하를 보면, 갈릴리 호수에서 그물이 찢어질 정도로 물고기를 잡는 기적을 경험한 베드로는 주님 앞에 엎드려 "주님, 나에게서 떠나 주십시오. 나는 죄인입니다"라고 고백합니다. 거룩한 주님을 경험한 사람의 당연한 반응입니다. 하나님을 경외하는 것은 구원받은 사람들의 특권입니다.

우리는 평화롭길 바랍니다. 안정된 삶을 원합니다. 그런 마음 때문에 때로는 거짓된 안정이라도 붙들고 싶습니다. 예레미야 28장을 보면 거짓 예언자 하나냐의 말에 사람들이 미혹됩니다.

예레미야는 침략자 바벨론에게 항복하라고 백성들에게 전했고, 하나냐는 바벨론을 이길 수 있으니 저항하라고 전했습니다. 여러분이라면 누구 말을 따르겠습니까. 예레미야의 말입니까, 하나냐의 말입니까?

'항복하라' 또는 '저항하라'는 말에 집중하여 판단하면 올바른 판단을 할 수 없습니다. 왜냐하면 자신의 감정이나 유불리에 따라 판단하고 선택하기 때문입니다. 이스라엘 백성들은 바벨론의 침략에 저항하는 하나냐의 말을 따랐습니다. 그리고 예루살렘이 함락되고 70년 포로가 되었습니다.

그러면 어떻게 해야 합니까? 자신의 감정이나 유불리로 판단하는 것이 아니라 하나님의 뜻이 무엇인지 분별하여 판단해야 합니다. 그때 비로소 감정이나 유불리에 휘둘리지 않고, 판단하고 선택할 수 있습니다.

바벨론에 항복하라는 예레미야의 선포가 백성들에게는 굴욕적으로 들릴 수도 있었을 것입니다. 고관들과 왕이 감금하고 위협했지만, 예레미야는 그렇게 선포하지 않을 수 없었습니다. 왜냐하면 하나님의 계시를 받았기 때문입니다. 반면에 하나냐는 하나님의 계시를 받지 않았음에도 불구하고 백성들과 왕이 원하는 대로 거짓 선포를 하였습니다. 예레미야의 경고에도 불구하고 거짓 선지자 하나냐의 말에 사람들은 미혹됩니다. 그것이 이스라엘을 비극으로 내몰았습니다. 하나님을 경외한다면 예레미야의 선포에 귀 기울였을 것입니다. 그러나 교만한 왕과 백성들은 그렇지 않았습니다.

우리는 우리가 그런대로 괜찮은 사람이라고 여기며 살아갑니다. 그래야 살아갈 수 있습니다. 스스로 하찮은 사람이라고 생각될 때 비참해지기 때문입니다. 분명히 말씀드립니다. 여러분은 보물입니다. 결코 하찮거나 무시당해도 되는 사람이 아닙니다. 어떤 지위에 있는 그 어떤 사람이라도 우리는 당당할 수 있습니다. 우리는 하나님의 형상을 닮은 사람으로 창조되었습니다.

그러나 하나님 앞에 설 때 우리는 자신의 허물과 죄, 그리고 유한함과 연약함을 자각할 수밖에 없습니다. 이를 깨달은 우리가 보일 수 있는 반응이 베드로와 같은 떨림, 곧 하나님 경외입니다.

오늘 본문의 시인은 4절에서 '주님의 능력은 정의를 사랑하심에 있습니다. 주님께서 공평의 기초를 놓으시고, 야곱에게 공의와 정의를 행하셨습니다'라고 고백합니다. 거룩한 하나님을 경험한 사람의 당연한 반응입니다. 주님은 정의를 사랑하는 분입니다. 정의를 무너뜨리는 이들에게 하나님은 분노하십니다. 이사야는 주님의 일에는 관심이 없고 자기 이익만 추구하는 악인들을 보면서 이렇게 말합니다.

> 악한 것을 선하다고 하고 선한 것을 악하다고 하는 자들, 어둠을 빛이라고 하고 빛을 어둠이라고 하며, 쓴 것을 달다고 하고 단 것을 쓰다고 하는 자들에게, 재앙이 닥친다! (이사야 5:20)

'공평과 정의'는 불쌍하고 가련한 사람에게 살아갈 힘을 줍니다. 공평과 정의는 하나님이 세우신 질서입니다. 공평과 정의가 흔들리면 우리의 삶이 불안정하고 신뢰가 무너져 세상은 혼란에 빠지게 됩니다.

2. 주 하나님을 찬양하여라(5-7절)

⁵우리의 주 하나님을 찬양하여라. 그분의 발 등상 아래 엎드려 절하라. 주님은 거룩하시다! ⁶그의 제사장 가운데는 모세와 아론이 있으며, 그 이름을 부르는 사람 가운데는 사무엘이 있으니, 그들이 주님께 부르짖을 때마다, 그분은 응답하여 주셨다. ⁷주님께서 구름기둥 속에서 그들에게 말씀하시니, 그들이 그분에게서 받은 계명과

율례를 모두 지켰다.

우리가 거룩하신 하나님을 찬양해야 하는 이유는 무엇일까요? 그것은 주님은 부르짖는 사람에게 응답하시는 분이시기 때문입니다.

6절을 보면, 모세와 아론 그리고 사무엘이 등장합니다. 이들의 공통점은 기도하는 사람입니다. '그들이 주님께 부르짖을 때마다, 그분은 응답하여 주셨다.'라고 합니다.

이들의 기도가 어떠했기에 하나님의 응답을 받았을까요? 이들의 기도는 중보기도입니다. 동족들이 위기에 처할 때마다 하나님의 노여움을 살 위험이 있음에도 불구하고 목숨 걸고 중보기도를 드렸습니다.

먼저 모세는 출애굽기 32:32에서 '이제 주님께서 그들의 죄를 용서하여 주십시오. 그렇게 하지 않으시려면, 주님께서 기록하신 책에서 저의 이름을 지워 주십시오'라고 기도했습니다. 또한 민수기 16:22에서 모세와 아론은 땅에 엎드려 부르짖었습니다. '하나님, 모든 육체에 숨을 불어넣어 주시는 하나님, 죄는 한 사람이 지었는데, 어찌 온 회중에게 진노하십니까?'

또한 사무엘상 7:6을 보면 사무엘은 미스바에서 '우리가 주님을 거역하여 죄를 지었습니다!'라는 고백을 백성들로부터 끌어냈습니다. 하나님은 이들의 기도에 응답하셨고 오래 참으시는 하나님의 사랑을 보여주셨습니다. 지금 우리의 현실에서도 이런 기도의 사람들을 부르십니다. 우리의 기도가 하나님의 응답이 있기를 바랍니다.

3. 기독교인이 가야 할 길 (8-9절)

⁸주 우리 하나님, 주님께서 그들에게 응답해 주셨습니다. 그들이 한 대로 갚기는 하셨지만, 주님은 또한, 그들을 용서해 주신 하나님이십니다. ⁹주 우리 하나님을 높이 찬양하여라. 그 거룩한 산에서 그분을 경배하여라. 주 우리 하나님은 거룩하시다.

우리 기독교인이 명심하여야 할 것이 있습니다. 하나님은 사랑이시고 우리의 허물을 용서하시는 분이시지만, 또한 불순종에 진노하시는 분이라는 사실입니다. 참회하는 자는 용서하시지만 참회하지 않는 자에게는 진노하십니다.

디트리히 본회퍼는 『나를 따르라』라는 책에서 '값싼 은혜'를 벗어날 것을 경고하였습니다.

값싼 은혜는 자기의 죄를 뉘우치지도 않고, 죄에서 벗어나려 하지도 않는다. 세상 사람들은 자기의 죄를 은폐해 주는 값싼 덮개를 교회에서 발견한다. 그러므로 값싼 은혜는 하나님의 생생한 말씀을 부정하고, 하나님의 말씀이 사람이 되었다는 사실을 부정한다. 값싼 은혜는 죄인을 의롭다 인정하는 것이 아니라, 죄를 의롭다 인정하는 것이라고도 말할 수 있다.

구원은 죄를 사면받는 것이 아니라 죄인을 의롭다고 인정받는 것입니다. 우리는 죄인입니다. 우리는 죄인이기에 죄를 짓습니다. 죄인인 우리가 짓는 갖가지 죄를 사면받는다고 해서 죄인이 아닌 것은 아닙니다. 즉 죄인이기에 또다시 죄를 범하게 됩니다. 따라서 죄를 사면받는 것이 아니라 죄인인 우리가 의롭다고 인정받는 것이 중요합니다. '죄는 미워하되 사람을 미워하지 말라'는 말이 있습니다.

죄를 미워하되 죄인을 사랑하는 하나님의 뜻을 올바르게 기억해야 합니다. 우리가 죄인임을 인정하고 우리를 의롭다고 인정해 주시는 하나님을 바라보아야 합니다.

교회는 죄를 은폐해 주는 값싼 덮개가 되지 말아야 합니다. 신앙인들은 행위로는 구원받을 수 없다고 말하면서 은혜가 모든 것을 해결해 준다고 말합니다. 그러나 이것은 성경에서 말하는 믿음이 아닙니다. 이것은 값싼 은혜, 곧 싸구려 은혜입니다. 값싼 은혜가 기독교 신앙을 싸구려로 만듭니다. 본회퍼는 참회가 없는 죄 사함, 십자가 없는 은혜, 예수 그리스도가 없는 은혜를 경계해야 한다고 말하면서 값싼 은혜를 버리라고 강조합니다. 구원은 숨겨진 보화와 같아서 그것을 얻으려는 자는 자기가 가진 모든 것을 팔아서 그 밭을 사야 합니다. 값싼 은혜에 기대지 말아야 합니다.

하나님은 자비롭고 은혜로우시며 노하기를 더디 하십니다. 한결같은 사랑과 진실이 풍성한 하나님은 악과 허물과 죄를 미워하십니다. 하나님의 거룩함은 공평과 정의, 그리고 부르짖는 이에게 응답하시는 하나님의 사랑을 통해 드러납니다.

온 세상이 자기 이익을 추구하느라 바쁩니다. 공평과 정의를 허무는 이들이 있습니다. 그러나 세상을 다스리시는 분은 하나님이십니다. 우리의 믿음이 진짜라면 세상이 어떠하든지 흔들리지 않고 우리의 삶을 살아야 합니다. 예수님은 어떤 상황에서도 사랑과 정의를 포기하지 않으셨습니다.

거룩하신 하나님을 경외하는 저와 여러분은 어떠한 삶의 태도를 보여야 할까요? 나의 삶을 살펴서 거룩하신 주님을 닮아가야 합니다. '내가 거룩하니 너희도 거룩하라'는 말씀을 기억해야 합니다. 감정이나 자신의 유불리에 휩쓸리지 말고 하나님의 말씀을 살아내야 합니다.

뒤숭숭한 세상이지만 거룩하신 하나님을 바라보면서 우리의 삶을 가지런히 만들어 나가야 합니다. 어려운 때일수록 빛 되신 주님을 우리 마음의 중심에 모셔야 합니다. 거룩하신 주님이 우리의 인도자가 되시고 보호자가 되어주시기를 기도합니다.

일천번제, 무엇을 구하시겠습니까?
열왕기상 3장 5-15절

여름 더위와 겨울 추위가 다가오면 연약한 사람들은 언제나 전쟁에 임하는 것 같은 마음의 준비를 합니다. 한겨울을 나기 위해 양식과 기름을 준비해야 하기 때문입니다. 올여름은 특별히 더 걱정입니다. 기록적인 폭우에 의한 피해가 가시기도 전에 폭염이 찾아왔습니다. 기상청의 예보가 예사롭지 않습니다. 재난 문자는 연일 쏟아집니다.

건강한 젊은이들은 모르겠지만 나이가 지긋해지면 날씨의 변화에 민감합니다. 약자들은 자신을 보호하기 위해 무진 애를 씁니다. 이제 장마와 더위에 좀 지칩니다. 그러면 우리는 어떻게 해야 할까요? 결론적으로 말하면 하루하루 버티어 내는 것이 성공입니다.

오늘날 세계를 지배하는 서양 사상의 원류는 '그리스 사유'와 '히브리 사유'입니다. 그리스 사유를 대표하는 것으로 그리스·로마 신화와 그리스 철학 그리고 그리스 민주정치가 있고, 히브리 사유를 대표하는 것으로 여호와 하나님 신앙이 있습니다. 한마디로 말하면 그리스 철학과 히브리 신학입니다.

그리스 사유와 히브리 사유의 차이에 대하여 인위적인 노력이냐 아니냐로 구분하기도 합니다. 말하자면 인간의 노력으로 쟁취하듯 이루어 가느냐 아니면 은혜의 선물로 그냥 받느냐의 차이입니다.

인간의 노력으로 도달하게 되는 최고의 선을 그리스 사람들은

arete(덕, 탁월한 도덕적 미덕)라고 합니다. 그리스 사람들은 arete를 가장 중요하게 생각합니다. 이것이 히브리 사람들에게 없다고 하기도 합니다. 반면에 히브리 사람들에게 가장 중요한 것은 하나님께서 허락하셨느냐, 아니냐를 구분하는 지혜입니다.

우리 그리스도인에게는 하나님께서 허락하셨느냐, 아니냐가 중요합니다. 그것을 아는 것이 기독교의 지혜입니다. 그렇다면 하나님께서 허락하셨느냐 아니냐, 그걸 어떻게 알까요? 모릅니다. 모르니까 내 마음대로 할 수 없지요. 모르니까 하나님 앞에서는 나 자신을 낮추고 비우고 버리는 영적 전쟁이 일어납니다.

그게 무슨 전쟁이냐고요? 자신이 스스로 낮아지기가 어디 쉽습니까? 순간순간이 자신과의 전쟁입니다. 왜냐하면 매 순간 높아지고 싶은 욕망이 치밀어 오르거든요. 여러분은 그렇지 않나요? 때로는 내 욕망이 하나님의 뜻이라고 주장하고 싶습니다. 그 욕망을 비우고 버리는 전쟁을 매번 합니다. 한마디로 전쟁터입니다. 이 영적 전쟁에서 승리하면 나는 죽고 예수는 살게 되지요. 겟세마네 기도에서 예수께서 승리하신 것처럼 말입니다.

가장 심각한 싸움은 자신과의 싸움입니다. 그런데 이 전쟁은 내가 현실에 참여할 수 있는 유일한 진짜 전쟁입니다. 그 외의 싸움은 자신을 내세우고 자랑하기 위한 거짓 전쟁입니다. 실제는 그렇지 않은데 나는 이렇게 사회적 정의를 위한다고 하는 공허한 외침일 뿐입니다. 공허하다는 것은 실제로 전쟁이 나면 도망친다는 뜻입니다.

영적 전쟁에 임하는 그리스도인은 깊이 생각해야 합니다. "나는 다른 누군가를 위하고 있는가?", "자신과의 처절한 전쟁으로 '나'를 낮춘 그곳에서 '너'가 빛나도록 하고 있는가?" 생각해 봅니다.

행복하게 살고 싶으신가요? 기독교에서 말하는 행복은 단순합니다. 지금 할 수 있는 것보다 한 걸음만 더 열심히 예수님을 따라 해 보는 것입니다. 항상 기뻐하고 쉬지 말고 기도하고 범사에 감사하게 되는 행복을 느낄 것입니다.

오늘 본문은 솔로몬의 '일천번제' 이야기입니다. 솔로몬은 어마어마한 부와 영광을 누린 왕입니다. 오늘 본문은 왕권 초기에 있었던 일을 기록하며 그가 어떻게 그토록 놀라운 영광을 누릴 수 있었는지를 설명합니다. 솔로몬에게 주셨던 하나님의 은혜가 여러분에게도 있기를 빕니다.

왕위에 오른 솔로몬은 왕권을 안정시키고자 두 가지 실용주의 정책을 시행합니다. 결혼동맹(1절)과 제사 의식(2-3절)입니다. 결혼동맹은 애굽왕 바로의 딸을 아내로 맞아들이는 것이고, 제사 의식은 백성들과 함께 일천번제를 드리는 것입니다.

솔로몬은 현실적인 실용주의를 채택하면서도 하나님을 사랑하였으며, 아버지 다윗의 법도를 따랐다고 기록합니다(3절 전반). 솔로몬은 왕권의 안정을 도모할 뿐만 아니라 앞으로 통치할 능력을 얻고자 온 이스라엘의 회중(지도자들과 각 가문의 족장들)을 불러 기브온 산당에서 일천번제를 드립니다.

역대하 1장 3절에 의하면 기브온 산당에는 모세가 만든 회막이 있었다고 기록합니다. 일천번제란 무엇입니까? 일천 번의 제물을 드렸다는 뜻입니다. 내가 원하는 것을 얻기 위해 제물을 드리는 것에 대하여 어떻게 생각하십니까? 사람들은 신으로부터 무언가를 얻을 목적으로 제물을 드리기도 하고, 때로는 육체적인 고행을 하기도 합니다. 이러한 행위는 자신의 영광을 위해 하나님을 이용하는 것은 아닌지 생각할 수도 있습니다.

신의 도움을 구한다는 것은 종교의 일차적인 목적입니다. 이러한 신앙을 샤머니즘 또는 원시신앙(종교)이라고 합니다. 사실 신앙은 그렇게 시작합니다. 한 치 앞을 알 수 없는 불안한 인생 가운데 신의 도우심을 받아 살기를 바라는 것은 어쩌면 당연한 일이기 때문입니다.

무언가를 얻기 위해 하나님께 구한 적이 있습니까? 혹시 무엇을 구하셨나요? 하나님의 도우심을 구하며 예물을 드릴 수 있습니다. 괜찮습니다. 다만 거기에 머물지 말고 더 큰 은혜로 나아가야 합니다. 더 큰 은혜가 무엇일까요? 그것은 영생이고 구원입니다. 부활의 영광입니다. 구원받은 사람이 누리는 구하지 않아도 주시는 은혜와 평강입니다. 임마누엘의 복입니다.

하나님이 여러분에게 "내가 너에게 무엇을 주기를 바라느냐? 나에게 구하여라"라고 하시면 여러분은 무엇을 구하시겠습니까? "하나님께 무엇을 구하시겠습니까?" 그 질문을 간직한 채 오늘 말씀을 나누겠습니다.

솔로몬은 지혜로운 마음을 구했습니다. 여러분은 무엇을 구하십니까? 여러분이 구하는 그것이 여러분 각자의 현재 위치입니다. 현재 여러분의 인격이고 정체성이고 여러분의 처지입니다. 무엇을 구하는가가 현재의 나를 규정한다는 말입니다. 지금 내가 구하고 있는 것이 나의 가장 중요한 관심사입니다. 그리고 그것이 곧 나의 미래가 될 것입니다.

솔로몬의 일천번제를 받으신 하나님께서는 솔로몬의 기도를 좋게 보셨습니다. 하나님은 자기의 유익보다 백성들을 위한 지혜로운 마음을 구하는 솔로몬의 기도가 마음에 들었습니다.

하나님의 마음에 들었다는 것은, 하나님의 마음과 솔로몬의 마음이 일치했다는 뜻입니다. 하나님이 원하시는 것은 이스라엘 백성들이 올바른 길로 가는 것입니다. 솔로몬이 원하는 것도 그것입니다. 그를 위해서는 왕에게 지혜로운 마음이 필요했습니다. 하나님의 뜻과 솔로몬의 뜻이, 하나님이 주시려는 것과 솔로몬이 얻으려는 것이 일치했습니다. 이제 솔로몬은 하나님이 주실 모든 것을 받을 준비가 되었습니다.

솔로몬의 기도 제목이 하나님의 마음에 들었습니다. 하나님께 무엇을 구할지 생각해 보셨습니까? 여러분의 기도 제목은 하나님의 마음에 드는 기도 제목일까요? 일천번제를 드리는 솔로몬의 꿈에 나타나신 하나님은 말씀하십니다.

> 5그 날 밤에 기브온에서, 주님께서 꿈에 솔로몬에게 나타나셨다. 하나님께서 말씀
> 하시기를 "내가 너에게 무엇을 주기를 바라느냐? 나에게 구하여라"하셨다.

이에 솔로몬은 원하는 것을 말하기 전에 하나님의 은혜에 대한 기대와 은혜가 필요한 이유를 아룁니다. 먼저, 하나님의 은혜에 대한 기대 두 가지입니다(6절).

① 아버지 다윗에게 큰 은혜를 베풀었던 것처럼 이제 그 아들 솔로몬에게도 관대하시리라는 기대.

② 하나님께서 솔로몬을 다윗의 자리에 통치자로 임명하셨기에 그 책임을 이행하는 데 필요한 모든 것을 주시리라는 기대.

우리가 기도할 때 먼저 하나님께 영광을 올리고 하나님을 찬양하고 은혜에 감사하는 것은 이러한 기대가 담겨있기 때문입니다. 이어서 솔로몬은 그 기대에 의지하여 하나님의 은혜가 필요한 이유를 말합니다.

> 7그러나 주 나의 하나님, 주님께서는, 내가 아직 어린 아이인데도, 나의 아버지 다윗
> 의 뒤를 이어서, 주님의 종인 나를 왕이 되게 하셨습니다. 나는 아직 나가고 들어오
> 고 하는 처신을 제대로 할 줄 모릅니다. 8주님의 종은, 주님께서 선택하신 백성, 곧

그 수를 셀 수도 없고 계산을 할 수도 없을 만큼 큰 백성 가운데 하나일 뿐입니다.

나가고 들어오고 하는 처신을 제대로 할 줄 모르는 어린아이인 솔로몬이 수를 셀 수 없을 만큼 큰 백성을 다스리는 왕이 되었다고 고백합니다. 그래서 하나님의 도우심이 필요하다는 말입니다.

저와 여러분도 마찬가지입니다. 우리는 자기 능력으로 살려고 애쓰지만, 사실은 하나님의 도우심이 없이는 한 치 앞도 알 수 없는 것이 인생입니다.

솔로몬은 이제 비로소 원하는 것을 청합니다.

> 9그러므로 주님의 종에게 지혜로운 마음을 주셔서, 주님의 백성을 재판하고, 선과 악을 분별할 수 있게 해주시기를 바랍니다. 이렇게 많은 주님의 백성을 누가 재판할 수 있겠습니까?

솔로몬이 하나님께 청한 것은 선과 악을 분별할 수 있는 지혜로운 마음입니다. 솔로몬은 기적을 바라지 않았습니다. 부귀와 영광과 장수도 바라지 않았습니다. 그는 어려운 상황에 있는 백성들을 다스리는 지혜를 구합니다. 선과 악을 분별하며 백성들이 선한 것을 선택하도록 지도할 수 있는 지혜의 은사를 구했습니다. 어린 왕 솔로몬에게 가장 필요한 것을 구했습니다.

여러분은 무엇이 가장 필요합니까? 우리에게 무엇이 가장 필요할까요? 교회공동체에 가장 필요한 것은 무엇일까요? 정답은 하나님 마음에 합당한 것입니다.

하나님은 솔로몬의 기도를 좋게 보셨습니다(10절). 하나님이 솔로몬을 좋게 보신 이유는 무엇입니까?(11절) '네가 스스로를 생각하여 오래 사는 것이나 부유한 것이나 원수 갚는 것을 요구하지 아니하고, 다만 재판하는 데에, 듣고서 무엇이 옳은지 분별하는 능력을 요구'하였기 때문입니다.

그러나 장수와 부와 명예를 구하지 말라거나, 그것이 인생에서 중요하지 않다는 것을 뜻하는 것이 아닙니다. 장수와 부와 명예는 이 땅에 사는 모든 사람에게 필요한 것입니다. 따라서 하나님께 구할 수 있습니다. 주저하지 말고 구하십시오.

솔로몬이 받은 지혜는 통치행위에 실제로 적용되었습니다. 여러분도 아시는 솔로몬의 재판(16절 이후)뿐만 아니라, 지혜에 관한 소문을 들은 모든 백성과 지상의 모든 왕은 솔로몬의 지혜를 들어서 배우려고 몰려왔다(열왕기상 4:34)고 기록합니다.

하나님은 솔로몬이 요청하지 않았는데도 부귀와 영광 그리고 장수의 복을 주셨습니다.(13-14절) 그러면서 네 아버지 다윗이 한 것과 같이, 네가 나의 길을 걸으며, 내 법도와 명령을 지키라고 명령하셨습니다.

그리고 꿈에서 깬 후의 솔로몬은 예배를 드리고 잔치를 베풀었습니다.(15절)

¹⁵솔로몬이 깨어나서 보니, 꿈이었다. 그는 곧바로 예루살렘으로 가서, 주님의 언약 궤 앞에 서서, 번제와 화목제를 드리고, 모든 신하에게 잔치도 베풀어 주었다.

하나님의 은혜에 대한 감사는 예배로 나타납니다. 예배는 하나님의 은혜에 감사하며 이웃과 함께 나누는 잔치입니다. 하나님 사랑, 이웃사랑이 바로 예배입니다. 예배는 함께 한 사람들과 그 은혜를 나누는 것까지 포함됩니다.

한국 교회만큼 뜨겁게 기도하는 성도들은 없을 것입니다. 하지만 기도의 양이나 열정에 비하여 '올바른 기도'를 드리고 있는지는 의문입니다. 어떻게 하면 하나님의 마음에 드는 기도를 드릴 수 있을까요?

솔로몬은 어마어마한 부와 영광을 누린 왕입니다. 오늘 본문은 왕권 초기에 있었던 일을 기록하며 그가 어떻게 그토록 놀라운 영광을 누릴 수 있었는지를 설명합니다. 솔로몬은 하나님의 뜻을 이루기 위해 기도했습니다. 하나님과 백성을 잘 섬기기 위한 것이었습니다. 그의 나라와 의를 구하는 기도였습니다.

솔로몬에게 주셨던 하나님의 은혜가 여러분에게도 있기를 빕니다.

3장

성경은 어떻게 읽고
이해해야 하나요?

선악과를 주신 이유가 무엇일까?

창세기 2장 1-17절

문제의식

'선악을 알게 하는 나무'를 에덴동산 중앙에 두신 이유는 무엇일까요? 처음 이 말씀을 접할 때, 동산의 모든 나무는 물론 생명나무와 함께 선악을 알게 하는 나무도 아담에게 주셨다고 생각했습니다. 그런데 갑자기 먹지 말라고 하시며 먹는 날에는 죽는다고 쓰여 있는 것입니다. 너무 놀랐어요.

아니, 차라리 선악을 알게 하는 나무를 놓지 마시든지, 아니면 먹으라고 하실 것이지, 왜 앞에 두시고 그것도 동산 중앙에 생명나무 옆에 두시면서 먹지 말라고 하시는지, 먹으면 죽을 것이라고 협박(?)까지 하시는지 모르겠습니다. 여러분은 안 그러신가요? 하나님이 장난하시나… 참으로 이해하기 힘든 말씀입니다.

심지어 내가 아담과 하와의 입장이라면 나도 그들과 똑같이 했을 거라는 결론 아닌 결론에 이르게 됩니다. 그래서 생각하고 묵상하고 기도하고 참으로 이해하기 힘든 말씀이라는 말 못 할 고민을 하였습니다. 사랑의 하나님께서 왜 그러셨을까?

묵상 중에 '선악과를 먹는 방법은 없을까?'라는 생각도 했습니다. 아내에게 물었더니 '왜 먹지 말라고 말씀하신 것을 군이 먹을 방법을 생각하느냐고 말합니다. 한편 그 말도 일리가 있어 보입니다. 전능하신 하나님께서 다 이유가 있으니까 먹지 말라고 하셨을 거라는 생각이 들었습니다.

그러나 내 마음에는 끝없는 의문이 계속됩니다. 왜 굳이 동산 중앙에 먹기 좋은 모든 나무와 생명나무와 함께 선악과를 두셨을까? 우리에게 동산을 허락하신 것이 동산에서 아름다운 삶을 살게 하시려는 것이라면 선악과도 우리를 위해 주신 것이 아닐까? 그렇다면 먹을 수 있는 것이 아닐까?

그래서 먹는 방법을 다시 한번 생각해 봅니다. 사람의 생각으로, 사람의 방법으로 먹는 것이 아니라 하나님의 생각, 하나님의 방법으로 먹을 수 있는 것은 아닐까요? 사람을 위해 주신 것이지만 하나님의 방법으로 먹으면 되지 않을까요? 그러면 어떻게 하면 선악과를 먹을 수 있을까요? 분명히 먹지 말라고 하셨는데…

1. 동산을 주신 하나님의 뜻(8-9절, 15절)

8주 하나님이 동쪽에 있는 에덴에 동산을 일구시고, 지으신 사람을 거기에 두셨다. 9주 하나님은 보기에 아름답고 먹기에 좋은 열매를 맺는 온갖 나무를 땅에서 자라게 하시고, 동산 한가운데는 생명나무와 선과 악을 알게 하는 나무를 자라게 하셨다 … 15주 하나님이 사람을 데려다가 에덴 동산에 두시고, 그 곳을 맡아서 돌보게 하셨다.

하나님은 동산을 만드시고 사람에게 동산을 주셨습니다. 동산은 사람이 사는데 가장 알맞은 곳입니다. 사람이 살기에 알맞은 환경을 만들어 주신 것입니다.

올해도 어김없이 제비가 찾아왔습니다. 제비 똥을 치우는 것이 여간 번거로운 것이 아닙니다. 냄새에 예민한 아내의 불평 또한 만만치 않았습니다. 그런데도 함께 살기로 했습니다. 생명의 탄생과 자라는 것을 보는 기쁨이 충만하기 때문입니다. 제비는 제비집을 만들기 전에 한참을 살펴봅니다. 이곳저곳을 둘러보면서 적당한 장소를 물색합니다. 그리고 가장 중요한 것, 이곳에 사는 사람이 좋은 사람인지 살펴봅니다. 새끼를 낳아 기르기에 안전한 곳인지 보는 것입니다. 저는 무언의 허락을 했습니다. 눈치 빠른 제비는 그런 저의 허락을 받고 집을 짓기 시작합니다. 제비와 나는 말이 아닌 다른 것으로 서로의 마음을 확인했습니다. 제비는 집을 짓고 알을 낳고 새끼를 키웁니다.

마찬가지로 에덴동산은 하나님께서 사람에게 주신 적당한 삶의 장소입니다. 그곳에는 삶에 필요한 모든 것이 갖추어져 있습니다. 의식주뿐만 아니라 하나님과 사랑의 교제가 있습니다. 제비가 집을 짓고 새끼를 키울 수 있도록 집주인이 허락하는 것처럼 말입니다. 사람은 동산에서 먹고 마시고 일하고 사랑하며 살아갑니다. 이 모든 것은 하나님의 허락하에 이루어집니다.

먹기에 좋은 모든 나무 그리고 생명나무와 선악을 알게 하는 나무도 사람을 위한 것입니다. 사람의 육신을 위하여 먹기에 좋은 모든 나무를 주셨고, 영혼의 충만한 기쁨을 누리도록 생명나무를 주셨고, 하나님과의 교제를 나누도록 선악을 알게 하는 나무를 주셨습니다. 동산에 있는 모든 것은 사람의 유익을 위한 하나님의 선물입니다.

2. 선악을 알게 하는 나무의 의미(16-17절)

16주 하나님이 사람에게 명하셨다. "동산에 있는 모든 나무의 열매는, 네가 먹고 싶은 대로 먹어라. 17그러나 선과 악을 알게 하는 나무의 열매만은 먹어서는 안 된다. 그것을 먹는 날에는, 너는 반드시 죽는다."

동산의 모든 것이 사람을 위한 것이라면, 선악을 알게 하는 나무도 사람을 위한 것입니다. 생명나무를 포함해서 동산에 있는 모든 나무를 사람에게 주신 것처럼 선악을 알게 하는 나무도 사람에게 주신 것입니다.

동물에게 먹이가 필요하듯 사람에게도 먹거리가 필요합니다. 동물과는 다르게 하나님의 형상을 따라 지음 받은 사람은 육신의 필요만이 아니라 그 이상의 것이 필요합니다. 선악을 알게 하는 나무는 육신만을 위해 주신 것이 아닙니다. 그것은 육신을 넘어 하나님과의 교제와 동행을 위한 것입니다.

선악을 알게 하는 나무는 하나님의 말씀(또는 율법)으로 그리고 그 열매는 말씀(율법)을 통해 이루시려는 하나님의 뜻이라고 이해할 수 있습니다. 하나님의 말씀에 순종하면 하나님의 뜻이 사람에게 성취됩니다. 하나님의 뜻과 사람의 뜻이 하나가 되는 것을 성령 충만하다고 말할 수 있습니다.

악을 미워하시고 선을 기뻐하시는 하나님은 하나님의 형상을 닮은 사람도 악을 미워하고 선을 기뻐하기를 원하실 것입니다. 그 하나님의 분별력, 곧 하나님의 지혜는 선악을 알게 하는 나무의 열매(선악과)라는 물질적인 것을 뛰어넘는 것입니다. '선악과를 먹지 말라'는 명령(말씀)에 순종할 때 주어지는 것이 하나님의 지혜입니다. 선악과를 먹으면 얻게 되는 지혜는 불완전한 것입니다. 따라서 벗은 모습을 보고 부끄러

위합니다. 반면에 하나님의 지혜는 벗었으나 부끄럽지 않습니다. 완전한 교제, 완전한 공감, 완전한 일치 곧 삼위일체 하나님의 교제는 사랑으로 모든 것을 덮어 줍니다. 선악을 알게 하는 나무는 에덴동산에 주신 하나님의 율법(말씀)입니다. 말씀대로 살 때, 하나님께 순종할 때, 동산은 가장 아름답게, 하나님 보시기 좋게 됩니다.

먹기 좋은 모든 열매는 육신으로 먹고, 생명나무는 영으로 먹고, 선악을 알게 하는 나무의 열매는 순종으로 먹는 것이라고 이해할 수 있습니다. 순종으로 먹은 열매는 자기를 부인하고 자기 십자가를 지고 예수님을 따르라는 말씀과 같습니다. 선악을 알게 하는 나무의 열매를 먹으면 죽을 것이니 먹지 말라고 말씀하셨습니다. 그 말씀에 순종하면 예수를 따르는 것입니다. 곧 나는 죽고 예수는 살게 됩니다. 그것은 하나님이 동산에 선악을 알게 하는 나무를 율법으로 두신 이유라고 말할 수 있습니다.

사랑하는 자만이 순종을 요구할 수 있습니다. 선악을 알게 하는 나무를 동산 중앙에 두시고 먹지 말라고 하신 것은 사람과 인격적 교제를 나누시고자 순종을 요구하시는 하나님의 사랑의 표현입니다. 선악을 알게 하는 나무의 열매를 먹지 말라는 말씀은 하나님 뜻에 순종할 것을 사람에게 요구함으로 사람과 인격적 교제를 나누시고자 하는 하나님의 뜻입니다.

우리는 매 순간 선악을 알게 하는 나무(말씀) 앞에 서 있습니다. 말씀이 곧 선악을 알게 하는 나무입니다. 우리가 말씀 앞에 설 때 우리 앞에는 선악을 알게 하는 나무가 서 있는 것입니다. 하나님은 말씀에 순종하느냐 불순종하느냐는 것을 우리의 선택에 맡겨 놓으셨습니다. 우리가 하나님과 인격적 교제를 나누고자 한다면 말씀에 순종함으로 선악을 알게 하는 나무의 열매를 먹지 않을 것이지만,

하나님과 인격적 교제를 거부하고 불순종한다면 아담처럼 선악을 알게 하는 열매를 먹을 것입니다. 순종은 영생이고, 불순종은 멸망입니다.

5월은 가정의 달입니다. 하나님께서는 선악을 알게 하는 나무(말씀)를 우리 앞에 두셨습니다. 부모를 공경하라, 자식을 양육하라, 아내를 사랑하라. 남편에게 순종하라.

우리 앞에 놓여 있는 이 말씀이 선악을 알게 하는 나무입니다. 아담이 동산에서 선악을 알게 하는 나무 앞에 서 있듯이, 오늘 우리는 말씀 앞에 서 있습니다. 선택은 저와 여러분 각자의 몫입니다. 순종은 화목한 가정으로, 불순종은 그렇지 못한 가정입니다. 성령께서 저와 여러분 가정에 은총을 베풀어 주시기를 빕니다.

결혼과 출산에 대하여
창세기 2장 24-25절

계절의 여왕답게 5월의 날씨는 너무 좋고, 때를 따라 씨를 뿌려야 하는 농부의 손길은 바쁩니다. 좋은 계절에 온통 좋은 날들 뿐이기를 바랍니다.

스승의 날이 되어야만 스승을 생각할 시간을 낼 수 있는 우리의 삶이 잘 사는 것인지 모르겠습니다. 오랜만에 저도 스승님을 만나고 왔습니다. 관악산 자락에서 스승님을 만나 세미나도 했습니다. 아름다운 자연과 좋은 사람들 그리고 하나님의 말씀이 어우러진 참으로 즐거운 시간이었습니다. 침체한 마음이 새롭게 되고, 상처 난 마음에 위로받고, 약해진 육신에 활력도 얻었습니다. 모임을 마치고 집에 오니 인터넷 카페에 올라온 스승의 글에서 그 마음이 느껴집니다.

진심의 마음을 들여다보면 실상은 아픔입니다. 스승을 생각하고 걱정하는 그 마음이 전달되면 애처롭고 아픕니다. 선물이라도 받으면 돈도 없으면서 '자식들 줄 것으로 내 선물 주는구나' 생각하게 됩니다.
그 선물이 꼭 필요한 것도 아니고 내가 배가 고픈 것도 아니고 그래서 늘 마음이 아픕니다. 받아서 좋은 게 아니라 받아서 애처롭고 때로는 마음에 상처가 됩니다. 마음을 준다는 것은 자기 자신을 주는 것이니까 그렇습니다. 그래서 교인들에게 상처받다 보면 어느 순간 상처받지 않는 방법을 터득

하고 그것을 대단히 성숙해진 것처럼 자랑스러워하고, 인간을 기계적으로 또는 일정한 거리를 두고 대하는 방법에 익숙해집니다. 이러한 비슷한 것을 가르쳐주는 것이 심리학입니다.

사랑은 불가사의입니다. 늘 해도 상처받고, 늘 해도 부족하고, 늘 해도 실패하고, 늘 해도 익숙해지지 않습니다. 그래서 때로 사랑 때문에 잠을 설칩니다.

그리스도인은 물질로 계산이 되지 않는, 그래서 이해되지 않는 것을 붙잡으려고 애쓰는 사람들입니다. 은혜는 계산이 안 된다는 말입니다. 은혜의 가치는 물질적인 단위로 환산되지 않는 품목입니다.

1인치를 2.54센티미터로 환산하듯 은혜를 물질적 단위로 계산할 수 없습니다. 인간이 할 수 있는 가치의 최대치는 하나님을 향해 서는 것입니다. 매일 만나와 같은 물질적인 무언가가 떨어지기를 기대하는 것은 미성숙한 어린아이와 같은 계산법입니다.

제대로 살아보려고 애쓰는 제자들에게 해주고 싶은 말은 힘들고 어려워도 '그냥 그대로 잘'이라는 말입니다. 세상의 평가는 겉옷과 같아서 나를 돋보이게 할 수도 있지만, 언제나 벗어버려야 할 것들입니다. 나의 마음을 하나님을 향해두면 그것으로 모든 것이 완성입니다.

참 쉽지요?

최고로 비싼 고급옷은 디자인이 간결하고 단순합니다. 이리저리 복잡하고 요란한 것들은 싸구려 옷인 것 아시지요? 적어도 여러분들이 싸구려는 아니라는 이 자존감은 '나사렛에서 선한 것이 나온다'라는 믿음에서 오는 것임을 아시지요?

5월 21일 '부부의 날'입니다. 둘이 하나가 된다는 의미에서 21일을 부부의 날로 정했다고 합니다. 부부의 날의 의미를 되새기면서 둘이 하나가 되는 결혼과 출산에 대한 성경의 말씀도 함께 살펴보려고 합니다.

여러분은 4무(四無)라고 들어보셨나요? 젊은이들이 연애, 결혼, 출산, 양육을 꺼린다고 합니다. 결혼하는 사람의 숫자도 줄고, 출산율도 역대 최저라고 합니다. 초등학교에 입학할 학생이 없어서 임용고시 합격자를 대폭 줄인다고 합니다. 국가의 최우선 과제로 출산을 장려하지만, 계획대로 되지 않는 것 같습니다.

결혼과 출산은 사랑하는 우리 자녀에 관한 이야기입니다. 자녀들의 미래에 대한 이야기입니다. 사랑하는 자녀들의 현실을 이해하고 공감하는 것이 필요합니다. 특히 말씀에 따라 자녀들을 이해하고 공감할 수 있다면 더 복된 가정을 이루는 큰 힘이 될 것입니다.

> [24]그러므로 남자는 아버지와 어머니를 떠나, 아내와 결합하여 한 몸을 이루는 것이다. [25]남자와 그 아내가 둘 다 벌거벗고 있었으나, 부끄러워하지 않았다.

24절을 보면, 두 동사가 사용됩니다. 먼저 '떠나다'와 '결합하다'입니다. 결혼의 원리는 분리와 연합입니다. 한편으로는 부모를 떠나고, 또 한편으로는 배우자와 결합하는 것입니다. 결혼 전에는 부모의 권위 아래 있지만 결혼 후에는 독립된 인격체로 스스로 책임진다는 말입니다. 결혼은 독립된 인격체인 둘이 만나 하나로 결합하는 것입니다. '21'일이 부부의 날인 이유가 그것입니다.

25절을 보면, '둘 다 벌거벗고 있었으나, 부끄러워하지 않았다'라고 합니다. 이 말씀은 결혼의 효과, 열매 또는 유익을 말한다고 볼 수 있습니다. 결혼은 서로 부끄러움이 없는 관계를 맺게 합니다. 감추어야 할 것도, 드러내지 못할 것도 없는 친밀한 관계 말입니다.

연애할 때는 꾸미고 치장하여 잘 보이려고 애씁니다. 단점은 감추고 장점을 드러내려는 것입니다. 하지만 결혼하면 감출 수 없습니다. 다 드러납니다. 부부가 된다는 것은 자신의 부끄러운 것을 숨기는 것에 에너지를 소비하지 않는 것입니다. 그래서 평안합니다. 결혼제도는 하나님의 축복이고 선물입니다.

하나님께서 결혼을 통해 평안을 주신 이유가 있을 것입니다. 아마도 결혼은 하나님의 형상으로 지음 받은 본래의 모습을 향해 나아갈 수 있도록 돕는 자를 붙여주신 것이 아닐까 생각합니다. 선악과를 먹고 하나님 눈을 피해 나무 뒤로 숨은 아담과 하와는 죄인 된 자기 모습이 부끄러웠습니다. 임시방편으로 무화과나무 잎으로 가렸지만 가려질 리가 없습니다. 죄를 범한 인간은 자기 모습이 부끄럽습니다. 하지만 부끄러워할 필요가 없는 사람이 있으니 바로 부부입니다. 부부는 수치심을 감싸주고 덮어 줍니다. 그래서 돕는 배필입니다. 부부는 하나님의 형상으로 지음 받아 살던 에덴동산과 같은 가정을 만들어야 합니다. 그것이 부부에게 주어진 하나님의 소명이라고 생각됩니다.

오늘 설교 제목은 결혼과 출산입니다. '결혼하면 출산한다'를 정해진 것, 아니 당연한 것으로 여겼지만 이제는 아닙니다. 먼저 성경 말씀을 읽겠습니다. 시편 127:3-5입니다.

> [3]자식은 주님께서 주신 선물이요, 태 안에 들어 있는 열매는, 주님이 주신 상급이다. [4]젊어서 낳은 자식은 용사의 손에 쥐어 있는 화살과도 같으니, [5]그런 화살이 화살통에 가득한 용사에게는 복이 있다. 그들은 성문에서 원수들과 담판할 때에, 부끄러움을 당하지 아니할 것이다.

성경에 의하면 자식은 하나님의 선물이요 상급이요 복이요 부끄러움을 당하지 아니할 힘입니다. 하나님께서는 둘이 한 몸이 되어 부부가 되게 하셨고, 자녀를 선물로 주셨습니다. 가정은 하나님께서 만드신 최초의 공동체입니다. 가정은 하나님의 형상으로 지음 받은 사람이 말씀에 따라 온전하게 살아갈 힘을 얻는 하나님이 만드신 제도입니다.

오늘날 결혼과 출산에 관한 생각이 과거와는 많이 달라졌습니다. 변화는 긍정적일 수도, 부정적일 수도 있습니다. 소망하기는 긍정적인 것은 받아들이고 부정적인 것은 버리는 올바른 선택을 하시길 바랍니다.

연애, 결혼, 출산, 양육을 꺼리는 '4무'의 생각이 자연스러운 자녀들을 이해하기 위해서는 먼저 결혼과 출산에 대해 다음과 같은 말을 알아야 합니다. 딩크족(DINK, Double Income No Kids)이라는 말이 있습니다. 부부가 결혼한 뒤 맞벌이하면서 자식을 의도적으로 갖지 않는 경우를 말합니다. 듀크족(DEWK; Dual Employed With Kids)이라는 말도 있습니다. 자녀를 키우면서 맞벌이하는 부부입니다.

딩펫족(DINK + pet)이라는 말도 있습니다. 딩크 더하기 펫입니다. 자녀를 갖지 않는 대신 반려동물을 키우는 맞벌이 부부를 말합니다. 딩펫족이 되는 이유는 반려동물을 키우는 것이 자녀를 키우는 것보다 시간이나 비용이 적게 들기 때문이라고 말하기도 합니다. 이런 용어들을 보면, 한편으로는 신기하기도 하고, 놀랍기도 합니다.

얼마 전에 프란치스코 교황이 결혼과 출산에 관련된 말을 했다고 합니다. 이에 관한 중앙일보 기사를 읽어 드리겠습니다.

프란치스코 교황은 바티칸시국의 일반인 알현에서 한 여성을 만났다면서 "나는 그 여성을 맞이했고 그는 가방을 열며 '내 아기를 축복해 주세요'라고 했다. 그건 작은 '개'였다"고 말했다. 교황은 "나는 참지 못하고 그 여성을 나무랐다"며 "많은 어린이가 굶주리는데 나에게 작은 개를 가져왔느냐고 얘기했다"고 털어놨다.

교황은 지난해 1월 일반인 알현 행사에서 "아이를 낳지 않고 반려견을 기르는 것은 이기적이다"라고 말한 데 이어 이날 바티칸 회의에서도 일부 가정이 아이를 낳기보다 애완동물 기르기를 선택한다고 한탄하는 모습을 보였다.

이러한 발언은 선진국을 중심으로 경제적 부담으로 인한 출산 기피 현상이 확산하는 현실을 경고하는 와중에 나온 것이다.

다만, 일각에선 반려견, 출산 문제 등에 대한 교황의 발언을 두고 곱지않은 시선도 나온다. 비판론자들은 '교황이 현대생활을 모른다'고 말한다.

교황이 일반 사람들을 만나는 자리에서 한 여성을 만났는데, 그 여성이 가방 안에 들어 있는 작은 개를 가리키면서 "내 아기를 축복해 주세요"라고 말했다고 합니다. 이때 교황은 "많은 어린이가 굶주리는데 나에게 작은 개를 가져왔느냐"고 그 여성을 책망했다는 말입니다.

여러분의 생각은 어떻습니까? 작은 개를 가리키면서 "내 아기를 축복해 주세요"라고 말한 여성에 대하여 여러분의 생각은 어떻습니까? '아이를 낳지 않고 반려견을 기르는 것은 이기적이다'라고 말한 프란치스코 교황의 말에 대하여 여러분은 어떻게 생각하십니까? 교황이 현실을 모른다는 비판론자들의 말은 어떻게 생각하십니까? 각자의 처지에서, 각자의 생각이 있을 수 있다고 봅니다.

그렇다면 성경은 이 문제를 어떻게 볼까요? 결혼과 출산에 대한 성경 말씀을 이 경우에 적용해 보면 어떨까요? 이에 대하여 강남대 기독교학과 백소영 교수의 성서 해석을 들어보겠습니다.

유튜브 영상: 딩크족? 생육하고 번성하라 하셨는데...(잘잘법 147회)

https://youtu.be/BZwQ0TlweeM

들어보니 어떠신가요? 백소영 교수의 성경해석이 모두 옳다는 것은 아닙니다. 다만 성경해석의 한 예를 보여드린 것입니다. 이에 대한 최종적 판단은 여러분 각자에게 맡깁니다. 성령께서 여러분을 하나님의 마음으로 인도해 주시길 기도합니다.

바벨탑 이야기
창세기 11장 1-9절

창세기는 하나님께서 주신 좋은 것들이 인간에 의해 나쁜 것들로 변질하는 과정을 지속적으로 보여줍니다. 타락한 인간은 하나님 없는 세상 나라를 세우려고 합니다. 그 대표적인 사건이 바벨탑 사건입니다.

1. 타락한 사람들의 계획 (1-4절)

¹처음에 세상에는 언어가 하나뿐이어서, 모두가 같은 말을 썼다. ²사람들이 동쪽에서 이동하여 오다가, 시날 땅 한 들판에 이르러서, 거기에 자리를 잡았다. ³그들은 서로 말하였다. "자, 벽돌을 빚어서, 단단히 구워내자." 사람들은 돌 대신에 벽돌을 쓰고, 흙 대신에 역청을 썼다. ⁴그들은 또 말하였다. "자, 도시를 세우고, 그 안에 탑을 쌓고서, 탑 꼭대기가 하늘에 닿게 하여, 우리의 이름을 날리고, 온 땅 위에 흩어지지 않게 하자."

바벨탑 사건은 타락한 인간이 하나님의 통치를 거부하고 인간 자신을 스스로 높이는 세상을 만들려는 시도입니다. 당시는 언어가 하나여서 모든 사람이 같은 말을 쓸 때입니다. 사람들은 시날 평지에 모여 도시를 세우고 탑을 쌓으려고 합니다. 그들이 도시를 세우고 탑을 쌓으려는 이유는 탑 꼭대기가 하늘에 닿게 하여, 우리의 이름을 날리고, 온 땅 위에 흩어지지 않게 하려는 것입니다. 그러나 이는 피조물이 창조주 하나님을 대적하는 행위입니다.

사람들은 하나님의 통치를 거부하고 스스로 주인이 되어 자신을 높이는 세상을 만들고자 합니다. 하지만 인간이 스스로를 온전하게 할 수 있을까요?, 인간의 힘으로 자신을 보호하고 행복하게 하며, 불안과 두려움으로부터 해방하고, 참된 자유와 평안을 누릴 수 있을까요?' 대답은 '불가능하다'입니다.

인간의 역사를 보면, 사람들은 오랜 세월 동안 그럴 수 있다고 생각했습니다. 그러나 이런 낙관적인 생각은 무너졌습니다. 제1, 2차 세계대전의 참상과 대량 학살 같은 반인륜적 비극을 겪은 후, 사람들은 더 이상 인간 세상을 낙관적으로 보지 않게 되었습니다. 통제하지 않으면 오히려 사람이 재앙을 불러온다고 느낍니다.

여러분은 하나님을 의지합니까? 하나님의 이름을 높입니까? 아니면 자신을 의지합니까? 자신의 이름을 높입니까? 성경의 결론은 하나님의 이름을 높이는 것이 곧 우리의 살길이라는 것입니다. 이것이 진리입니다.

2. 하나님의 계획(5-9절)

⁵주님께서 사람들이 짓고 있는 도시와 탑을 보려고 내려오셨다. ⁶주님께서 말씀하셨다. "보아라, 만일 사람들이 같은 말을 쓰는 한 백성으로서, 이렇게 이런 일을 하기 시작하였으니, 이제 그들은, 하고자 하는 것은 무엇이든지, 하지 못할 일이 없을 것이다. ⁷자, 우리가 내려가서, 그들이 거기에서 하는 말을 뒤섞어서, 그들이 서로 알아듣지 못하게 하자." ⁸주님께서 거기에서 그들을 온 땅으로 흩으셨다. 그래서 그들

은 도시 세우는 일을 그만두었다. *9주님께서 거기에서 온 세상의 말을 뒤섞으셨다고 하여, 사람들은 그 곳의 이름을 바벨이라고 한다. 주님께서 거기에서 사람들을 온 땅에 흩으셨다.*

하나님은 말을 뒤섞어서 언어를 혼잡하게 하시고 사람을 온 땅으로 흩어서 인간의 계획을 막으십니다. 하나님의 뜻에 어긋나는 것은 절대 이루어지지 않는다는 것을 보여주십니다.

바벨탑 사건으로 흩어지고 나뉘어졌던 사람들을 다시 하나님 나라로 모으시는 분이 예수 그리스도이십니다. 하나님은 그리스도 예수 안에서 한 몸인 교회를 만드시고 그리스도로 만물이 통일되게 하셨습니다.

결론

바벨탑은 하나님과 같이 되려는 인간의 교만을 상징합니다. 바벨탑은 자기 과시, 인간 탐욕의 산물입니다. 바벨탑 사건이 하나님을 대적하는 일이라고 말해지는 이유는 다음과 같습니다.

먼저, 언어가 하나이고 모든 사람이 같은 말을 사용하는 것 자체가 문제인 것은 아닙니다. 다만 '같은 언어와 말을 어떻게 사용할 것인지?'가 중요합니다. 바벨탑 사건은 같은 언어와 말을 하나님을 대적하는 데 사용했습니다. 반면에 마가 다락방에서는 모든 언어, 즉 '방언'은 하나님을 높이는 데 사용했습니다. 방언은 각 나라말로 하나님의 진리를 말하는 것입니다. 각 나라 사람 모두가 알아들었습니다. 하나님을 대적하는 바벨탑 사건으로 말을 혼잡하게 하셨던 하나님께서 마가의 다락방을 통하여 하나님을 높이는 방언(각 나라말)으로 통일시키셨습니다. 놀라운 하나님의 능력입니다.

　두 번째, 도시를 세우고 큰 탑을 쌓으려는 것 자체가 문제인 것은 아닙니다. 문제는 그 동기입니다. 바벨탑을 세우는 사람들은 '탑 꼭대기가 하늘에 닿게 하여, 우리의 이름을 날리고, 온 땅 위에 흩어지지 않게' 하려는 것입니다. 하나님의 영광이 아닌 자기 이름을 높이고, 온 땅에 생육하고 번성하라는 하나님의 명령(9:1, 19)이 아닌 자신들만의 세상을 만들려는 것입니다. 이는 하나님의 뜻에 정면으로 도전하는 것입니다.

　바벨탑 사건을 처음 들었던 청중은 모세 시대의 이스라엘 백성들이었고, 바벨탑 사건이 기록된 것은 바벨론 포로가 귀환한 시기라고 알려져 있습니다. 모세를 통해 바벨탑 사건에 대해 처음 들었던 출애굽 백성들에게 이 이야기가 주는 교훈은 명백합니다.

　출애굽 백성들은 이제 가나안 사람들의 하늘을 찌를 듯한 성벽들로 둘러싸인 성읍들을 정복해야 합니다. 하늘을 향해 선 바벨탑이 하나님의 심판에 힘없이 무너졌던 것처럼 가나안의 성읍들도 하나님의 심판에 무너질 것임을 알려줍니다. 따라서 출애굽 백성은 가나안의 높은 성벽을 두려워하지도, 낙심하지도 않고 가나안 정복 전쟁을 수행할 수 있었습니다. 또한 바벨론으로 귀환한 사람들에게도 마찬가지의 교훈을 줍니다.

　오늘날 우리도 마찬가지입니다. 하나님의 뜻은 반드시 이루어진다는 사실은 믿고 나아갈 힘을 줍니다. 타락한 세상이 오늘도 유지되는 것은 우리의 죄를 간과하시는 전적인 하나님의 은혜입니다. 하나님은 지금도 세상을 굽어보시고 개입하시며 돌보시고 인도하십니다. 바벨탑 사건에서 역사하신 하나님께서 세상이 악한 방향으로 나아가지 않도록 오늘도 막으십니다.

성도는 바벨탑의 저주에서 벗어난 사람들입니다. 그리스도 안에서 한 몸으로 연합한 존재로서 하나님의 은혜를 누리는 사람들입니다. 우리는 이것을 기억해야 합니다. 그리스도께서 교회의 머리가 되셔서 우리를 지도하시고 인도하시며 모든 지혜와 능력을 공급하십니다. 주안에서 복된 삶을 누리기를 빕니다.

씨뿌리는 사람의 비유

마태복음 13장 1-9절

문제의식

예전에 고추밭, 고구마밭, 배추밭, 무밭에 잎이 무성하고 잘 자란 곳과 그렇지 않은 곳이 있었습니다. 농사 전문가이신 권사님께 물었더니 거름이 없어서 그렇다고 대답하십니다. 같은 씨를 심었는데 어디는 잘 자라고 어디는 그렇지 못한 데는 분명한 이유가 있습니다.

마찬가지로 말씀의 씨가 뿌려졌는데 열매를 맺느냐 그렇지 않으냐는 분명한 이유가 있습니다. 함께 예배를 드렸는데 누구는 은혜받고 누구는 그렇지 못한 이유가 분명히 있다는 말입니다.

씨앗의 운명은 씨앗이 뿌려지는 땅의 상태에 달려있습니다. '씨뿌리는 사람의 비유'는 뿌려진 씨의 성공과 실패가 땅의 조건에 따라 달라진다는 사실을 보여줍니다. 씨와 환경의 상관관계입니다.

씨를 뿌린 농부는 땅을 일구고 거름을 주어 씨가 잘 자랄 수 있는 환경을 만듭니다. 땅의 환경은 농부의 땀에 의해 달라질 수 있습니다.

그렇습니다. 자연적인 환경에서 씨와 땅의 관계는 우연일 수 있겠지만, 농부가 개입되면 우연이 아닙니다. 많은 열매를 맺도록 땅을 일구고 거름을 주기 때문입니다.

마찬가지로 말씀을 대하는 인간의 태도에 따라 말씀에 대한 은혜의 결과가 달라질 수 있습니다. 하나님의 은혜는 은혜를 대하는 인간이 어떠한가에 따라 달라진다는 것입니다. 여러분 모두 좋은 땅이기를 바랍니다. 좋은 땅이 되어 30배, 60배, 100배의 열매를 맺으시기를 바랍니다.

오늘 본문 마지막 절은 이렇게 말씀합니다. '귀 있는 사람은 들어라.' 우리 모두 귀를 쫑긋 모아서 말씀을 들어봅시다. 성령께서 여러분의 귀를 열어주시기를 빕니다.

1. '씨뿌리는 사람의 비유'에서 우리가 주목할 것은 무엇입니까?

씨뿌리는 사람의 비유는 씨앗의 결실에 대한 실패와 성공을 다룹니다. 열매 맺는 환경과 열매 맺지 못하는 환경을 비교하고 있습니다. 그렇다면 이 비유에서 우리가 주목할 것은 무엇입니까?

어떤 사람은 씨뿌리는 사람은 예수님, 씨는 말씀, 네 가지 밭은 사람들의 마음을 상징한다고 말합니다. 그렇게 보아도 크게 문제가 되지는 않습니다. 그런데 생각해 보면, '누가 씨를 뿌렸는지', '어떤 종류의 씨를 뿌렸는지'에 대해서는 본문에서 말해주지 않습니다. 이 말씀에서 우리에게 주어지는 핵심 메시지는 그것이 아니라는 말입니다.

무엇이 핵심입니까? 오직 씨의 운명, 즉 씨앗이 열매를 맺는가 그렇지 않은가에 모든 관심이 있습니다. 씨를 뿌리는 목적은 열매를 거두는 것이기 때문입니다. 제자들에게 이 말씀을 들려주시는 주님의 뜻은 열매를 거두는 일입니다.

그렇다면 씨앗이 열매를 많이 맺는지 아닌지는 씨가 뿌려진 '땅의 상태'에 달려있습니다. 말씀의 씨를 듣는 사람의 마음 밭이 어떤가에 달려있다는 말씀입니다. 오늘 말씀을 듣는 제자들에게 "너는 좋은 땅이냐?"라고 주님이 묻고 계신 것입니다.

2. 사람들의 반응

씨뿌리는 사람의 비유는 말씀을 들은 사람들의 반응에 관한 이야기입니다. 말씀에 반응하는 사람의 마음을 보면 그 인생의 열매가 어떤지 알 수 있습니다. 이 비유의 핵심은 하나님 나라의 메시지에 듣는 사람이 응답하는지 아닌지, 응답할 때 어떻게 응답하는지의 문제입니다.

씨뿌리는 사람의 비유는 밭의 중요성을 강조합니다. 말씀을 듣는 사람의 마음이 중요합니다. 말씀을 듣고 기쁨으로 반응한 사람들이 있는가 하면 거부한 사람들도 있습니다. 또한 놀라워하면서도 기이하게 여길 뿐 받아들이지 않는 사람들도 있습니다. 이런 반응은 네 종류의 밭인 길가, 돌짝밭, 가시덤불, 좋은 땅으로 비유됩니다.

여러분의 마음 밭은 어떤 것입니까? 좋은 땅이 되지 못하게 가로막는 방해물은 무엇입니까? 구체적으로 살펴보겠습니다.

길가(4절), '굳고 딱딱한 마음'입니다

'길가'에 뿌려진 씨는 어떻게 될까요? 지나가는 사람들에게 밟히고 새들에게 먹힙니다. 즉, 말씀은 들으나 곧바로 빼앗깁니다. 따라서 사람들 마음속에는 하나님 말씀이 하나도 남아 있지 않습니다. 순종할 마음이 없이 무성의하게 듣기 때문에 한 귀로 듣고 한 귀로 빠져나갑니다. 복음을 듣기는 하지만 알지도 깨닫지도 못합니다. 길가와 같은 마음에는 말씀의 씨가 뿌리조차도 내리지 못합니다. 말씀이 허공으로 사라집니다.

돌짝밭(5-6절), 감정적 믿음만 있는 명목상 신앙인입니다

흙이 얕아서 싹은 나지만 깊이 뿌리내리지 못하고 뜨거운 태양 아래에서 곧 말라죽습니다. 처음 말씀을 들을 때 기쁨과 감동이 있고 때로는 눈물도 흘립니다. 하지만 말씀이 듣는 사람의 삶에 뿌리내리지 못합니다. 따라서 작은 시련이 와도 쉽게 넘어집니다. 상처받았느니, 실족했다느니 하는 사람들, 소위 명목상 그리스도인입니다.

이 사람들은 예수님을 좋아하면서도 말씀에는 순종하지 못합니다. 말씀을 들었으나 고난이 오면 견디지 못하고 쉽게 넘어집니다. 왜냐하면 이 사람들은 말씀을 복 받는 수단으로 생각하기 때문입니다. 따라서 수단이 목적을 달성하지 못할 때 그 수단을 버리듯이, 자신이 기대했던 대로 복을 받지 못하면 언제라도 말씀을 버립니다. 처음에는 말씀을 기쁨으로 받았지만 잠깐 믿다가 고난이 오면 잃어버리는 것입니다.

가시덤불(7절), 세상을 사랑하는 마음이 강한 세속적인 그리스도인입니다

가시덤불 위에 뿌려진 씨는 빠르게 자라는 가시덤불의 기운에 짓눌려 자라지 못합니다. 세상살이의 염려 때문에 말씀에 순종하지 못합니다. 세상의 재물과 향락에 대한 갈망이 마음에 가득하여 마음에 말씀이 머물 공간이 없습니다. 말씀의 씨가 자라날 여유가 없기에 말씀을 들었으나 세상의 염려와 재물의 유혹에 걸려 넘어집니다. 신앙생활을 하지만 세상의 염려와 재물의 유혹에 넘어져 말씀을 잃어버립니다. 영혼의 안방을 세상에 내어준 사람입니다. 마당만 밟고 가는 신앙인입니다.

좋은 땅(8절), 말씀을 듣고 순종하는 참된 그리스도인입니다

이 사람들은 어린아이 같은 마음으로 말씀을 듣습니다. 말씀을 듣고 소중하게 간직합니다. 말씀이 그 안에 있기에 고난을 인내하고 세상의 염려를 이깁니다. 말씀의 능력 안에서 고난과 염려가 사라지고 구원의 즐거움을 누립니다. 100배, 60배, 30배의 열매를 맺습니다. 이 사람들이 가는 곳마다 예수의 이름이 전해지고 화해와 평화가 이루어지는 살맛 나는 세상이 만들어집니다.

씨뿌리는 사람의 비유는 신앙인에게 올바른 신앙생활을 할 수 있도록 이끕니다. 말씀을 온전히 받아들인 사람은 하늘의 풍성한 열매를 맺는 복된 삶을 산다는 축복의 말씀입니다.

말씀은 듣는 우리에게 주시는 축복의 씨앗입니다. 말씀의 씨앗에는 은혜와 진리가 가득 담겨있습니다. 하지만 말씀의 씨앗을 받은 모든 사람이 열매 맺는 것은 아닙니다. 왜냐하면 말씀의 씨앗이 열매를 맺기 위해서는 말씀을 받은 사람의 반응이 있어야 하기 때문입니다.

같은 말씀을 듣고도 다른 결과를 내는 이유는 마음 밭의 차이입니다. 마음 밭을 일구고 거름을 주어 좋은 밭이 되면 말씀에 귀가 열리고 열매를 맺게 됩니다.

오늘 예배는 '이웃사랑 봉사단' 감사예배로 드리고 있습니다. 이웃 사랑은 주님의 명령에 따라 씨를 뿌리는 것입니다. 씨를 뿌린 농부가 밭을 갈고 거름을 주어서 좋은 밭을 만드는 것처럼 '이웃사랑 봉사단'은 좋은 밭을 일구는 일을 합니다. 길가, 돌짝밭, 가시덤불과 같은 마음

밭을 좋은 밭으로 일구고 거름을 주는 일을 합니다. 그 일은 거룩한 일입니다.

길가, 돌짝밭, 가시덤불 같은 사람들의 마음을 좋은 마음밭으로 일구는 일을 하기 위해서는 내가 먼저 좋은 밭이 되어 열매를 맺어야 합니다. 이웃사랑 봉사단원 모두가 좋은 밭으로 30배, 60배, 100배의 열매를 맺기를 빕니다. 여러분이 맺은 그 열매가 여러분의 상급입니다.

이웃사랑의 섬김은 하나님을 기쁘시게 하는 일입니다. 또한 섬기는 봉사단원 스스로 구원의 즐거움에 참여하는 일입니다. 섬김을 받는 분들에게 환대받을 자격이 있다는 사실을 알게 하는 일입니다. 하나님이 그분들을 사랑하신다고 전하는 일입니다.

여러분의 마음에 가득한 구원의 즐거움을 여러분이 섬기는 사람들에게 나누어 주시기를 바랍니다. 여러분의 마음 밭뿐만 아니라 그분들의 마음 밭이 좋은 밭이 되어 살맛 나는 세상을 만들어 가기를 바랍니다. 하나님이 기뻐하시는 그 일에 성령께서 함께하실 것을 믿습니다.

여러분의 섬김을 통해 하나님이 주시는 구원의 즐거움이 여러분의 삶과 자녀들의 앞날에 넘치기를 주님의 이름으로 간절히 빕니다.

하나님 나라 비유

마태복음 13장 44-52절

문제의식

노동의 가치는 얼마일까요? 최저임금 위원회에서 결정된 2024년 최저시급은 9,860원입니다. 2023년 대비 2.5% 인상된 금액입니다. 이에 2024년 월급은 209시간 기준 2,060,740원이라 합니다.

모든 것이 돈으로 환산되는 시대입니다. 그러나 대단히 가치 있는 것이지만 사람들에게 알려지지 않은 것이 있을 수 있습니다. 대단히 가치 있는 것이지만 돈으로 환산할 수 없는 것이 있습니다.

대단히 가치 있는 것이지만 사람들에게 알려지지 않은 것은 무엇이 있을까요? 골동품, 금맥, 희귀광물, 희토류, 운석 등이 떠오릅니다. 대단히 가치 있는 것이지만 돈으로 환산할 수 없는 것들도 있습니다. 사랑, 자녀, 가족 등입니다. 그렇다면, 천국의 가치는 얼마일까요? 오늘 본문에 그 대답이 있습니다.

1. 하나님 나라의 가치(44-45절)

오늘 본문은 귀한 것을 얻는 비유를 들어서 천국의 가치에 대하여 말합니다.

⁴⁴"하늘 나라는, 밭에 숨겨 놓은 보물과 같다. 어떤 사람이 그것을 발견하면, 제자리에 숨겨 두고, 기뻐하며 집에 돌아가서는, 가진 것을 다 팔아서 그 밭을 산다."

⁴⁵"또 하늘 나라는, 좋은 진주를 구하는 상인과 같다. ⁴⁶그가 값진 진주 하나를 발견하면, 가서, 가진 것을 다 팔아서 그것을 산다."

두 사람이 나옵니다. 밭에 숨겨 놓은 보물을 발견한 농부, 그리고 좋은 진주를 구하는 상인입니다. 보물을 발견한 농부와 진주를 발견한 상인은 가진 것을 다 팔아서 그것을 삽니다.

이 비유에서 우리가 주목해야 하는 두 가지입니다. 첫 번째는 발견하는 것입니다. 돈으로 환산할 수 없을 정도로 대단히 가치 있는 것이지만 다른 사람들에게 알려지지 않을 수 있습니다.

많은 사람이 그 밭을 지나다녔을 것입니다. 하지만 밭에서 보물을 발견하지 못했습니다. 많은 상인이 진주를 보았을 것입니다. 하지만 그 가치를 알아보지 못했습니다. 한마디로 말하면 볼 줄 아는 사람만이 그 가치를 알고, 볼 줄 모르는 사람은 가치를 알 수가 없습니다. 알아보고 발견하는 것이 중요합니다.

이 비유에서 우리가 주목해야 하는 두 번째는 그 가치를 알아본 농부와 상인이 가진 것을 다 팔아서 사는 것입니다. 밭에 숨겨 놓은 보물을 주인에게 알리지 않고 사는 것이 윤리적으로 타당한가의 문제는 여기서 논점이 아닙니다. 중요한 것은 가진 것을 다 팔아서 살만큼 가치가 있다는 사실입니다. 좋은 진주를 발견한 상인도 마찬가지입니다.

여러분이 '밭에 숨겨 놓은 보물'을 발견한 농부라면, 여러분이 좋은 진주를 발견한 상인이라면 어떻게 하시겠습니까? 가진 것을 다 팔아서 그것을 사야 하지 않겠습니까?

대단히 가치 있는 것이지만 돈으로 환산할 수 없고 또 사람들에게 알려지지 않은 것이 있습니다. 바로 천국, 하나님 나라입니다.

오늘 본문은 천국을 밭에 숨겨 놓은 보물과 좋은 진주에 비유합니다. 천국의 존재를 알아보지 못하고 깨닫지 못할 수도 있습니다. 하지만 천국이라는 헤아릴 수 없는 가치를 발견하였다면 가진 것을 다 팔아서 사야 하지 않겠습니까?

하나님 나라, 곧 천국은 헤아릴 수 없는 가치이지만, 사람들은 알지 못합니다. 천국은 그것을 알아보고 기뻐하는 사람만이 차지할 수 있습니다.

천국을 발견한 사람은 자기 삶에서 천국을 가장 우선으로 생각합니다. 천국을 발견한 사람은 먼저 그의 나라와 의를 구하게 됩니다. 그의 나라와 의를 위해 가진 것 전부를 팝니다. 놀라운 것은 그 이후입니다. 그의 나라와 의를 먼저 구하자 그 나라와 함께 자신들이 필요로 하는 모든 것을 발견하게 됩니다.

> 그런즉 **너희는** 먼저 그의 나라와 그의 의를 구하라 그리하면 이 모든 것을 **너희에게** 더하시리라. (마태복음 6:33 개역개정)

오늘 본문은 천국을 발견하는 사람과 그렇지 못한 사람이 있다는 것을 보여줍니다. 이 둘은 결국 어떻게 될까요?

2. 물고기 잡는 비유(47-50절)

47"또 하늘 나라는, 바다에 그물을 던져서 온갖 고기를 잡아 올리는 것과 같다. 48그물이 가득 차면, 해변에 끌어올려 놓고 앉아서, 좋은 것들은 그릇에 담고, 나쁜 것들은 내버린다.

끌어올린 그물 안에는 그릇에 담아야 할 물고기와 내버릴 물고기가 함께 있습니다. 어부들은 좋은 물고기는 그릇에 담고 나쁜 것들은 내버립니다.

그렇습니다. 좋은 물고기와 나쁜 물고기가 끌어 올린 그물에 함께 있는 것처럼 아직은 의인과 악인이 함께 있습니다. 아직 완성되지 않은 천국은 물고기를 모은 그물처럼 의인과 악인이 함께 존재합니다.

예수께서 재림하실 그때까지 의인과 악인은 함께 있을 뿐만 아니라 은혜의 물줄기도 모두에게 골고루 내립니다. 의인과 악인이 하나님 나라의 공동체에 함께 존재할 수 있다는 것은 천국의 비밀입니다.

그러나 종말의 때가 이르면 불가피한 분리가 있을 것이라고 본문은 기록하고 있습니다.

⁴⁹세상 끝 날에도 이렇게 할 것이다. 천사들이 와서, 의인들 사이에서 악한 자들을 가려내서, ⁵⁰그들을 불 아궁이에 쳐 넣을 것이니, 그들은 거기서 울며 이를 갈 것이다.

의인들, 즉 하나님 나라의 제자로서 길을 걷는 사람들은 천국으로 받아들이고 그렇지 않은 사람들은 심판받게 됩니다. 따라서 저와 여러분은 종말의 때가 오기 전에 회개하고 참된 제자의 길을 걸어야 합니다. 이어서 주님은 제자들에게 질문합니다.

3. 이 모든 것을 깨달았느냐(51-52절)

⁵¹예수께서 제자들에게 "너희가 이것들을 모두 깨달았느냐?" 하고 물으시니, 그들이 "예" 하고 대답하였다. ⁵²예수께서 그들에게 말씀하셨다. "그러므로, 하늘 나라를 위하여 훈련을 받은 율법학자는 누구나, 자기 곳간에서 새 것과 낡은 것을 꺼내

는 집주인과 같다."

예수님께서 제자들에게 물으십니다. "너희가 이것들을 모두 깨달 았느냐?" 밭에 숨겨 놓은 보물 비유와 극히 값진 진주를 발견한 상인의 비유를 천국에 대한 것으로 이해하였느냐고 물으시는 것입니다. 깨달 은 제자들은 천국의 열매를 맺고 거둘 것입니다.

예수님에 의해 선포되고 제자들이 믿는 천국 복음은 그 본질이 옛것과 연속되기도 하고 단절되기도 합니다. 새것이 핵심이지만 새것 은 옛것에 대한 이해를 전제합니다. 천국 백성으로 훈련받은 제자들은 새것과 옛것 간의 연속과 단절을 조화롭게 만들어 갑니다.

많은 믿는 사람들이 겪는 가장 큰 아픔은 자기 삶의 테두리를 한정하고 제한하는 것입니다. 예수님 활동 당시 2천 년 전 사람들은 예수님이 누구신지, 무엇을 주려고 이 땅에 오셨는지에 대한 생각을 올바르게 하는 것이 불가능했습니다. 왜냐하면 과거의 선입견으로 예수를 바라볼 때 예수를 구원자로 인정할 수 없었기 때문입니다. 이런 점에서 유대인들은 예수를 몰랐고 받아들이지 못했습니다.

복음을 받아들이지 못하는 이유는 자신들이 지나치게 잘 안다고 생각하는 선입견 때문입니다. 오히려 그런 제한이 없었던 예수를 모르는 이방인들이 복음을 수용할 수 있었고 구원받았습니다. 지나치 게 잘 아는 것이 오히려 실제로 존재하는 것을 보지 못하게 할 수 있다는 말입니다. 따라서 성경에서는 어린아이와 같은 마음으로 마음 밭을 가꾸지 아니하면 복음의 진리를 발견하기 쉽지 않다고 합니다.

그런즉 우리가 무슨 말을 하리요 의를 따르지 아니한 이방인들이 의를 얻었으니 곧 믿음에서 난 의요 의의 법을 따라간 이스라엘은 율법에 이르지 못하였으니 (로마서

9:30-31 개역개정)

또한 히브리서 3:1을 보면 이렇게 말씀하고 있습니다.

그러므로 함께 하늘의 부르심을 받은 거룩한 형제들아 우리가 믿는 도리의 사도이시
며 대제사장이신 예수를 깊이 생각하라. (개역개정)
그러므로 하늘의 부르심을 함께 받은 거룩한 형제자매 여러분, 우리가 고백하는 신
앙의 사도요, 대제사장이신 예수를 깊이 생각하십시오. (새번역)

'생각하다'는 영어 성경에서 think about Jesus(CEV), consider(KJV)
라고 표현합니다. 그러나 NIV는 fix your thoughts on Jesus라는 표현을
씁니다. fix의 뜻은 '고정시키다'라는 뜻입니다. 예수님, 곧 말씀이
내 마음에 고정되어 나를 이끌어간다는 말입니다. 한마디로 하나님의
뜻에 내 마음을 고정한다는 뜻입니다.

'하나님의 뜻에 내 마음을 고정한다'라는 말은 내 생각보다 하나님
의 생각을 신뢰한다는 말입니다. 하나님을 신뢰한다는 것은 새로운
관점(시선)으로 세상을 바라보겠다는 결단입니다. 새로운 시선이란
세상의 눈이 아니라 하나님의 눈으로 세상을 바라본다는 의미입니다.

신학자는 과학자입니다. 과학자는 하나님께서 자연에 숨겨 놓은
자연법칙을 발견하는 사람입니다. 마찬가지로 신학자는 세상에 감추
어진 하나님의 마음(뜻)을 찾아내는 사람입니다. 세상의 시선으로는
볼 수 없는, 때로는 세상일에 바빠서 보려고 하지 않는 하나님의
마음을 찾아내는 사람입니다. 신앙인은 그 하나님의 마음을 알고
기뻐하는 사람입니다. 신앙인은 깊이 생각하여 찾아낸 하나님의 뜻에
내 마음을 고정하는 사람입니다.

어떤 화가는 "그려보지 않은 것은 모르는 것이다"라고 말합니다. 마찬가지로 하나님의 마음은 묵상하지 않으면 알 수 없습니다. 기도하지 않으면 하나님의 마음을 알 수 없습니다.

우리 신앙인은 예수를 깊이 생각하는 사람입니다. 성경의 말씀 가운데 감추어져 있는 하나님의 마음을 찾아내어 내 마음을 하나님의 마음에 고정하여 삶을 살아내는 사람입니다.

찾아낸 하나님의 마음에 나의 마음을 조율하는 삶이 신앙생활입니다. 신앙생활이란 끊임없이 분출하는 타락한 나의 욕망과 내 안에 감추어진 하나님의 형상을 닮은 인간성과의 영적 전투의 과정입니다. 그래서 신앙생활은 한 인간의 영적 전투 현장입니다. 사사기에서 보여주듯이 우상숭배와 심판 그리고 회복이라는 반복된 투쟁의 결과로 한 걸음씩 하나님께 나아가는 삶이 신앙인의 삶이라는 말입니다.

우리는 예수를 깊이 생각해야 합니다. 그리고 자신에게 질문해야 합니다. "나는 지금 하나님의 마음에 합당하게 살고 있는가?" 이 질문에 끊임없이 대답해야만 하는 것이 신앙인의 삶입니다.

신앙생활 중에 우리가 잊지 말아야 할 것이 있습니다. 그것은 아무리 훌륭한 사상일지라도 사람들의 동의를 얻지 못한다면 성공할 수 없다는 역사의 교훈입니다. 마찬가지로 아무리 거룩한 말씀이어도 사람들의 동의를 얻지 못한다면 허공을 떠돌아다닐 뿐입니다.

그렇다면 어떻게 해야 할까요? 거룩한 말씀이 이웃 사람들의 귀에 들리고 마음에 받아들일 수 있도록 잘 설명해야 합니다. 그것이 선교이고 전도입니다. 선교의 사명을 행하는 여러분의 삶에 성령께서 함께하실 것을 믿습니다.

로마서 12:21을 보면 '악에게 지지 말고 선으로 악을 이기라'라고 말씀합니다. 선을 행할 대상들은 우리의 마음에 드는 사람만이 아닙니다. 선을 행하다가 낙심할 때가 많습니다. 나의 선함에 대해 상대방의 반응이 싸늘할 수 있습니다. 나의 선에 늘 감사할 것이라고 기대할 수 없습니다. 불쾌한 일을 당하는 경우가 많습니다. 때로는 상대방이 과도하게 나에게 요구해서 힘들 때도 있습니다.

나의 선함이 거절당하거나 조롱당하거나 오용될 수도 있습니다. 하지만 선을 행하려고 하는 나의 열망은 다른 사람의 생각이나 행동에 제한되지 않습니다. 왜냐하면 나의 선을 향한 열망은 그리스도 안에서 예수를 따르라는 하나님의 초대에 대한 응답이기 때문입니다. 그리고 이는 내가 통제할 수 있습니다.

믿음의 사람은 누가 알아주든 알아주지 않든 사람과 사람 사이를 연결합니다. 누가 칭찬해서가 아니라 나의 신앙적 양심이 그렇게 해야 하기 때문입니다.

점점 더 무정하고 사납고 난폭해지는 이 세상에 작물이 잘 자랄 수 있도록 땅을 북돋아 주는 농부들처럼 우리도 생명과 평화의 씨를 뿌리고 사람들의 마음이 좋은 땅이 되도록 북돋아야 합니다. 우리로 인해 세상이 조금 더 따뜻하기를 바라는 마음으로 말입니다.

비록 아직 배울 것이 많고 때로는 실족도 하겠지만, 믿음은 바라는 것들의 실상이요 보이지 않는 것들의 증거라는 말씀을 확신하면서 "너희가 이것들을 모두 깨달았느냐"는 주님의 질문에 아멘으로 대답하기를 기도합니다.

4장

교회 생활이
신앙에 어떤 도움이 될까요?

교회의 존재 이유
고린도전서 1장 10-18

교회는 그리스도의 몸입니다. (에베소서 1:23)

교회의 머리는 그리스도입니다. (에베소서 5:20)

그리스도 안에서 한 몸을 이루고 있으며, 각 사람은 서로 지체입니다. 한마디로 말하면 그리스도는 복음의 핵심입니다. (로마서 12:5)

문제의식

교회는 복음을 위해 모인 사람들의 모임인 복음 공동체입니다. 따라서 복음의 중심에서 멀어지면 교회의 존재 이유가 사라집니다.

오늘날 많은 교회에 분쟁이 있습니다. 복음의 중심에서 멀어져서 세속화되었기 때문입니다. 세속화된 이유는 양적성장, 즉 번영신앙을 추구하기 때문입니다. 복음을 뒤로하고 자리다툼이나 재물 등 눈에 보이는 것들에 더 집중하기 때문입니다. 심지어 음란과 우상숭배 그리고 이단숭배가 오히려 당당한 세상입니다. 교회가 아무리 양적으로 성장하고 사회봉사의 일을 한다고 해도 복음이라는 교회의 본질을 잃어버리면 언제든지 무너질 수밖에 없다는 것을 분명히 자각해야 합니다.

이천 년 전 고린도교회의 상황도 다르지 않습니다. 고린도는 재물이 풍성했을 뿐만 아니라 다양한 문화와 인종 그리고 종교들이 공존하는 동서 교역이 활발했던 항구도시입니다. 다양성이 공존하는 고린도교회 내에는 다양한 사람이 있었습니다.

당시 고린도 사회에서는 사회적 신분 상승, 경제적 성공을 위한 경쟁이 만연하고, 성공을 향하는 승리주의 종교가 성행했습니다. 사회는 성공을 위해 자기 홍보 문화가 성행했고, 그런 교회 밖의 문화가 교회 안으로 들어왔습니다. 고린도 성도들도 권위 있는 자들의 이름을 내세우면서 그들과의 관계를 자랑하기 시작했습니다. 그리고 파당을 지어 다투고 분열했습니다. 심지어 그리스도조차 자신들의 정치적 표어의 일부였습니다.

1. 교회 분열의 근본 원인

바울 사도는 교회 분열의 근본 원인이 복음의 본질에서 멀어졌기 때문이라고 분명하게 경고합니다. 복음에서 멀어지는 이유는 인간적인 교만과 개인의 능력에 대한 자기 확신 때문입니다. 다시 말하면 하나님이 아닌 인간 중심의 결과입니다. 바울은 그리스도의 십자가로 하나 될 것을 권유합니다. 그리스도의 십자가는 세상의 말의 지혜와는 전혀 다르다는 것을 강조합니다.

2. 파당이 생겨난 원인

사람들은 각자 생각이 있습니다. 서로 생각이 다릅니다. 나와 같은 생각을 하는 사람은 나 자신밖에 없습니다. 따라서 사람의 생각으로 하면 갈라질 수밖에 없습니다. 인간들이 모이는 곳에서는 늘 개인적 기회나 이익 추구로 분파가 생기기 마련입니다.

고린도 교회가 파당을 짓고 있는 것은 하나님의 지혜를 찾지 않고, 지식의 오만과 신앙의 업적에 따라 인간의 지혜, 즉 말의 지혜에 의존했기 때문입니다(17절).

사람은 학연, 지연에 따라 '파당'을 만듭니다. 파당은 자신의 이름을 내고, 자신의 세력을 확장하려는 탐욕의 결과물입니다.

고린도 교회는 지도자를 중심으로 파당이 만들어졌습니다(12절). 일종의 학연입니다. 유명한 지도자들(바울, 아볼로, 게바 등)의 이름을 앞세웠지만, 사실 바울은 자신의 이름으로 파당이 있는지 알지 못했습니다. 파당을 지은 자들의 목적은 파당을 통해서 결국 자신을 높이며 자랑하려는 것이었습니다. 이기적인 자기 과시와 배타성으로 자신들이 영적으로 더 높은 자리에 있다는 우월의식을 갖고 있었습니다.

우리는 특정 인물을 추앙하지 말아야 합니다. 그 이유는 사람이 그리스도의 역할을 대신하지 못하기 때문입니다. 그리스도 아닌 어떤 인간도 죄에서 우리를 구원하지 못합니다. 이단(신천지 등)은 특정 인간(이만희)을 추앙합니다. 정통교단 속에서도 지나치게 특정인을 추앙하면 안 됩니다. 왜냐하면 십자가의 능력은 오직 그리스도 예수로만 비롯되기 때문입니다.

3. 바울의 탄식과 권고

고린도 교회의 분열 소식을 전해 들은 바울은 "그리스도께서 갈라지셨습니까?"라고 탄식합니다(13절). 고린도 교회는 바울이 산고의 고통을 겪고 낳은 영적 자녀입니다(4:15). 영적 아버지 바울은 자녀들이 다투는 소식을 들은 부모처럼 괴로운 심정으로 편지를 보냅니다.

바울은 같은 말, 같은 마음, 같은 생각으로 뭉치라고 권면합니다. 바울은 비장하고 엄중하게 우리 주 예수 그리스도의 이름으로 권면합니다.

4. '다른 것은 틀린 것이 아닙니다'

같은 말, 같은 마음, 같은 생각에서 강조하는 것은 '같은'입니다. 같은 말, 같은 마음, 같은 생각으로 온전히 연합하라는 것은 모두가 같은 수준의 신앙고백을 해야 한다는 의미는 아닙니다. 획일적인 강요의 말이 아닙니다. 다른 의견 없이 만장일치를 말하는 것이 아닙니다. '같은'이란 예수 그리스도를 향한 태도, 자세, 방향의 일치를 말합니다.

교회는 여러 지체가 모여 있는 공동체입니다. 다양한 사람들이 다양한 목소리로 각기 맡은 파트가 있는 찬양대와 비슷합니다. 사람마다 음색이 다르고 각기 자기 음색을 내지만, 전체로서 하나가 되어 아름다운 노래를 만드는 것이 찬양대입니다. 찬양대의 찬양이 아름다운 것은 다양성의 조화를 이루기 때문입니다. 다시 강조하면 '같은'은 획일성을 강요하는 것이 아닙니다. 주님을 향한 방향을 가리킵니다. 다른 것은 틀린 것이 아닙니다. 다양한 목소리가 연합하여 아름다운 화음을 내는 찬양대처럼, 다양한 사람들이 모여서 주님의 사랑을 드러내는 공동체가 교회입니다.

간혹 찬양대의 찬양이 조화를 이루지 못할 때가 있습니다. 언제 그렇습니까? 모두가 한 파트이고 다른 파트가 없을 때, 또는 한 파트가 다른 파트에 비해 지나치게 드러날 때 찬양은 듣는 사람의 귀를 시끄럽게 합니다. 각 개인이 자신의 목소리를 지나치게 강조할 때도 그렇습니다. 합창은 개개인의 소리가 골고루 들려야 합니다.

바울은 분명히 말합니다. 그리스도는 나뉘지 않았습니다. 교회는 그리스도의 몸으로 하나입니다. 다만 여러 지체가 있을 뿐입니다. 찬양단원 개인은 서로 음색이 다르지만 조화를 이루듯이 교회도 그러해야 합니다.

세상은 한 사람이 강력한 영향력을 발휘할 때 잠잠해집니다. 때로는 카리스마 있는 지도자에게 복종할 때 평안을 느끼기도 합니다. 이는 표면적으로라도 평화를 얻으려는 인간의 심리가 깔려있습니다. 그러나 그것은 진정한 평화가 아닙니다. 교회는 그런 평화를 지향하지 않습니다. 진정한 평화는 하나님 나라에 있습니다. 하나님 나라를 향하는 교회는 모두가 자신의 목소리를 내고 각자의 영향력을 최대한 발휘하는 거룩한 곳입니다. 교회가 연합할 때 그리스도의 능력이 나타나는 것은 그리스도를 향한 같은 마음을 갖고 있기 때문입니다.

합창에서 각 파트가 서로 다른 소리를 내지만 조화를 이루어 아름다운 노래를 들려주듯이, 교회는 각 사람(지체)의 개성을 존중하며 그리스도를 향한 같은 마음으로 하나가 될 때 세상을 구원하는 능력이 드러납니다.

기독교인은 하나님의 부름을 받은 사람들입니다. 부름 받은 사람들은 자신의 이름을 드러내려고 하지 않습니다. 자신의 이름을 내고 자신의 세력을 확장하려는 시도는 분열을 일으킵니다. 부름 받은 사람들은 오직 복음을 위해 삽니다(17절).

교회 지도자들은 성도들이 자신을 추종하며 분열될 수 있다는 것을 늘 생각하면서 자신을 추종하는 무리를 만들지 말아야 합니다. 지도자가 원하거나 조장하지 않아도 분열이 있을 수 있기에 이러한 일이 일어나지 않도록 늘 잠잠하게 기도해야 합니다. 어느 성도의 고백을 들어보겠습니다.

나는 리더를 다섯이나 갈아탔다. 내 가능성을 알아보고 이끌어 줄 지도자를 찾았다. 하지만 결국 찾지 못했다. 처음에는 좋았지만 시간이 지나면서 부딪히고 깨지고 헤어지는 패턴을 반복했다.

'내가 찾는 리더는 정말 세상에 없을까?'

매번 리더와 마찰을 빚는 내 안의 반항심에 스스로 지치고 절망했다. 그러다가 깨달았다. 세상에는 그런 이상적인 리더는 없음을 알았다. 진짜 문제는 리더가 아니라 나 자신이었다.

어떤 위대한 지도자도 명암이 있다. 보이는 강점만큼 보이지 않는 약점도 있다. 그것이 사람이다. 하지만 머리로는 알면서도 감정이 절제되지 않았다. "어떻게 리더가 그럴 수 있어!"라며 비난하고 싸우고 헤어졌다.

이상적인 리더에 대한 갈망과 권위에 대한 저항은 상충하는 듯 보이지만 모두 같은 목마름에서 나왔다. 그리고 그것은 하나님의 뜻을 이루어가는 여러 도전에서 실패를 맛보게 하는 나의 연약함이었다. 결국 사람의 인정으로는 내 안의 갈증을 채울 수 없음을 오랜 시행착오를 통해서 깨달았다. '저 사람도 환자고, 나도 환자야'라고 말하는 어느 원로 목사님은 지도자도 구성원도 모두 하나님 앞에서는 모두 연약한 인간일 뿐이니 서로 섬겨야 할 대상으로 삼자고 하셨다.

모난 나와 부딪혔던 리더를 그저 한 명의 연약한 인간으로 받아들일 수 있는 날이 오기를 바란다. 궁극적으로는 사람보다 더 크신 그리스도로 내 목마름을 채우고 싶다.

그리스도의 영광 안에서

골로새서 3장 1-11절

문제의식

'노블리스 오블리주'라는 말이 있습니다. 사회적 신분에 맞는 도덕적 의무가 있다는 말입니다. 예를 들면, 영국 왕실의 왕자는 반드시 국방의 의무를 충실히 해야 한다고 합니다.

그리스도인은 그리스도인다운 삶이 있습니다. 그리스도인다운 삶이란 무엇일까요?

¹그러므로 여러분이 그리스도와 함께 살려 주심을 받았으면, 위에 있는 것들을 추구하십시오.

위에 있는 것들을 추구하라는 것은 어떻게 하라는 것입니까? 구원받은 자로 살라는 것입니다. 살려주심을 받았으니 생명 있는 자로 살라는 것입니다.

1. 성도(믿는 사람들)는 '땅에서 하늘을 사는 사람들'입니다

성도의 발은 땅(현실, 현재)에 두고, 성도의 눈은 하늘(소망, 미래)을 향해 있다는 것입니다. 하늘을 산다는 것은 구체적으로 어떤 것일까요?

² 여러분은 땅에 있는 것들을 생각하지 말고, 위에 있는 것들을 생각하십시오 ….

⁵ 그러므로 땅에 속한 지체의 일들, 곧 음행과 더러움과 정욕과 악한 욕망과 탐욕을 죽이십시오. 탐욕은 우상숭배입니다.

땅에 있는 것들	위에 있는 것들
죽음(3절) 땅에 속한 지체의 일들 음행, 더러움, 정욕, 악한 욕망, 탐욕 우상숭배(5절)	생명(3절) 수준 높음, 고상하고 고결한 것 가치 있는 것, 생명 있는 삶 하나님
죄의 본성, 하나님으로부터 돌아섬 자기중심	회개, 거듭남 하나님 중심

골로새 성도들에게 그리스도인답게 살 것을 권면합니다. 오늘날 그리스도인이면서도 여전히 육신의 욕망대로 사는 사람들이 있습니다. 이것은 그리스도인다운 삶이 아닙니다. 그리스도인은 땅에 속한 지체를 죽여야 합니다. 그때 교회공동체는 더욱 견고한 믿음으로 세상에 비추어질 것입니다.

특별히 언어폭력이 난무한 시대입니다. 언어폭력은 사람을 무기력하게 만들고 때로는 죽음으로까지 내몰기도 합니다. 이웃뿐만 아니라 자기에게도 해가 되고 결국은 사회를 무너뜨리게 합니다.

회개란 무엇입니까? 회개란 불순종에 대한 돌이킴입니다. 회개의 성경적 의미는 무엇일까요?

회개의 그리스어인 메타노이아(metanoia)는 '우리의 마음 너머로 가다'라는 뜻이라고 합니다. 여기에서 '우리의 마음'은 현재 주어진 나의 지식과 경험 안에 갇혀있는 마음을 가리킵니다. 그렇다면 회개한다는 것은, 나의 마음(지식과 경험)을 넘어 '그리스도 예수의 마음'으로 가는 것입니다.

회개의 히브리어인 슙(shub)은 '돌아간다'라는 뜻입니다. 회개하는 것은 돌아가는 것, 즉 귀향입니다. 유대인은 애굽에서 종이었고, 바벨론 포로였던 기억이 있습니다. 유대인이 있어야 할 곳으로 돌아가는 것, 귀환하는 것을 말합니다.

결국 분리되었던 하나님 안으로 다시 돌아가는 것이 회개입니다.

옛사람	새 사람
세상의 가치에 따라(거짓 자아)	하늘의 이치에 따라(참 자아)
분노 격분 악의 훼방 부끄러운 말 거짓말(8-9절)	하나님의 형상에 따르는 참지식 (10절)
차별 ○	차별 ×

결론

그리스도인이 되겠다고 우리는 스스로 결단했습니다. 그리스도인이 되었다는 것은 내가 주인이 아니라 주님이 주인이라고 인정하는 것입니다. 주님이 주인이 되지 못하고 내가 주인이 되는 모든 일은 우상숭배입니다. 그리스도인이라면 예배를 드릴 때뿐만 아니라 그

외의 모든 일상에서 주님을 주인으로 섬겨야 합니다.

주님을 주인으로 섬기는 일에 최선을 다해야 하는 것에 대해 카잔차키스라는 분의 이야기를 예로 들어 보겠습니다.

한 젊은이가 외딴섬에서 기도하는 수도사에게 질문합니다.

"요즘도 악마와 씨름하시나요?"

수도사는 이렇게 대답합니다.

"나도 늙고, 내 안의 악마도 늙어서 더는 씨름하지 않습니다. 대신에 요즘은 하나님과 씨름합니다."

젊은이가 묻습니다.

"하나님과 씨름하신다고요? 하나님과 씨름하여 이기길 바라십니까?"

수도사가 대답합니다.

"아니오, 하나님께 지기 위해 끊임없이 씨름합니다."

우리가 예배하고 하나님을 찾는 이유가 무엇입니까? 하나님을 이기기 위해서입니까? 사랑할 수 없는 누군가의 마음을 꺾어 놔야겠다고 생각하며 예배하십니까? 아니면 내가 꺾여야지 생각하며 예배하십니까?

그리스도와 함께 죽음에서 생명으로, 나(세상)에서 하나님으로, 옛사람에서 새 사람으로, 죄인에서 의인으로 이동하는 것입니다. 구원받은 사람은 옛사람의 방식을 버려야 합니다.

'왼쪽을 보면 오른쪽을 볼 수 없다'라는 말이 있습니다. 마찬가지로 세상을 보면 하나님을 볼 수 없습니다. 우리는 하나님을 선택한 사람들입니다. 하나님을 바라보다 보면 닮게 됩니다. 하나님을 생각하다 보면 같은 생각을 하고 같은 행동을 하게 됩니다. 지금 무엇을 보고 무엇을 생각하는가를 스스로 돌아보면서 하나님께로 방향을 바로 잡아야 합니다.

이제 나는 너희에게 새 계명을 준다. 서로 사랑하여라. 내가 너희를 사랑한 것 같이, 너희도 서로 사랑하여라. 너희가 서로 사랑하면, 모든 사람이 그것으로써 너희가 내 제자인 줄을 알게 될 것이다. (요한복음 13:34-35)

우리는 그리스도 예수를 주님으로 따르는 사람들입니다. 주님은 우리에게 새 계명을 주셨습니다. 새 계명은 내가 너희를 사랑한 것 같이, 너희도 서로 사랑하라는 것입니다.

주님의 사랑을 받은 우리는 서로 사랑해야 합니다. 주님의 사랑은 우리를 있는 그대로 받아들입니다. 우리에게 뭘 요구하거나 바라지 않습니다. 그런 사랑이기 때문에 실망 같은 건 애당초 존재하지 않습니다. 주님의 사랑은 아낌없이 주는 사랑입니다. 비록 다 비웠어도 주님의 모든 걸 주는 사랑입니다. 주님의 사랑이 아름답고 위대한 것은 그것 때문입니다. 우리는 그런 사랑을 받고 있습니다. 따라서 우리는 주님의 말씀에 순종해야 합니다.

그렇다면 저와 여러분이 그리스도인임을 어떻게 증명할 수 있습니까?

너희가 서로 사랑하면, 모든 사람이 그것으로써 너희가 내 제자인 줄을 알게 될 것이다. (요한복음 13:35)

우리가 서로 사랑하면 세상 사람이 그것을 보고 그리스도인임을 알게 됩니다. 세상 사람에게 우리가 그리스도인이라는 것을 알리는 방법은 우리가 서로 사랑하는 것입니다. 우리가 서로 사랑하는 것을 볼 때 세상 사람은 우리가 예수님의 제자라고 인정할 것입니다.

모든 일을 할 때 사랑으로 합시다. 사랑은 어떻게 합니까? 부모의 자녀 사랑이 한 예가 될 수 있습니다. 모든 일을 할 때 자녀에게 하듯이 한다는 것입니다. 기독교의 사랑은 그 이상입니다. 고린도전서 13장에 기독교인의 사랑에 대해 바울 사도의 생각이 나타나 있습니다.

[1]내가 사람의 모든 말과 천사의 말을 할 수 있을지라도, 내게 사랑이 없으면, 울리는 징이나 요란한 꽹과리가 될 뿐입니다. [2]내가 예언하는 능력을 가지고 있을지라도, 또 모든 비밀과 모든 지식을 가지고 있을지라도, 또 산을 옮길 만한 모든 믿음을 가지고 있을지라도, 사랑이 없으면, 아무것도 아닙니다. [3]내가 내 모든 소유를 나누어 줄지라도, 내가 자랑삼아 내 몸을 넘겨줄지라도, 사랑이 없으면, 내게는 아무런 이로움이 없습니다. [4] 사랑은 오래 참고, 친절합니다. 사랑은 시기하지 않으며, 뽐내지 않으며, 교만하지 않습니다. [5] 사랑은 무례하지 않으며, 자기의 이익을 구하지 않으며, 성을 내지 않으며, 원한을 품지 않습니다. [6] 사랑은 불의를 기뻐하지 않으며, 진리와 함께 기뻐합니다. [7] 사랑은 모든 것을 덮어 주며, 모든 것을 믿으며, 모든 것을 바라며, 모든 것을 견딥니다. [8] 사랑은 없어지지 않습니다. 그러나 예언도 사라지고, 방언도 그치고, 지식도 사라집니다. [9] 우리는 부분적으로 알고, 부분적으로 예언합니다. [10] 그러나 온전한 것이 올 때에는, 부분적인 것은 사라집니다. [11] 내가 어릴 때에는, 말하는 것이 어린아이와 같고, 깨닫는 것이 어린아이와 같고, 생각하는 것이 어린아이와 같았습니다. 그러나 어른이 되어서는, 어린아이의 일을 버렸습니다. [12] 지금은 우리가 거울로 영상을 보듯이 희미하게 보지마는, 그 때에는 얼굴과 얼굴을 마주하여 볼 것입니다. 지금은 내가 부분밖에 알지 못하지마는, 그 때에는 하나님께서 나를 아신 것과 같이, 내가 온전히 알게 될 것입니다. [13] 그러므로 믿음,

소망, 사랑, 이 세 가지는 항상 있을 것인데, 그 가운데서 으뜸은 사랑입니다.

서로 사랑합시다.

인간을 인간답게 하는 것

창세기 1장 26-28절

8,145,060분의 1의 확률, 우리나라 로또 1등 당첨 확률입니다. 벼락 맞을 확률이 600만분의 1이니까, 벼락 맞을 확률보다 어렵다고 하네요. 이보다 더 한 100조분의 1의 확률도 있습니다. 이 확률은 무엇에 대한 확률일까요? 이것은 평생 남자의 정액 수와 여자의 난자 수를 곱해서 만들어 낸 경우의 수입니다. 로또 1등 당첨이 천만번 연속 당첨되는 것만큼 희귀한 확률입니다. 100조분의 1의 확률로 태어난 사람이 저와 여러분입니다. 하나님의 섭리가 아니면 태어날 수 없습니다. 모든 사람 하나하나가 소중합니다.

그러나 정작 살다 보면 현실의 팍팍함에 눌려서 인간으로 태어났다는 경이로움은 고사하고 인간에 대한 회의와 실망 그리고 불신이 생기곤 합니다. 특히 최근 한국에서 인간에 대한 불안과 냉소가 사회 전반에 나타나고 있습니다. 빈부격차, 부패 권력, 청년실업, 노년 빈곤, 출산율 감소, 자살률, 혐오, 종교의 타락, 중산층 몰락, 삶의 질 하락, 미세먼지(기후변화) 등이 인터넷 등 매체를 점령하고 있습니다. 갑질, 비굴, 헬조선 등의 신조어가 삶에 찌들어 인간을 상품화, 도구화, 부품화하는 우리의 모습을 대변해 주고 있습니다.

이런 현실에서 나의 나 됨을 기뻐하고, 살아있음을 찬미하고, 나아가 생명을 주신 하나님께 영광을 돌린다는 것이 과연 가능한 것일까?

하는 의문이 듭니다.

성경에서는 인간의 삶 자체에 지쳐있는 우리의 시선을 거두고, 더 근원적인 그 무엇을 보도록 우리를 인도합니다. 그것은 하늘 위에 있는 것이 아니라 우리의 인간됨의 뿌리와 관련되어 있습니다. 성경은 그것을 하나님의 형상이라고 부릅니다.

인간은 누구입니까? 하나님의 형상대로 만들어진 피조물이 인간에 대한 성경의 정의입니다. 인간은 창조주의 형상에 따라 지음 받았습니다. 하나님의 형상에 따라 지음 받았다는 것은, 땅의 흙으로 빚어진 연약한 인간일 뿐만 아니라 지금 보이는 나를 넘어서게 하는 초월성도 내 안에 있음을 의미합니다. 따라서 우리는 자기를 한계 짓지 말고 자신의 참 존재를 찾으라는 하나님의 초대에 응해야 합니다. 그 초대의 말씀이 오늘 본문입니다. 하나님의 형상은 우리 인간이 보이는 모습 너머 아름다움과 존엄함을 생각하게 합니다.

오늘 본문은 우리 스스로가 자신에 대해 무덤덤해진 나를 새롭게 보도록 합니다. 그러면서 옆에 있는 익숙한 다른 사람의 가치를 새롭게 재발견하게 하며, 방황하는 사람에게 삶의 중심을 잡게 해주는 살아있는 하나님의 말씀입니다.

바울은 로마서 8:29에서 "하나님께서는 미리 아신 사람들을 택하셔서, 자기 아들의 형상과 같은 모습이 되도록 미리 정하셨으니, 이것은 그 아들이 많은 형제 가운데서 맏아들이 되게 하시려는 것입니다."라고 말씀하셨습니다.

따라서 우리는 불완전하고 일시적일지라도 서로에게 책임지고 사랑해야 하는 인격적 관계를 맺어야 합니다. 그리스도를 통해서 하나님의 사랑의 끈이 나와 너, 우리를 묶어주길 기도합니다.

그리스도의 형상으로 자라게 해달라는 기도를 통해 인간의 삶을 꽉 채우고 있던 자신의 계획과 욕망 대신 성령께서 활동하실 공간을 만들어 드려야 합니다. 그리고 인격적 교제를 통해서 이제까지 잊고 살았던 하나님의 형상이 회복되어 가는 과정에 참여해야 합니다. 그것이 교회의 사명이고 성도의 신앙생활입니다. 내 안의 하나님 형상을 보고, 네 안의 하나님 형상이 보일 때 우리는 하나님 보시기에 아름다운 공동체가 될 것입니다.

무엇으로 하나님을 드러낼까요?

요한복음 14장 1-14절

1. 근심하는 제자들을 위로하시는 예수님(1-4절)

예수께서 불안해하는 제자들에게 근심하지 말라고 하시면서 아버지를 믿는 것처럼 자신을 믿으라고 하십니다.

2. 질문과 대답(5-11절)

도마는 주님이 어디로 가는지 질문합니다. "주님, 우리는 주님께서 어디로 가시는지도 모르는데, 어떻게 그 길을 알겠습니까?" 그러자 예수께서 대답하십니다.

6예수께서 그에게 말씀하셨다. "나는 길이요, 진리요, 생명이다. 나를 거치지 않고서는, 아무도 아버지께로 갈 사람이 없다. 7너희가 나를 알았더라면 내 아버지도 알았을 것이다. 이제 너희는 내 아버지를 알고 있으며, 그분을 이미 보았다."

예수님은 길이요 진리요 생명입니다. 오직 예수로 인하여 하나님께 나아갈 수 있습니다. 우리는 예수님을 믿는 사람들입니다. 예수를 주님으로 아는 사람은 하나님 아버지도 알게 됩니다. 하나님을 이미 보았다고 말씀합니다.

> [8]빌립이 예수께 말하였다. "주님, 우리에게 아버지를 보여 주십시오. 그러면 좋겠습니다."

예수님을 믿는 빌립은 제자들이 하나님을 보았다는 주님의 말씀에 이해가 되지 않았습니다. 빌립 자신은 그렇지 못하기 때문입니다. 그래서 당장 아버지를 보여 달라고 요청합니다. 그 질문에 예수께서 대답하십니다.

> [9]예수께서 대답하셨다. "빌립아, 내가 이렇게 오랫동안 너희와 함께 지냈는데도, 너는 나를 알지 못하느냐? 나를 본 사람은 아버지를 보았다. 그런데 네가 어찌하여 '우리에게 아버지를 보여 주십시오' 하고 말하느냐? [10]내가 아버지 안에 있고 아버지께서 내 안에 계시다는 것을, 네가 믿지 않느냐? 내가 너희에게 하는 '말'은 내 마음대로 하는 것이 아니다. 아버지께서 내 안에 계시면서 자기의 '일'을 하신다. [11]내가 아버지 안에 있고, 아버지께서 내 안에 계시다는 것을 믿어라. 믿지 못하겠거든 내가 하는 그 일들을 보아서라도 믿어라.

예수께서는 내가 하는 그 일들을 보아서라도 믿으라고 말씀하십니다. 보이지 않는 하나님을 보려면 예수님을 보면 된다는데 그 이유는 무엇인가요? 예수님 안에 계신 하나님께서 예수님을 통해 말씀하시기 때문입니다. 그것을 믿지 못하겠거든 예수님께서 하신 일을 보아야 합니다.

쉽게 이해되지 않는 말씀입니다. 열두 제자 중 하나인 빌립도 알아듣지 못했습니다. "나를 본 사람은 아버지를 보았다."라고 하시면서 이유를 '내가 아버지 안에 있고 아버지께서 내 안에 계시기 때문'이라고 말씀하십니다. 이 말씀은 상호내주(相互內住)입니다.

'내가 아버지 안에 있고 아버지께서 내 안에 계시다'라는 상호내주란 무엇을 말하는가요? 성령이 내 안에 계심을 어찌 알 수 있습니까? 성령 충만하여 성령의 은사가 역사할 때라고 말할 수 있겠습니다. 성령이 충만하면 내가 하는 모든 말과 행동은 성령께서 하시는 것입니다.

마찬가지로 예수께서 내가 너희에게 하는 말은 내 마음대로 하는 것이 아니다, 아버지께서 내 안에 계시면서 자기의 일을 하신다고 말씀하시는 것은 우리가 성령 충만할 때 나타나는 것과 비슷합니다. 예수께서 말씀하시는 것은 하나님께서 말씀하시는 것입니다. 예수께서 하시는 일은 하나님께서 하시는 일입니다. 따라서 예수님 안에 하나님이, 하나님 안에 예수님이 계신 것입니다. 이것이 상호내주입니다. 우리도 마찬가지입니다. 성령께서 내 안에 내가 성령 안에 상호내주할 때 성령 충만한 것입니다.

혹시 그것도 믿지 못하겠거든 내가 하는 그 일들을 보아서라도 믿으라고 말씀하십니다. 예수님은 병자를 고치고, 귀신 들린 자들에게서 귀신을 쫓고, 오병이어로 오천 명을 먹이시고, 폭풍우를 잔잔하게 하셨습니다. 예수께서 하시는 일은 하나님이 기뻐하시는 일입니다. 곧 하나님의 일입니다. 그곳이 하나님이 드러나는 장소입니다. 예수님을 통해 하나님이 드러나고 계신 것입니다. 예수님은 말씀과 일로 하나님을 사람들에게 보여주고 계십니다.

3. 보이지 않는 하나님을 사람들에게 어떻게 보여줄 수 있을까요?

우리의 삶의 모습이 곧 하나님을 드러냅니다.

예수님은 철저하게 하나님의 뜻을 이루시는 분이십니다. 따라서 예수님은 하나님을 보여주실 수 있습니다. 마찬가지로 우리도 예수님의 말씀에 순종함으로 예수님을 보여주는 증인이 될 수 있습니다.

세상의 모든 피조물은 창조주 하나님을 드러내는 존재들입니다. 하나님 형상대로 창조된 사람은 특별히 더 그렇습니다. 따라서 하나님을 알면 나를 알게 되고, 나를 온전히 알면 하나님을 알게 됩니다.

말씀을 맡은 사람이 말씀을 전함으로 하나님을 드러냅니다.

예수님은 스스로 말씀하신 것이 아니라 예수님 안에 계신 하나님의 뜻만을 말씀하십니다. 마찬가지로 말씀을 받은 우리도 하나님 말씀을 이웃에게 전함으로 하나님을 드러낼 수 있습니다.

하나님 일을 행함으로 하나님을 드러냅니다.

예수님은 하나님과 상호내주 한 것을 믿지 못하겠거든 예수님이 하신 일을 보고 믿으라고 하십니다. 마찬가지로 우리가 하는 하나님의 일로 말미암아 하나님의 살아계심을 드러내게 됩니다. 하나님은 우리를 통하여 세상에 살아계심을 나타내십니다.

저와 여러분, 믿는 사람이 하나님의 말과 하나님의 일을 행할 수 있는 근거는 무엇일까요?

¹²내가 진정으로 진정으로 너희에게 말한다. 나를 믿는 사람은 내가 하는 일을 그도 할 것이요, 그보다 더 큰 일도 할 것이다. 그것은 내가 아버지께로 가기 때문이다. ¹³너희가 내 이름으로 구하는 것은, 내가 무엇이든지 다 이루어 주겠다. ¹⁴너희가 무엇이든지 내 이름으로 구하면, 내가 다 이루어 주겠다.

예수께서 분명하게 말씀하십니다.

"나를 믿는 사람은 내가 하는 일을 그도 할 것이요, 그보다 더 큰 일도 할 것이다. 너희가 내 이름으로 구하는 것은, 내가 무엇이든지 다 이루어 주겠다. 이것은 아들로 말미암아 아버지께서 영광을 받으시게 하려는 것이다."

믿는 사람은 주님이 하신 일을 할 수 있습니다. 아니, 주님이 하신 것보다 더 큰 일도 할 수 있습니다. 그 일을 함에 있어서 예수님의 이름으로 구하면 다 이루어 주십니다. 왜냐하면 그것이 하나님께 영광이 되기 때문입니다.

결론적으로 말하면 하나님께 영광이 되는 모든 것은 예수님의 이름으로 구하면 받게 됩니다. 그것이 믿는 사람의 능력입니다. 우리가 예수를 전하는 이유도 하나님의 영광을 위해서입니다. 하나님께서는 아무도 나를 주목하지 않는 이 세상에서 나를 보시고 나를 귀하게 여기시고 사랑한다고 말씀하십니다. 그런 주님을 전하는 것은 가장 고귀한 일이 아닐 수 없습니다. 주님으로 인하여 혼자가 아님을 알게 되고, 환대해 주시는 주님으로 인하여 살 소망을 갖게 되는 것은 그 어떤 일보다 귀한 일입니다.

'이웃사랑 봉사단'의 활동은 임마누엘의 하나님을 드러내는 일이고 하나님께 영광되는 일입니다. 따라서 그 일을 행하는 여러분에게 하나님께서 늘 함께하십니다.

5장

성령은 누구이며,
성령의 역할은 무엇인가요?

성령의 선물

고린도전서 12장 3-13절

신약시대를 성령 시대라고 부릅니다. 오순절 성령강림 사건을 기점으로 본격적인 신약시대가 열렸기 때문입니다. 스승의 죽음으로 두려움에 떨며 숨어 있었던 예수의 제자들이 오순절 성령강림 이후에 비로소 목숨을 걸고 복음을 전파합니다. 성령은 구원과 복음의 주체입니다. 성도는 성령의 도우심 없이는 아무것도 할 수 없습니다. 우리는 성령의 도우심을 받아야 합니다.

고린도 교회는 성령의 은사가 충만한 교회였습니다. 그런데 은사로 인하여 여러 가지 문제가 발생했습니다. 받은 성령의 은사를 자랑하고 경쟁적으로 과시하여 공동체에 갈등이 일어나기도 하고, 예배가 무질서해지기도 했습니다. 성령의 은사가 충만했으나 은사에 대한 바른 지식이 없었기 때문입니다.

은사에 대한 바른 지식이 없으면 오히려 공동체에 해가 될 뿐만 아니라 자기 자신에게도 해를 끼칠 수 있습니다. 고린도 교회 성도들이 신령한 은사에 대해 잘 알기를 바울이 바라는 것은 이 때문입니다(1절).

은사에 대한 바른 지식을 알고 은사의 목적에 합당한 순종을 통하여 주님의 은혜가 충만하게 임하기를 바랍니다.

1. 성령의 은사는 우상과 다르다(2-3절)

바울은 성도들이 신령한 은사에 대하여 잘 알기를 바랐습니다. 신령한 은사들에 대하여 성도들이 반드시 알기를 원했던 첫 번째는 신령한 은사는 우상과 다르다는 것입니다. 그런데 우리가 이방 사람일 때, 즉 주님을 믿기 전에는 우상에게 끌려다녔습니다.

> ²알다시피 여러분이 이방 사람일 때에는, 여러분은, 이리저리 끄는 대로, 말 못 하는 우상에게로 끌려다녔습니다.

주님을 믿기 전에 우상을 숭배하였던 우리는 믿음이 시작되었을 때 우상숭배를 버렸습니다. 하지만 주님을 영접하기 전의 습성을 버리지 못합니다. 주님을 영접하고 성령이 오셨음에도 불구하고 우리가 말 못 하는 우상에게 끌려다니는 이유는 성령의 은사를 오해하였기 때문입니다. 성령의 은사를 우상을 섬기는 사람들이 경험하는 황홀경, 엑스터시, 주술과 같이 여겼기 때문입니다.

분명히 말씀드립니다. 성령의 은사는 우상 숭배자들의 그것과는 전혀 다릅니다. 여러분이 잘 아는 불의 사자 엘리야는 갈멜산에서 바알을 숭배하는 제사장들과 대결을 벌였습니다. 바알 제사장들은 자신들의 몸을 칼과 채찍으로 상처를 내면서 바알신을 불렀습니다. 하지만 아무 일도 일어나지 않았습니다. 바알을 숭배하는 제사장들의 주술은 성령의 은사와 같지 않습니다.

고린도교회는 항구도시입니다. 항구도시 고린도는 동서무역의 중심지입니다. 여러 지역에서 들어온 우상들의 집합지라는 말 입니다. 우상의 신전에서 벌어진 신비한 주술들을 보았던 고린도교회 성도들은 성령의 은사를 우상의 그것과 같다고 오해하고 있었던 것입니다. 그러나 성령의 은사는 말 못 하는 우상의 신전에서 하는 주술과는 다릅니다.

오늘날에도 고린도교회의 성도들처럼 오해하는 사람들이 있습니다. 고린도교회나 오늘 우리나 같은 인간의 성정을 갖고 있기 때문입니다. 인간의 기본적인 성향은 존재보다 소유에 더 민감합니다. 영보다 육에 더 민감합니다. 왜냐하면 영은 보이지 않고 육은 보이기 때문입니다. 보이지 않는 영을 보이는 육에 따라 판단하기 때문입니다. 보이지 않는 것은 보이지 않는 채로 받아들이는 것이 정상입니다. 하지만 인간은 보이지 않는 것을 보이는 것으로 바꾸어야 편안함을 느낍니다.

출애굽기 32장에 나오는 금송아지 우상을 만든 이유도 그것 때문입니다. 야훼 하나님만을 믿고 따라온 광야는 쉴만한 여유가 없는 건조한 땅입니다. 자신들을 인도하였던 모세가 시내산으로 올라가서 한참 동안 내려오지 않았습니다. 산 아래에 있는 백성들은 점점 불안해지기 시작합니다. 결국 보이는 금송아지를 만들어 그것을 하나님이라고 하면서 춤을 춥니다.

인간의 성정이 그때나 지금이나, 이스라엘 백성이나 우리나 동일합니다. 무당이 작두를 타는 등 우상숭배의 풍습이 우리나라에도 있었습니다. 그런 과거의 풍습이 기독교에도 영향을 주었습니다. 기독교가 전파되었던 초기에는 교회에서 부적을 사용하기도 했다고 합니다. 그러나 기독교의 본질은 우상과 같지 않습니다. 우리는 기독교의 본질을 놓치지 말아야 합니다. 성령의 은사는 우상의 그것과 다르기 때문입니다. 우리가 은혜 안에서 충만한 기쁨을 누릴 수 있는 것은 성령 안에 있기 때문입니다.

바울 사도는 분명하게 말합니다. "여러분이 이방 사람일 때에는 여러분은 이리저리 끄는 대로, 말 못 하는 우상에게로 끌려다녔습니다." (고전 12:2) 그렇습니다. 믿기 전에는 말 못 하는 우상이 이리저리 끄는 대로 우리가 끌려다녔습니다.

다시 한번 분명히 말씀드립니다. 우상은 아무것도 아닙니다. 우상은 인간이 자기 자신을 위하여 만든 것입니다. 우상숭배는 자신의 이익을 위해 신의 능력을 이용하려는 인간의 욕망에서 비롯된 것입니다. 우상은 그저 인간의 복을 위해 존재하는 도구일 뿐입니다. 따라서 우상숭배는 곧 자기 숭배입니다. 그것이 우상숭배의 본질입니다. 우상으로부터는 아무것도 얻을 수 없습니다.

우리가 믿기 전에는 말 못 하는 우상이 이리저리 끄는 대로 끌려다녔습니다. 그러나 이제는 다릅니다. 우리는 하나님의 자녀이기 때문입니다.

3 … 하나님의 영으로 말하는 사람은 아무도 "예수는 저주를 받아라" 하고 말할 수 없고, 또 성령을 힘입지 않고서는 아무도 "예수는 주님이시다" 하고 말할 수 없습니다.

구원받았습니까? 어떻게 알 수 있습니까? 성령을 힘입지 않고서는 아무도 "예수는 주님이시다"라고 말할 수 없습니다.

신천지에서는 요한계시록의 14만 4천 명에 들기 위한 경쟁이 치열하다고 합니다. 거듭 말씀드리지만, 성경에 나오는 숫자는 문자 그대로 볼 수 없는 상징적인 것입니다. 예수님 당시에 전 세계 인구가 몇 명인지는 모르겠지만 지금은 80억 명이라고 합니다. 아마도 계시록이 기록될 당시보다 수십 배는 많을 것입니다. 예수께서 분명히 말씀하셨습니다. 하나님께서 주신 사람을 한 사람도 내 버려두지 않고 모두 구원하시는 것이 예수님의 사명이라고 하셨습니다.

나를 보내신 분의 뜻은, 내게 주신 사람을 내가 한 사람도 잃어버리지 않고, 마지막 날에 모두 살리는 일이다. (요한복음 6:39)

주님과 함께 십자가에 달린 강도도, 자신을 나무에 매달은 병사도 모두 구원하시는 것이 예수님의 사명입니다. 따라서 14만 4천 명에 들기 위해 경쟁할 필요가 없습니다. 교회는 경쟁해서 구원받은 곳이 아닙니다. 각자 믿음으로 구원받습니다.

그러면 구원받았음을 어떻게 알 수 있습니까? 주님의 말씀에 순종하며 살려고 애쓰는 사람은 그 안에 성령이 계십니다. 성령이 함께하는 사람은 구원받은 사람입니다. 바로 저와 여러분입니다.

2. 은사를 주시는 분은 성령입니다(4절)

신령한 은사들에 대하여 성도들이 반드시 알기를 원했던 두 번째는 은사를 주시는 분은 같은 성령이라는 것입니다.

⁴은사는 여러 가지지만, 그것을 주시는 분은 같은 성령이십니다. ⁵섬기는 일은 여러 가지지만, 섬김을 받으시는 분은 같은 주님이십니다. ⁶일의 성과는 여러 가지지만, 모든 사람에게서 모든 일을 하시는 분은 같은 하나님이십니다.

은사를 주시는 분은 성령이시고, 섬김을 받으시는 분은 주님이시고, 일의 성과를 주관하시는 분은 하나님이십니다. 즉 모든 근원은 삼위일체 하나님입니다.

3. 은사를 주신 목적은 '공동체의 이익'을 위한 것입니다(7절)

신령한 은사들에 대하여 성도들이 반드시 알기를 원했던 세 번째는 은사를 주신 목적은 공동체의 이익을 위한 것이라는 점입니다.

⁷각 사람에게 성령을 나타내 주시는 것은 공동 이익을 위한 것입니다.

각 사람에게 다양하게 은사를 주신 이유는 공동 이익 때문입니다. 우리의 몸이 각 지체가 모여서 한 몸을 이루듯이(12-13절) 각각의 은사가 모여서 교회를 세웁니다. 교회는 각 사람이 은사를 사용하여 하나님 나라를 향해 나아가는 공동체입니다.

4. 은사에는 우열이 없습니다(8-11절)

신령한 은사들에 대하여 성도들이 반드시 알기를 원했던 네 번째는 은사에는 우열이 없다는 것입니다.

¹¹이 모든 일은 한 분이신 같은 성령이 하시며, 그는 원하시는 대로 각 사람에게 은사를 나누어주십니다.

한 성령에서 나온 은사이기에 은사에는 우열이 없습니다. 은사는 더 낫거나 못한 것이 없습니다. 하지만 사람들은 우열을 가르려고 합니다. 사람들이 우열을 가르려고 하는 것은 경쟁에 익숙한 세상의 습관 때문입니다. 자신이 더 좋은 은사를 갖고 있다고 자랑하고 싶은 욕망 때문입니다. 경쟁에서 이기는 것이 자신의 생존에 유리하기 때문입니다.

그러나 하나님의 자녀는 단순한 생존이 아닌 생명 있는 삶을 삽니다. 하나님의 자녀는 생존에 유리한 것을 탐낼 필요가 없습니다. 하나님이 주시는 생명의 세계, 즉 영생은 세상이 주는 그 무엇보다도 크고 소중하기 때문입니다.

결론

고린도교회에서 영적 은사들은 영적 능력의 상징으로 인식되었습니다. 따라서 고린도교회 안에서 일부 성도들은 자신의 영적 은사가 다른 성도의 것보다 더 우월하다고 생각하며 경쟁했습니다. 이것은 영적 은사들을 오해하고 은사를 주신 목적을 심각하게 왜곡하는 태도였습니다. 하나님께서 영적 은사를 교회에 허락하신 이유는 교회가 하나 되게 하고, 교회의 기능들을 더 잘 발휘할 수 있도록 돕는 데 있었기 때문입니다.

바울은 은사에 대하여 말하면서 하나님이 주신 은사는 다양하지만 모든 은사는 그리스도의 몸인 교회를 세울 때 최고의 효과를 발휘한다고 강조합니다. 하나님은 모든 성도에게 그리스도의 몸인 교회에 맞는 다양한 역할을 주십니다.

성도 개개인이 어떤 은사를 가져야 할지는 하나님의 섭리에 따릅니다. 우리가 애써야 하는 것은 우리에게 주어진 은사들을 깨닫고, 그것을 잘 활용하는 것입니다. 하나님께서 은사를 주신 것은 성도 개개인의 능력이나 자부심과는 아무런 상관이 없습니다. 우리는 남들보다 더 유능하고 중요한 역할을 맡았음을 나타내기 위해 은사를 구해서는 안 되고, 사용해서도 안 됩니다. 어디까지나 하나님의 뜻을 따라 그리스도의 몸인 교회를 섬기는 데 은사를 사용해야 합니다.

그렇게 하려면 성령의 은사에 대하여 바르게 알아야 합니다. 많은 사람이, 기독교인들조차도 초자연적 현상을 동반하는 은사에 관심을 집중합니다. 그러나 온전한 기독교인이라면 신비로운 현상이 아닌 은사를 주신 하나님께 관심을 가져야 합니다. 은사는 하나님 나라를 향해 가는 중요한 수단입니다. 현상이 아닌 목적이 중요합니다.

은사를 제한하거나 금하는 것도 잘못이고, 자랑삼아 드러내거나 비교하는 것도 잘못입니다. 각자에게 다양한 은사를 주셨다는 것과 하나님의 공동체를 유익하게 하려는 목적으로 은사를 주셨다는 것을 기억해야 합니다. 그리하면, 하나님이 주신 은사를 맘껏 누릴 수 있습니다. 여러분 모두 성령의 은사가 충만하여 기쁨이 넘치는 신앙생활이 되시기를 바랍니다.

성령의 강림, 언어의 회복

사도행전 2장 1-13절

#오순절성령충만 #마가다락방 #방언 #성령충만의증거 #하나님의큰일

오늘 말씀의 제목은 언어의 회복입니다. 창세기 3장의 언어에서 창세기 2장의 언어로 회복되는 것입니다.

> 하나님께서 저와 함께 살라고 짝지어 주신 여자, 그 여자가 그 나무의 열매를 저에게 주기에, 제가 그것을 먹었습니다. (창세기 3:12)
> 이제야 나타났구나, 이 사람! 뼈도 나의 뼈, 살도 나의 살, 남자에게서 나왔으니 여자라고 부를 것이다. (창세기 2:23)

언어의 회복이란 타락한 인간의 언어인 비난, 원망, 회피의 언어(3장)에서 타락 이전의 언어인 경탄과 사랑의 언어(2장)로 회복되는 것입니다. 미움, 증오, 혐오의 언어에서 사랑, 기쁨, 감사의 언어로 바뀌는 것입니다.

가끔 '언제 성령이 임합니까?', '언제 성령이 임한 것을 알 수 있습니까?', '성령 충만한 것이 무엇입니까?'라고 묻는 분들이 있습니다. 성령 충만이란 평소에 할 수 없는 일(원수를 사랑하는 일)을 하는 것입니다. 한마디로 말하면 미움의 언어에서 사랑의 언어로 바뀔 때입니다.

성령이 하시는 일은 미움의 언어를 사랑의 언어로 바꾸시는 일입니다.

2:1을 보면, 오순절에 성령이 임했다고 합니다. 오순절은 유월절 이후 오십 일째 되는 날, 곧 칠칠절입니다. 예수께서 감람산에서 승천하신 지 10일 정도 지난 후입니다. 마가 다락방에 모인 제자들 120여 명이 예수님을 기억하며 예배하고 있을 때입니다.

성령이 임할 때 갑자기 세찬 바람 소리가 들리고, 불의 혀 같은 모양이 보였습니다. '~같은', '~듯한'이라는 표현은 성령이 임하는 순간을 언어로 표현한 것입니다. 소리나 모양이 '~같은', '~듯한'이지 성령의 실체는 아니라는 말입니다. 성령이 임할 때 성령의 불이 내린다고 말하곤 하지만 그것은 각 사람이 느끼는 것이지 성령의 실체는 아닙니다. 예를 들면, 세례 요한에게 세례를 받으신 예수님께 임한 성령은 비둘기처럼 오셨습니다. 고대로부터 내려오는 기독교 전통에 의하면 얼음과 같이 차갑게 오시기도 합니다.

우리나라 기독교에서는 감격하고 울컥하는, 마음이 뜨거워지는 등 불이 임하는 것을 성령이 임한다고 생각하는 경향이 있습니다. 하지만 기독교 전통에서는 오히려 잠잠하게, 정신이 명료하게, 깨끗하게, 마음이 가라앉아 있는 듯이 오는 경우가 더 많았습니다.

오순절 전통의 교회에서 성령의 불을 강조하다 보니 그것이 일반적인 듯하지만 그렇지 않습니다. 오순절 계통은 집단으로, 밖으로 표출하는 것(방언)으로 성령의 임재를 표현하곤 합니다. 하지만 기독교 전통은 각 사람이 내면으로 침잠하는 형식으로 성령이 임하는 경우가 더 일반적입니다. 엘리야가 하나님의 산에서 지진이 지나간 후에 비로소 하나님의 세미한 음성을 듣는 것이 그것입니다.

4절을 보면, 성령이 충만하면 성령이 시키는 대로 합니다. 그렇다면 성령은 무엇을 시킬까요? 예수의 증인이 되는 일(행 1:8)입니다. 땅끝까지 증언하려면 각 나라말로 해야 합니다. 예를 들면, 미국에 가면 미국말로, 중국에 가면 중국말로 해야 합니다.

마가 다락방 사람들은 갈릴리 사람으로 각 나라말을 배운 적이 없습니다. 그러면 어떻게 해야 합니까? 하나님은 모세에게 아론을 붙여주신 것처럼 동역자를 붙여주십니다. 중국에 가면 중국어 통역자를, 미국에 가면 영어 통역자를 동역자로 붙여주십니다. '성령이 임하면 능력을 받아'의 뜻입니다. 각 나라 사람이 알아들을 수 있도록 각 나라말(방언)로 행하는 능력을 주시는 것입니다. 그것이 성령의 능력입니다. 내가 평소에 하지 못하는 것을 성령의 능력으로 하는 것입니다. 성령 충만하면 능력을 받습니다. 원수를 사랑할 수 없는 내가 원수를 사랑할 수 있게 하십니다. 창세기 3장의 언어가 2장의 언어로 바뀌는 것입니다.

성령이 충만하면 성령이 시키는 대로 합니다. 이는 내 마음대로 하지 않는다는 뜻입니다. 내 능력으로는 원수를 사랑할 수 없습니다. 하지만 성령이 충만하면 원수를 사랑할 수 있습니다.

성령이 시키는 대로 한다는 것은 자기 부인, 곧 자기 포기입니다. 예수께서 십자가에 죽으실 때 나도 죽고, 부활하실 때 나도 살아납니다. 따라서 옛사람이 죽고 새사람으로 살아나는 것입니다. 새사람은 예수를 따릅니다. 성령이 충만하면 나는 죽고 예수가 삽니다. 그 일이 가능합니다. 육신의 욕망이 너무나 강렬하기에 매 순간 할 수는 없습니다. 다만 백 번 중에 단 한 번이라도 성령이 시키는 대로 한다면 두 번도 가능하고 열 번도 가능합니다. 따라서 최초에 행하는 한 번이 중요합니다.

성령 충만은 자기를 포기할 때만이 가능합니다. 성령이 시키는 대로 하겠다고 고백해야 합니다. 내 마음대로 하지 않겠다고 결단해야 합니다. 그때 성령께서 도와주십니다.

> 이와 같이, 성령께서도 우리의 약함을 도와주십니다. 우리는 어떻게 기도해야 할지
> 도 알지 못하지만, 성령께서 친히 이루 다 말할 수 없는 탄식으로, 우리를 대신하여
> 간구하여 주십니다. (로마서 8:26)

성령께서 도우시지 않는다면 우리의 기도는 한계가 있습니다. 성령의 인도하심이 있기 전에는 육신의 욕망에 따르는 기도를 합니다. 인간의 연약함 때문입니다. 하지만 어느 순간에 육신의 욕망에 따르는 기도가 사라집니다. 그때부터 성령께서 인도하십니다. 저는 그 순간에 성경 말씀이 떠오르기도 하고, 너 왜 그러냐며 책망을 받기도 합니다.

따라서 나의 욕망을 분출하기만 하고 기도를 멈추지 말아야 합니다. 성령의 인도하심이 있기까지 기도해야 합니다. 성령의 인도하심이 기도하는 여러분에게 있기를 바랍니다.

5절 이하를 보면 칠칠절을 지키려고 각 나라 사람이 모였을 때, 이들은 각 나라말로 하나님의 큰일들을 말합니다. 방언의 내용이 같습니다. 예수를 증언하는 일입니다. 성령이 충만하면 하나님의 큰일들, 즉 사랑의 일을 합니다. '내가 너희를 사랑한 것과 같이 이웃을 사랑하라'는 하나님의 일을 합니다.

13절을 보면, 술에 취했다고 조롱하는 사람들을 봅니다. 각 나라말로 하나님의 큰일들, 사랑의 말을 하더라도 들을 마음이 없는 사람에게는 그저 시끄러운 소리일 뿐입니다.

오늘 말씀 제목이 언어의 회복입니다. 언어의 회복이란 무엇일까요? 각 나라말로 하나님의 큰일들을 말하는 마가 다락방 사건과 반대되는 사건이 있었습니다. 바로 바벨탑 사건입니다.

바벨탑 사건 당시는 언어가 하나였습니다. 하나님의 진노는 사람의 언어를 흩으셨습니다. 사람들이 소통되지 않음으로써 서로 흩어집니다. 하지만 마가 다락방 사건에서는 언어가 달랐지만 각 나라 사람이 방언으로 소통합니다. 바벨탑 사건에서는 말이 달라서 소통이 되지 않습니다. 하지만 마가 다락방 사건은 말이 달라도 소통이 됩니다. 바벨탑 사건 사람들의 말의 내용은 자기들을 높여서 하늘까지 이르겠다는 것입니다. 하지만 마가 다락방의 방언 내용은 하나님의 큰일들입니다. 내용이 다릅니다. 바벨탑의 언어는 창세기 3장의 언어로 자기를 높이는 미움과 혐오와 분노의 언어이고, 마가 다락방의 언어는 창세기 2장의 언어로 하나님을 높이는 사랑과 용서와 포용의 언어입니다. 이처럼 여러분 가운데 성령이 충만하여 사랑의 언어가 회복되기를 바랍니다.

| 6장 |

하나님은 우리의 죄를
어떻게 용서해 주시나요?

구원의 원리, 은혜 위에 은혜

로마서 7장 15-25절

운동하면 건강에 좋다는 사실을 알지만 실제로 운동하는 사람은 일부입니다. 좋다는 것을 알아도 그것을 실제로 행하는 것은 별개라는 말입니다. 아는 것과 행하는 것은 다릅니다. 알면서도 행하지 못하는 모순 속에서 많은 사람이 괴로워합니다.

신앙도 마찬가지입니다. 하나님의 말씀대로 사는 것이 좋다는 사실을 알지만, 말씀대로 순종하는 것은 쉽지 않습니다. 바울도 우리와 다르지 않았습니다. 알면서도 행하지 못하는 모순된 자신을 보면서 괴로워했습니다. 하지만 바울은 이를 극복하고 그리스도 예수를 따라 살았습니다. 오늘 본문은 모순된 자기 모습을 괴로워하면서도 끝까지 예수를 따라 살려고 애쓰는 바울의 경험을 기록합니다.

바울이 했다면 우리도 할 수 있습니다. 바울의 경험을 묵상할 때 바울에게 역사하셨던 그리스도의 은총이 저와 여러분에게도 임하기를 빕니다.

1. 세상의 논리

죄를 지은 사람을 죄인이라고 부릅니다. 더 정확하게 말하면 형법에 기록된 죄를 범하고 법원의 재판에서 판결이 확정된 사람이 죄인입니다. 죄인은 그 범죄행위에 따라 벌을 받습니다.

'죄는 미워하되 사람은 미워하지 말라'라는 말이 있습니다. 죄와 사람을 분리하여 판단해야 한다는 의미입니다. 사람이 더 이상 죄를 짓지 않도록 해야 한다는 당위적 의미도 포함되어 있다고 생각됩니다. 죄를 지었다고 '죄인'으로 낙인을 찍는다면 실패했다고 실패자로 낙인 찍는 것과 같습니다. 한 번 실패했어도 다시 기회를 주어야 하는 것처럼 죄를 지은 사람도 회복할 기회를 주어야 한다는 뜻입니다. 실제로 소멸시효, 복권제도 등 제도적인 장치가 있습니다.

그런데 '죄를 지은 게 사람인데, 어떻게 사람을 안 미워할 수가 있습니까?'라고 반문할 수 있습니다. 실제로 자신에게 위해를 가한 대상을 맞닥뜨리게 되면 이게 얼마나 어려운 일인지 알 수 있습니다.

사랑과 용서라는 종교적 가르침이 정작 실생활에선 그저 제 식구 감싸기나 '내로남불'에 오용되는 경우가 너무나 많습니다. 그 반작용으로 사적 보복으로 해결하려는 욕구가 커지고 있습니다. 학교폭력을 다룬 드라마 '더 글로리', 마동석 주연의 영화 '범죄도시'가 많은 사람의 관심을 끌었던 것도 그 이유입니다. 법은 멀고 주먹이 가까운 것입니다.

최근 촉법소년의 범죄가 이슈가 된 적이 있습니다. 이들의 범죄에 비하여 형벌이 가볍다는 것입니다. 촉법소년의 나이를 낮추는 입법을 추진한다고 합니다. 이처럼 범죄자에 대한 형벌의 수위를 더 높일 것을 주장하는 것이 여론의 추세입니다. 그런데 형벌의 수위를 높이면 범죄가 줄어들까요? 물론 일정 부분 효과를 볼 수 있습니다. 하지만 그것은 한 면만을 바라본 것입니다.

예를 들어서 절도죄를 사형에 처하면 절도가 없어질까요? 또 절도했다고 목숨을 빼앗는 것이 정당한가요? 10살 아이가 죄를 지으면 모두 교도소에 보내야 할까요? 등등 다양한 상황을 두고 연구해서 내린 결론이 오늘날의 형사 사법제도입니다. 부족하지만 현재로서는 이것이 최선입니다. 민주주의가 부작용이 있지만 현재로서는 최선인 것과 같습니다. 이것이 세상의 논리입니다.

그렇다면 기독교는 무엇이 다를까요?

2. 율법의 원리

세상의 논리는 죄를 지은 사람을 죄인이라고 부릅니다. 하지만 성경은 '죄인이기에 죄를 짓는다'라고 봅니다. 이러한 차이를 설명하는 다양한 이론이 있겠지만 가장 큰 이유는 죄인에 대한 개념(정의)이 다르기 때문입니다. 형법적 죄인은 범죄한 사람을 말합니다. 하지만 성경에서 말하는 죄인은 하나님의 보호범위를 떠난 타락한 사람을 말합니다.

죄인이기에 죄를 짓는다는 성경의 논리는 하나님을 떠난 타락한 인간(죄인)은 자신의 육체적 욕망을 제어하지 못하고 죄를 짓는다는 논리입니다. 따라서 '인간은 죄인이기에 죄를 지을 수밖에 없다'라는 결론에 이르게 됩니다.

타락한 죄인이 죄를 지을 수밖에 없는 이유는 무엇일까요? 하나님을 떠난 죄인이 사는 세상은 죄를 향하여 기울어진 악한 세상이기 때문입니다.

3. 은혜의 원리

죄를 지을 수밖에 없는 인간의 아픔을 바울은 이렇게 한탄합니다.

[15]마음에 원하는 것을 행하지 않고 도리어 미워하는 것을 행하는 것이 우리의 속성이다. … [19]내가 원하는 바 선은 행하지 아니하고 도리어 원하지 아니하는 바 악을 행하는도다

예수님도 탄식합니다. 마음에는 원이로되 육신이 약하도다(마 26:41). 이를 아시는 주님은 마태복음 18:15 이하에서 형제를 용서하라고 말씀하십니다.

용서는 사랑과 더불어 기독교의 기본사상입니다. 기독교에서 용서하라는 이유는 인간은 본질적으로 죄인이기 때문입니다. 사람은 죄인으로 태어나서 죄인으로 죽습니다. 알게 모르게 죄를 지으며 삽니다. 죄인인 내가 죄를 지었다는 이유로 누군가를 정죄하는 것은, 자기 얼굴에 침 뱉는 것과 같습니다. 하나님 앞에 모두가 죄인이기 때문입니다.

예수님은 누가복음 6:37에서 이렇게 말씀하십니다. '정죄하지 말라 그리하면 너희가 정죄를 받지 않을 것이요 용서하라 그리하면 너희가 용서를 받을 것이요.'

그렇다면 죄인인 우리는 어떻게 해야 할까요? 가장 먼저 생각할 것은, 바울이 했던 것처럼 자신의 무력함을 깨닫는 것입니다.

[19]내가 원하는 바 선은 행하지 아니하고 도리어 원하지 아니하는 바 악을 행하는도다 … [24]오호라 나는 곤고한 사람이로다 이 사망의 몸에서 누가 나를 건져내랴

자신이 처한 처지를 분명하게 인식하는 것이 첫 번째입니다. 불의한 청지기 비유에서 보여주듯이, 해고를 통지받은 청지기는 자신의 처지를 깨닫고 살길을 찾습니다. 그것이 지혜입니다. 바울은 지혜로운 사람입니다. 바울은 자신이 곤고한 사람임을 인식하고 사망의 몸에서 벗어날 길을 찾습니다. 우리도 마찬가지입니다. 나의 현재를 성찰하고 내가 처한 곤고한 현실을 인정할 때 비로소 그것에서 벗어날 길을 찾을 수 있습니다.

길을 찾는 자에게 하나님은 은혜를 베풀어 주십니다. 바울은 사망의 몸에서 건져주실 분을 찾았습니다. 바로 하나님입니다.

25.우리 주 예수 그리스도로 말미암아 하나님께 감사하리로다 그런즉 내 자신이 마음으로는 하나님의 법을 육신으로는 죄의 법을 섬기노라

바울은 사망의 몸에서 건져주신 주님께 감사드립니다. 마음으로는 하나님의 법을 육신으로는 죄의 법을 섬기는 자신을 건져주신 주님께 감사드립니다.

인간은 예수 그리스도의 은총으로만 구원받을 수 있습니다. 우리 자신의 힘으로 벗어날 수 없습니다. 마음으로는 하나님의 법을, 육신으로는 죄의 법을 섬기는 나를 주님은 불쌍히 여기시고 주님을 믿는 이에게 의롭다고 인정해 주십니다. 바로 '칭의'입니다. 나를 의롭다고 불러주신 주님의 은혜에 따라 우리는 죄에 대하여 죽고 의에 대해 살았습니다. 세상에 대하여 죽고 하나님을 향해 살았습니다. 죄인인 나를 주님께서 의인으로 여겨주셨듯이 이제는 나도 이웃을 의인으로 대접해야 합니다.

이 원리(칭의)는 내가 '율법 아래 있느냐? 아니면 은혜 아래 있느냐?'의

문제입니다. 율법 아래 있으면 정죄를 받고, 은혜 아래 있으면 사랑을 받습니다. 결국 나의 선택의 문제입니다.

15-20절에서 바울은 원하는 것(선)과 실제로 행하는 것(악)이 일치하지 않음을 고백합니다. 선한 율법을 그대로 행하기를 바라지만 원하지 않는 것을 행하는 것이 인간입니다. 이는 타락한 모든 인간의 모습입니다. 바울은 율법의 선함을 변호하고 선한 율법을 선한 대로 지키지 않고 죄를 짓는 자신을 발견합니다.

21-25절에서 바울은 속사람과 겉사람을 하나님의 법과 죄의 법으로 대조합니다. 속사람은 하나님의 법을 따르기를 원하지만, 겉사람은 죄의 법을 따른다는 것입니다. 하나님의 선한 율법을 행하여 하나님 섬기기를 원하지만, 실제로는 율법을 악용해 율법을 거부하게 만드는 죄에 굴복하여 죄를 섬긴다는 것입니다.

우리는 선을 행하기를 원하지만 실제로는 악을 행할 수밖에 없는 존재일까요? 죄의 노예로 자기 의지와는 상관없이, 선택의 여지도 없이 죄를 짓고 악을 행하면서 살 수밖에 없는 존재일까요? 이렇게 사는 것이 당연할까요? 바울은 전혀 그렇지 않다고 말합니다.

바울은 그리스도인은 죄의 종에서 의의 종으로 해방되었다고 선언합니다. 불순종의 삶에서 순종의 삶으로 해방되었다고 선언합니다. 육체의 지배에서 성령의 지배 아래 살게 되었다고 선언합니다. 사망의 삶에서 생명의 삶으로 살게 되었다는 말입니다. 그것이 가능한 것은 우리가 그리스도의 은혜 아래 있기 때문입니다.

결론

율법 앞에서는 모든 사람이 죄인입니다. 율법 아래 있으면 다른 사람을 죄인으로 대합니다. 그러나 은혜 아래 있으면 악한 사람도 의인으로 대할 수 있습니다. 우리를 주님 닮게 하는 것은 율법이 아니라 은혜입니다.

로뎀나무 아래에서 하나님을 원망하고 불평하였던 죄인 엘리야에게 오셔서 사랑으로 어루만지시는 하나님입니다. 우리의 하나님은 은혜의 원리를 통하여 우리를 돌보십니다.

신앙인은 죄의 법과 성령의 법이라는 이중성 안에 있습니다. 우리는 나 자신이 하나님의 은혜로 끊임없이 용서받고 있다는 사실을 기억해야 합니다. 그뿐만 아니라 은혜 아래 있는 우리는 다른 이의 허물을 용서하려고 애쓰는 사람이 되어야 합니다.

우리의 죄를 씻는 은혜가 그리스도의 십자가로부터 흘러나옵니다. 어찌할 수 없는 죄인인 우리를 의인으로 변화시켜 주는 능력이 십자가입니다. 만 달란트를 탕감받은 빚진 자의 심정으로 이웃의 허물을 덮어주고 용서하는 그리스도인으로 살아야 합니다. 그때 은혜 위에 은혜가 더합니다. 용서와 사랑의 실천으로 더 큰 하나님의 은혜를 경험하는 우리가 되기를 빕니다.

은혜 아래 있으라

로마서 6장 1-11절

지금은 핸드폰 하나로 지구촌 곳곳의 소식들을 실시간으로 보고 듣는 시대입니다. 핸드폰 하나가 40명의 일꾼을 거느린 것과 같은 정보량을 처리한다고 합니다. 정보혁명은 이전과는 전혀 다른 삶의 모습을 불러왔습니다. 정보혁명이 삶의 영역을 넓히는 긍정적인 순기 능이 있음에도 불구하고, 그에 못지않게 부정적인 역기능도 간과할 수 없습니다.

미디어는 인기 있는 주제를 보도하려는 경향이 있습니다. 가능하면 많은 사람이 보고 듣는 것을 목적으로 한다는 말입니다. 그 결과 연일 부정적인 것들을 앞다투어 보도합니다. 미래가 불안한 사람들은 좋지 않은 사건 사고에 더 민감하게 반응하기 때문입니다.

우리는 미디어의 영향 아래 무방비로 노출되어 있습니다. 우리가 매일 보고 듣는 미디어의 부정적 소식이 우리의 선한 양심에 생채기를 내곤 합니다. 불안, 분노, 시기, 미움, 방종 등 부정적 감정을 일으킨다는 것입니다. 기독교에 관한 부정적 소식을 접한 신앙인들조차도 때로는 은혜를 잊어버리고 믿음에 반하는 행동을 하기도 합니다.

그러나 믿는 사람들은 부정적 감정에 휘둘리지 않는 복을 받은 사람들입니다. 우리는 하나님의 약속을 믿음으로 온갖 부정적 감정을 이깁니다. 믿음대로 살겠다는 순종의 의지가 우리를 올바른 방향으로 향하게 합니다. 바로 순종의 복입니다. 믿음은 바라는 것들의 실상이요, 보이지 않는 것들의 증거입니다.

세상은 악하고 부정적인 것들로 가득하지만 믿음으로 구원받은 사람들은 은혜 아래 살아야 한다고 오늘 본문은 분명하게 말씀하고 있습니다. 그리스도 예수 안에서 살고 있는 사람으로 살라는 명령입니다. 그러면 누가 '그리스도 예수 안에서 살고 있는 사람'일까요? 바로 저와 여러분입니다.

1. 은혜와 죄의 관계(1-2절)

먼저, 은혜와 죄와의 관계에 관한 질문과 대답으로 시작합니다.

> ¹그러면 우리가 무엇이라고 말을 해야 하겠습니까? 은혜를 더하게 하려고, 여전히 죄 가운데 머물러 있어야 하겠습니까?

1절의 말씀은 5장 20절의 질문에 대한 대답입니다.

> 죄가 많은 곳에, 은혜가 더욱 넘치게 되었습니다. (로마서 5:20)

'죄가 많은 곳에, 은혜가 더욱 넘치게 되었습니다'라는 말씀에 대하여 혹시 오해하지 않도록 1절에서 대답합니다. 죄가 많은 곳에 은혜가 더욱 넘친다고 하니 그러면 더 많은 은혜를 받기 위하여 더 많은 죄를 지어야 한다는 말입니까? 은혜가 오히려 죄를 짓도록 방조한다는 말입니까? 대답은 그럴 수 없다(2절)입니다.

그 이유를 5:21에서 이렇게 설명합니다.

그것은, 죄가 죽음으로 사람을 지배한 것과 같이, 은혜가 의를 통하여 사람을 지배하여, 우리 주 예수 그리스도로 말미암아 얻는 영원한 생명에 이르게 하려는 것입니다. (로마서 5:21)

죄의 삯은 사망입니다. 죄가 사람을 죽음으로 이끄는 것이지만 은혜는 영원한 생명에 이르게 합니다.

독일의 신학자 루돌프 불트만은 그의 논문 「접촉과 저항」에서 다음과 같이 말합니다.

'성실한 자'가 '경박한 자'보다 하나님께 더 가까운 것은 아니다. 하나님은 '스스로 완고한 사람'에게도 '말씀을 붙들고 씨름하는 사람'에게도 자신을 열어주실 수 있다. 하나님은 '포악한 자'를 지금 하나님 앞으로 부를 수도 있고, '늘 힘써 노력하는 자'를 기다리게 할 수도 있다.

간단하게 말하면, 하나님은 죄가 많으면 많은 대로, 적으면 적은 대로 하나님께 이끄신다는 것입니다. 왜냐하면 하나님 보시기에 모두가 죄인이기 때문입니다. 모두 다 죄인이기에 차별 없이 모두에게 은혜를 베푸신다는 말입니다. 많이 빚진 자는 그 빚진 만큼, 적게 빚진 자도 그 빚진 만큼 은혜를 받습니다. 결과적으로 많이 빚진 자가 더 큰 은혜를 받게 됩니다. 결과적으로 보면 하나님은 죄가 많은 곳에 더 큰 은혜를 부어주십니다. 다만 그것은 하나님의 일입니다. 하나님은 모두를 구원하시려는 목적이 있으십니다. 따라서 죄가 많은 사람에게 더 큰 은혜를 베풀 수밖에 없습니다. 이것은 하나님의 관점에서 하시는 하나님의 일입니다.

하지만 우리는 다릅니다. 하나님이 어떻게 하시는가와 상관없이 우리 일을 해야 합니다. 우리는 우리가 할 수 있는 것으로 최선을 다해야 합니다. 그것은 시편 1편에서 말씀하고 있듯이 신앙인은 악인의 꾀를 따르지 아니하며, 죄인의 길에 서지 아니하며, 오만한 자의 자리에 앉지 아니하며, 오로지 주님의 율법을 즐거워하며, 밤낮으로 율법을 묵상하는 사람이 되어야 한다는 말씀입니다. 우리는 더 큰 은혜를 받으려고 더 큰 죄를 짓지 않습니다.

'악이 있어야 선도 있는 것 아니냐'라고 하면서 선을 드러내기 위해 스스로 악역을 자처하는 어처구니없는 경우를 간혹 봅니다. 때로는 악(폭력)을 제압하기 위해서 더 큰 악(폭력)의 사용을 정당화하는 예도 있습니다.

분명히 말씀드립니다. 우리 기독교에서는 그것을 인정하지 않습니다. 선을 드러내기 위한다는 명목으로 악역을 자처하지도 않고, 악을 제압하기 위해서 더 큰 악을 사용하지도 않습니다. 왜냐하면 그것은 하나님의 선하신 뜻에 반하는 악이기 때문입니다.

정말 중요한 문제라서 좀 더 자세하게 설명해 보겠습니다.

먼저, '악이 있어야 선이 있는 것 아니냐'라는 것은 잘못된 논리입니다. 밤이 있어야 낮이 있다고 주장하면서 세상을 선과 악으로 나누는 '이원론'을 기독교는 인정하지 않습니다. 이원론은 선한 신과 악한 신이 세상을 함께 통치한다는 것인데 언뜻 보면 일리 있어 보입니다. 타락한 인간이 사는 이 세상이 언뜻 그렇게 보이기 때문입니다. 그러나 기독교에서는 이원론을 인정하지 않습니다. 왜냐하면 이원론은 선한 하나님 말고 하나님과 동등한 다른 악한 신이 존재한다는 의미가 되기 때문입니다. 우리는 유일하신 하나님 한 분만을 섬깁니다. 하나님과 대등한 다른 신은 없습니다.

하나님이 창조한 세계는 빛의 세계, 선의 세계입니다. 그럼 밤은 무엇입니까? 밤은 단지 빛이 비치지 않을 때를 말합니다. 빛이 오면 어둠은 자연스럽게 사라집니다. 그러면 악은 무엇입니까? 악은 '선의 결핍'입니다. 악은 선이 존재하지 않는 예외적인 경우라는 말입니다. 빛이 있으면 어둠은 저절로 사라지듯이 선이 있으면 악은 사라집니다.

선을 드러내기 위한다는 명목으로 악역을 자처하는 것은 잘못된 것이 분명합니다. 그리스도 예수의 십자가의 역사를 위하여 가룟 유다가 예수님을 팔아야만 하는 것은 아닙니다. 가룟 유다의 행위는 악한 것입니다. 우리는 가룟 유다의 일을 하지 않아야 합니다.

두 번째 악을 제압하기 위해서 더 큰 악의 사용을 정당화하는 것도 기독교는 인정하지 않습니다. 폭력을 또 다른 폭력으로 해결하려는 것은 기독교의 해결책이 아닙니다.

악은 선의 결핍일 뿐입니다. 따라서 악을 물리치기 위해서 우리가 해야 할 것은 또 다른 악으로 대항하는 것이 아니라 선을 행하는 것입니다. 악을 물리치는 기독교의 해결책은 선을 행하는 것입니다. 선을 행하면 악은 자연스럽게 사라집니다. 빛이 오면 어둠이 사라지는 것처럼 말입니다. '우리들이 싸울 것은 혈기 아니요…'라는 찬송가의 가사도 있습니다. 이단 사이비와 대적하는 방법은 주 예수 그리스도의 말씀에 더욱 충실하는 것입니다.

죄가 많은 곳에 은혜가 더욱 넘친다는 말씀은 더 많은 은혜를 받기 위하여 더 많은 죄를 지어야 한다는 뜻이 아님은 분명합니다. 복음의 은혜는 죄를 짓도록 조장하거나 방조하지 않습니다. 오히려 죄를 짓지 않는 능력을 줍니다. 바울 사도는 이를 분명히 하고 있습니다.

²그럴 수 없습니다. 우리는 죄에는 죽은 사람인데, 어떻게 죄 가운데서 그대로 살 수 있겠습니까?

그렇다면 죄에 대하여 죽었다는 말은 어떤 뜻일까요?

2. '죄에 대하여 죽었다'라는 말은 해방입니다(3-7절)

저와 여러분은 죄에는 죽은 사람입니다. 죄에는 죽었기에 죄에 반응하지 않습니다. 죽었다는 것은 반응하지 않는 것입니다. 죄에 죽은 우리 신앙인은 죄를 지을 수 없습니다.

> ³세례를 받아 그리스도 예수와 하나가 된 우리는 모두 세례를 받을 때에 그와 함께 죽었다는 것을 여러분은 알지 못합니까?

죄에 대하여 죽었다는 말은 죄의 통치에서 해방되었다는 것입니다. 에덴에서 쫓겨나 이 땅에 살고 있는 사람은 죄의 종입니다. 그러나 우리는 복음을 믿음으로 말미암아 죄로부터 해방되었습니다. 죄가 이끄는 대로 살지 않는다는 말입니다. 예수의 이름으로 세례를 받음으로 예수와 함께 연합하여 죄에 대해 죽음으로 죄의 통치권에서 해방되었습니다. 예수님과 연합하는 우리는 십자가의 능력 안에 있습니다.

> ⁶우리의 옛사람이 그리스도와 함께 십자가에 달려 죽은 것은, 죄의 몸을 멸하여서, 우리가 다시는 죄의 노예가 되지 않게 하려는 것임을 우리는 압니다. ⁷죽은 사람은 이미 죄의 세력에서 해방되었습니다.

우리의 옛사람이 그리스도와 함께 죽었기에 죄에서 해방되었습니다. 따라서 그리스도 안에서 죽고 다시 산 우리들은 옛사람의 구습을 버리는 일을 끊임없이 계속해야 합니다. 다시 죄의 노예가 되지 않기 위해서입니다(고후 5:17). 우리는 더 이상 죄에 이끌려 다니는 죄의 종이 아닙니다.

3. 그리스도와 함께 살아난 것은 부활입니다(8-11절)

8우리가 그리스도와 함께 죽었으면, 그와 함께 우리도 또한 살아날 것임을 믿습니다. 9우리가 알기로, 그리스도께서는 죽은 사람들 가운데서 살아나셔서, 다시는 죽지 않으시며, 다시는 죽음이 그를 지배하지 못합니다. 10그리스도께서 죽으신 죽음은 죄에 대해서 단번에 죽으신 것이요, 그분이 사시는 삶은 하나님을 위하여 사시는 것입니다.

그리스도의 죽음에 연합한 사람은 또한 그리스도의 부활에도 연합하였습니다. 그리스도께서 죽고 살아나셨기에 우리도 또한 그리스도와 함께 죽고 살아납니다.

그리스도께서 우리의 죗값을 십자가 죽음으로 완전하게 치르셨기 때문에 더 이상 죽음이 우리를 지배하지 못합니다. 죄가 그리스도께 주장할 수 없듯이, 그리스도와 연합한 저와 여러분에게도 죄는 우리를 주장할 수 없습니다. 이것이 죄에 대하여 단번에 죽으신 그리스도의 은혜로 우리가 하나님과 함께 영생을 누리는 이유입니다.

따라서 바울 사도는 다시 한번 강조합니다.

11이와 같이 여러분도, 죄에 대해서는 죽은 사람이요, 하나님을 위해서는 그리스도 예수 안에서 살고 있는 사람이라는 것을 알아야 합니다.

죄에 대하여 죽고 하나님에 대하여 살았으니 이제 살고 있는 사람은 내가 아닙니다. 그리스도께서 내 안에서 살고 계십니다. 내가 지금 육신 안에서 살고 있는 것은, 나를 사랑하셔서 나를 위하여 자기 몸을 내어주신 하나님의 아들을 믿는 믿음 안에서 살아가는 것입니다 (갈 2:20).

믿음의 사람들은 예수 그리스도와 더불어 죽고 사는 것 외에 다른 것(우상)을 생각하지 않습니다. 그리스도 예수가 머리가 되시는 교회는 악한 세상과 구별되어 세상의 모든 차별이 사라지는 하나님의 공동체가 됩니다.

하나님의 택하신 백성인 우리는 진리의 말씀을 끊임없이 듣고 묵상해야 합니다. 말씀을 들을 때 믿음의 능력이 생기고 죄의 욕망에서 승리할 수 있습니다. 믿음의 능력, 기적은 순종에서 나오기 때문입니다.

어떤 물건은 그 용도에 따라 가치가 달라집니다. 밥을 넣으면 밥그릇이 되고, 오물을 담으면 오물통이 됩니다. 우리의 가치는 무엇을 위해 어떻게 살아가는가에 따라 결정됩니다.

하나님께서 흙으로 몸을 만드시고 그 안에 하나님의 생기를 불어넣으심으로 우리를 생명이 되게 하셨습니다. 우리는 하나님의 형상대로 지음 받은 하나님의 작품입니다. 하지만 죄가 들어온 후 우리 몸은 죄를 짓는 도구로 전락하였습니다. 하나님의 생명을 담은 우리의 몸이 욕망덩어리가 되어버렸습니다. 더 이상 우리 몸을 죄를 짓는 일에 사용할 수 없습니다. 구원받은 우리는 영광스럽게 몸을 사용해야 합니다. 우리는 죄에 대하여 죽고 하나님에 대하여 살아 있는 사람이기 때문입니다. 바울은 12-14절에서 두 가지를 분명하게 말합니다.

¹²그러므로 여러분은 죄가 여러분의 죽을 몸을 지배하지 못하게 해서, 여러분이 몸의 정욕에 굴복하는 일이 없도록 하십시오. ¹³그러므로 여러분은 여러분의 지체를 죄에 내맡겨서 불의의 연장이 되게 하지 마십시오. 오히려 여러분은 죽은 사람들 가운데서 살아난 사람답게, 여러분을 하나님께 바치고, 여러분의 지체를 의의 연장으로 하나님께 바치십시오. ¹⁴여러분은 율법 아래 있지 않고, 은혜 아래 있으므로, 죄가 여러분을 다스릴 수 없을 것입니다.

첫째, 몸의 정욕, 하나님의 뜻을 거스르는 욕망에 굴복하지 마십시오. 둘째, 몸을 죄의 연장이 아닌 의의 연장으로 하나님께 드리십시오. 이어서 바울 사도는 요한일서 3:14에 이렇게 말씀하고 있습니다.

우리가 이미 죽음에서 생명으로 옮겨갔다는 것을 우리는 압니다. 이것을 아는 것은 우리가 형제자매를 사랑하기 때문입니다. 사랑하지 않는 사람은 죽음에 머물러 있습니다. (요한일서 3:14)

저와 여러분은 예수님과 연합하였기에 죽음에서 생명으로 옮겨진 사람들입니다. 은혜 아래 있는 사람들입니다. 그것을 어떻게 알 수 있습니까?

우리는 서로 사랑하기 때문에 알 수 있습니다. 사랑하는 사람은 죽음에서 생명으로 옮겨진 구원받은 사람이고, 사랑하지 않는 사람은 죽음에 머물러 있는 사람입니다. 우리 성도는 서로 사랑합니다. 우리 안에서 역사하시는 주님으로 말미암아 평화를 누립니다. 그리스도의 은혜와 평화가 여러분과 함께하길 빕니다.

모세의 간청

출애굽기 33장 12-23절

문제의식

오늘 본문의 바로 앞인 32장에서 이스라엘 백성들은 우상숭배의 죄를 저질렀습니다. 시내산에서 모세가 하나님으로부터 십계명을 받는 그때 시내산 아래에서는 아론을 비롯한 백성들이 금송아지를 만들어 놓고 우상을 숭배하였습니다. 이를 아신 하나님은 진노하셨습니다. 시내산에서 내려온 모세는 우상 숭배한 백성들 앞에서 하나님께서 주신 십계명 돌판을 깨뜨리고 그들을 징계하였습니다.

다시 하나님께 나아간 모세는 하나님의 진노를 거두어달라고 간절히 요청합니다. 모세의 간청을 들으신 하나님께서는 때가 되면 백성들의 죄를 묻겠다고 유보하셨습니다(32:34 후반). 하나님은 다음과 같이 말씀하십니다. 33:1, 3절입니다.

> ¹주님께서 모세에게 말씀하셨다. "너는 가서, 네가 이집트 땅에서 데리고 올라온 이 백성을 이끌고 여기를 떠나서, 내가 아브라함과 이삭과 야곱에게 맹세하고 그들의 자손에게 주겠다고 약속한, 그 땅으로 올라가거라. ³너희는 이제 곧 젖과 꿀이 흐르는 땅으로 들어간다. 그러나 나는 너희와 함께 올라가지 않겠다. 너희는 고집이 센 백성이므로, 내가 너희와 함께 가다가는 너희를 없애 버릴지도 모르기 때문이다."

하나님은 모세에게 백성들을 이끌고 시내산을 떠나 약속의 땅인 가나안으로 올라가라고 말씀하십니다. 그러나 하나님은 함께 올라가지 않겠다고 하십니다. 고집이 센 백성들과 함께 가다가 하나님의 진노에 따라 멸망시킬지도 모르기 때문이라고 말씀하십니다. 한마디로 요약하면 너희들만 가라는 것입니다. 이에 백성은 통곡합니다.

> [4]백성은 이렇듯 참담한 말씀을 전해 듣고 통곡하였다. 그리고 그들은 아무도 장식품을 몸에 걸치지 않았다.

백성들과 함께 가지 않으시겠다는 하나님의 말씀을 들은 모세는 하나님께 간절히 요청합니다. 오늘 본문은 모세의 간청에 대한 하나님의 응답을 기록하고 있습니다. 모세의 간청과 하나님의 응답 과정을 보면서 오늘 우리에게도 허락하실 하나님의 은혜를 깨닫는 시간이 되시기를 바랍니다.

모세는 먼저 주님의 계획을 가르쳐 달라고 간청하였습니다.

1. 주님의 계획을 가르쳐 주십시오(12-13절)

> [12]모세가 주님께 아뢰었다. "보십시오, 주님께서 저에게 이 백성을 저 땅으로 이끌고 올라가라고 말씀하셨습니다. 그러나 주님께서 누구를 저와 함께 보내실지는 저에게 일러주지 않으셨습니다. 주님께서는 저에게, 저를 이름으로 불러 주실 만큼 저를 잘 아시며, 저에게 큰 은총을 베푸신다고 말씀하셨습니다. [13]그러시다면, 제가 주님을 섬기며, 계속하여 주님께 은총을 받을 수 있도록, 부디 저에게 주님의 계획을 가르쳐 주십시오. 주님께서 이 백성을 주님의 백성으로 선택하셨음을 기억하시기 바

랍니다."

모세의 간청을 요약하면 이렇습니다.

'주님께서 저에게 이 백성을 저 가나안 땅으로 이끌고 올라가라 하셨는데 주님께서 함께 가시지 않으면 저는 누구와 함께 가야 할지를 모르겠습니다. 주님께서 저에게 큰 은총을 베푸신다고 말씀하셨으니 부디 주님의 계획을 가르쳐 주십시오 그리고 이 백성은 주님의 백성임을 기억해 주십시오'

간청의 첫째는 주님의 계획을 가르쳐 주십시오. 간청의 둘째는 이스라엘 백성은 주님의 백성이라는 것을 기억해 달라는 것입니다. 한마디로 말하면 가나안으로 가는 길에 주님이 함께하여 주시기를 간청합니다. 이에 하나님은 응답하십니다.

> ¹⁴주님께서 대답하셨다. "내가 친히 너와 함께 가겠다. 그리하여 네가 안전하게 하겠다."

하나님은 모세와 함께하겠으며 모세를 지켜주겠다고 응답하십니다. 그러나 백성들에 대한 두 번째 간청에는 응답하지 않으셨습니다. 그러자 모세는 자신뿐만 아니라 이스라엘 백성을 주님의 백성임을 인정해 달라고 다시 간청합니다.

2. 우리와 함께하여 주십시오(15-16절)

> ¹⁵모세가 주님께 아뢰었다. "주님께서 친히 우리와 함께 가지 않으시려면, 우리를 이곳에서 떠나 올려 보내지 마십시오. ¹⁶주님께서 우리와 함께 가지 않으시면, 주님께

서 주님의 백성이나 저를 좋아하신다는 것을 사람들이 어떻게 알 수 있겠습니까? 주님께서 우리와 함께 계시므로, 저 자신과 주님의 백성이 땅 위에 있는 모든 백성과 구별되는 것이 아닙니까?"

모세는 우리라는 표현을 사용하면서 하나님께서 모세에게 주신 14절의 약속(내가 친히 너와 함께 가겠다. 그리하여 네가 안전하게 하겠다)을 이스라엘 백성에게도 똑같이 적용되기를 간청합니다.

하나님께서 우리, 즉 모세 자신 및 이스라엘 백성과 함께 가지 않으신다면 시내산을 떠나지 않겠다고 감히 말합니다. 모세가 이렇게까지 하는 것은 하나님께서 함께하지 않으신다면 백성들의 앞날이 어찌 될 것인지 너무 뻔하기 때문입니다. 하나님께서 함께하지 않으신다면 하나님의 소유요, 제사장 나라요, 거룩한 백성의 정체성을 잃어버릴 것이기 때문입니다. 하나님께서 함께하지 않으신다면 모든 민족 가운데 선택받은 민족으로 구별됨을 보여줄 수 없기 때문입니다. 하나님께서 함께하지 않으신다면 그 어떤 것도 의미가 없다는 것입니다.

하나님께서 함께하지 않는 백성은 하나님의 백성이 될 수 없음을 모세는 잘 알았던 것입니다. 저와 여러분도 마찬가지입니다. 하나님이 함께하실 때만 저와 여러분은 신앙인으로서 복되고 아름다운 인생을 살 수 있음을 기억하기 바랍니다.

모세의 간절한 요청을 하나님은 응답하십니다. 17절을 보겠습니다.

17주님께서 모세에게 말씀하셨다. "내가 너를 잘 알고, 또 너에게 은총을 베풀어서, 네가 요청한 이 모든 것을 다 들어 주마."

14절의 응답은 모세만을 위한 응답이었지만, 17절의 응답은 모세와 모든 백성을 위한 응답입니다. 하나님께서 모세뿐만 아니라 이스라엘 백성과 함께하신다고 응답하셨습니다. 하나님은 간청하는 우리의 기도를 모른 체 하지 않으시고 응답하십니다. 혹시 어려운 일이 있으신 가요? 하나님께 기도하기를 바랍니다. 모세에게 응답하신 하나님이 우리에게도 은혜를 베푸실 것입니다.

기도 응답을 받은 모세는 더 대담한 요청을 합니다.

3. 주님의 영광을 보여 주십시오(18절)

18그 때에 모세가 "저에게 주님의 영광을 보여 주십시오" 하고 간청하였다.

'하나님의 영광을 보여달라'는 모세의 요청은 하나님께서 함께하시 겠다는 약속의 실제, 증거, 확신을 보여달라는 요청입니다. 계약하고 나서 계약금을 지불하고 도장 찍어달라는 요청입니다. 참으로 대담한 모세입니다. 이에 하나님은 응답하십니다.

19주님께서 대답하셨다. "내가 나의 모든 영광을 네 앞으로 지나가게 하고, 나의 거 룩한 이름을 선포할 것이다. 나는 주다. 은혜를 베풀고 싶은 사람에게 은혜를 베풀 고, 불쌍히 여기고 싶은 사람을 불쌍히 여긴다."

하나님의 영광을 보여주시고 하나님의 거룩한 이름을 선포하겠다 고 말씀하십니다. 인감도장을 찍어주시겠다는 것입니다. 하나님의 거룩한 이름의 선포는 하나님의 인격과 성품을 나타냅니다. 거룩한 하나님의 이름에 대한 선포는 하나님의 본질인 은혜의 성품을 드러내 십니다.

'나는 주다. 은혜를 베풀고 싶은 사람에게 은혜를 베풀고, 불쌍히 여기고 싶은 사람을 불쌍히 여긴다.'

다만 정면으로 보지 못한다고 경고하십니다. 왜냐하면 하나님의 영광과 거룩한 이름 앞에 선 사람은 아무도 살 수 없기 때문입니다(20절). 하나님의 영광을 바로 보지 못하는 이유는 하나님을 본 사람은 아무도 살 수 없기 때문이라는 것입니다.

하나님을 보고는 살 사람이 없다는 말씀은 창세기 16:13, 창세기 32:30, 신명기 4:33 등 여러 곳에서 기록하고 있습니다. 이는 타락한 인간과 하나님의 관계를 설명하는 것입니다.

에덴동산에 있을 때 아담은 하나님과 함께 거닐었습니다. 하나님과 깊은 교제를 나누었음을 알 수 있습니다. 그러나 하나님의 말씀을 거슬러 선악을 알게 하는 나무의 열매를 먹은 아담은 하나님을 피해 숨을 수밖에 없었습니다.

타락한 인간은 하나님을 피해 숨습니다. 왜냐하면 선하신 하나님을 보는 순간 자신의 죄를 보게 되고, 그 죄악 때문에 견딜 수 없는 두려움과 절망에 빠지기 때문입니다. 모세조차도 하나님의 영광을 정면으로 볼 수 없었던 것은 바로 그 이유입니다.

그것이 에덴이 아닌 이 땅에 사는 인간의 현실입니다. 두려운 현실이 우리 앞에 놓여 있습니다. 그러나 안심하십시오. 다행스럽게도 우리는 그와 같은 두려움과 절망에서 해방되었습니다. 예수님이 십자가에서 운명하시는 순간 성막의 휘장이 위로부터 아래로 갈라졌기 때문입니다. 하나님과 인간을 갈라놓는 죄의 장벽을 예수께서 허무셨기 때문입니다.

십자가의 능력이 무엇인지 아십니까? 십자가의 능력은 타락한 인간도 하나님의 영광을 볼 수 있게 하는 능력입니다. 예수께서 그리스도의 옷으로 우리의 죄를 덮었기에 가능한 것입니다.

그러나 그리스도의 옷으로 덧입지 못한 모세는 하나님의 영광을 직접 볼 수 없습니다. 하나님은 그 영광을 직접 보지 못하게 하시는 대신에 모세에게 하나님의 등을 볼 수 있는 은혜를 베푸셨습니다.

보호하시고 인도하시는 하나님의 은혜의 말씀이 21-23절에서 계속됩니다.

> [21]주님께서 말씀을 계속하셨다. "너는 나의 옆에 있는 한 곳, 그 바위 위에서 있어라. [22]나의 영광이 지나갈 때에, 내가 너를 바위 틈에 집어 넣고, 내가 다 지나갈 때까지 너를 나의 손바닥으로 가리워 주겠다. [23]그 뒤에 내가 나의 손바닥을 거두리니, 네가 나의 등을 보게 될 것이다. 그러나 나의 얼굴은 볼 수 없을 것이다."

지금도 하나님은 우리를 보호하시고 인도하십니다. 불의한 세상에 살면서 불안해하고 두려워하는 우리를 주님의 손으로 덮어 보호하여 주십니다. 또한 우리가 어렵고 힘든 일에 낙심할 때면 주님의 등을 보여주시며 따라오라고 인도하십니다.

결론

모세의 간청으로 이스라엘은 금송아지를 섬긴 죄와 심판에서 벗어나게 되었습니다. 인간은 죄를 짓고 하나님은 용서하시는 은혜가 이루어지고 있습니다. 하나님은 은혜를 베풀고 싶은 사람에게 은혜를 베풀고, 불쌍히 여기고 싶은 사람을 불쌍히 여기십니다.

세상살이가 어떠십니까? 선하게 살고 싶은데 맘대로 안되시나요? 혹시 낙심하고 계십니까? 새 희망과 용기가 필요하신가요? 우리를 사랑하시는 하나님께 요청하시기를 바랍니다.

우리는 완벽하지 못하기에 더 잘할 수 있습니다. 예를 들면, 아내에게 잘하지 못한 과거가 있기에 오늘은 잘하려고 애씁니다. 비록 우리가 죄를 지었고 앞으로도 짓겠지만 그런데도 용서받아 복된 삶을 살기를 원한다면 하나님은 우리의 기도를 들어주실 것입니다. 왜냐하면 하나님은 우리를 사랑하시기 때문입니다. 그분이 바로 우리의 하나님이십니다.

7장

믿음의 도전과 시련에
대처하는 방법은 무엇인가요?

구리 뱀으로 백성을 구하다
민수기 21장 4-9절

문제의식

이 이야기는 오랜 여행 중에 일어난 낙심에 대한 이야기입니다. 신앙생활을 하다 보면 종종 낙심케 되는 일이 없지 않습니다. 예를 들면, 병이 들고, 시험에 떨어지고, 사업에 실패하는 등등.

호르산을 출발한 이스라엘 백성들은 홍해 길을 따라 에돔을 우회하였습니다. 민수기 20:20-23에 의하면 우회의 이유는 이렇습니다. "에돔에게 지나갈 수 있도록 길을 내어달라고 요청했지만 에돔은 거절하였습니다. 하나님과 모세는 형제의 나라인 에돔과 전쟁할 수 없어서 우회하기로 하였습니다." 후에 에돔은 이 일로 하나님의 심판을 받게 됩니다.

1. 원망하는 백성들

에돔 왕이 길을 내어주지 않아서 이스라엘 백성들은 멀고 험한 길을 돌아가야 했습니다. 힘든 길을 우회하자 백성들은 마음이 상했습니다. 결국 하나님과 모세를 원망합니다(5절).

편한 길을 놔두고 이게 무슨 짓이냐고 생각한 것 같습니다. 마음에 원망이 가득한 사람은 결국 폭발합니다. 구름 기둥과 불기둥으로 인도하신 하나님을 잊어버립니다. 매일 먹는 기적의 음식인 만나를 하찮은 음식이라고 비난합니다. 광야에서 40년 동안 만나를 먹은 것 자체가 기적임에도 불구하고 하나님이 주신 은혜에 감사하기는커녕 비난합니다. 이 비난은 날마다 만나를 공급하시는 하나님에 대한 원망입니다. 광야에서 생명을 보호하시는 하나님에 대한 부정입니다.

2. 용서하시는 하나님

많은 백성이 불뱀으로 인해 죽었습니다. 백성들은 잘못을 회개하고 모세에게 도움을 요청합니다. 이때 모세의 심정은 어떠했을까요?

모세는 기도했습니다. 이에 하나님은 청동으로 만든 놋뱀을 만들어 장대 높이 매달고 그것을 바라보라고 하셨습니다. 바라보는 자는 살 것입니다. 놋뱀 자체가 어떤 마술적인 능력이 있어서가 아니라 하나님의 말씀에 순종할 때 병이 나았음을 나타냅니다. 따라서 바라보지 않는 자는 죽었습니다. 하나님의 말씀에 대한 순종 여부가 치유의 비밀이었습니다.

놋뱀 자체는 경배받아야 할 대상이 아닙니다. 다만 병든 사람들이 바라보아야 할 대상입니다. 특별한 위기의 순간에 필요를 충족시켜주는 하나의 대상일 뿐입니다. 몇백 년 후에 히스기야 왕은 놋뱀을 숭배하는 백성들을 경계하기 위하여 놋뱀을 부수었습니다.

그는 산당을 헐어 버렸고, 돌기둥들을 부수었으며, 아세라 목상을 찍어 버렸다. 그는 또한 모세가 만든 구리 뱀도 산산조각으로 깨뜨려 버렸다. 이스라엘 자손이 그때까지도 느후스단이라고 부르는 그 구리 뱀에게 분향하고 있었기 때문이다. (열왕

기하18:4)

히스기야 왕은 이스라엘 백성들이 놋뱀을 숭배하므로 그것을 부수었습니다. 느후스단은 구리 뱀이라는 뜻입니다. 놋뱀은 놋뱀일 뿐 경배의 대상이 아닙니다. 그러나 십자가의 예수님은 경배의 대상으로 바라보아야 합니다.

모세가 광야에서 뱀을 든 것 같이, 인자도 들려야 한다. 그것은 그를 믿는 사람마다 영생을 얻게 하려는 것이다. (요한복음 3:14-15)

장대에 올려진 놋뱀을 바라봄, 즉 순종함으로 병이 치유되었습니다. 십자가에 달린 예수를 바라봄, 곧 믿음으로 죄로 죽어가는 사람들이 구원받습니다. 불뱀에 물린 자들은 누구도 자기 힘으로 치유할 수 없었습니다. 오직 놋뱀을 바라보는 자만이 하나님의 은혜로 치유받게 됩니다. 마찬가지로 죽을 수밖에 없는 죄인은 스스로 구원할 수 없습니다. 오직 십자가에 달린 예수님을 믿음으로 바라볼 때 구원받게 됩니다.

놋뱀을 바라보는 것은 어렵지 않습니다. 바라보면 낫는다는 말씀에 순종하기가 어렵습니다. 마찬가지로 구원의 길은 어렵지 않습니다. 그러나 믿음이 없는 자들이 십자가에 달린 예수님을 믿음으로 바라보기는 참으로 어렵습니다.

구원은 오직 믿음으로 십자가의 예수를 바라보는 것뿐입니다. 이것이 너무나 쉽고 단순하게 여겨지는 사람도 있을 것입니다. 사람이 행위로 지은 죄가 얼마나 많은 데 단지 믿기만 하면 구원을 얻을 수 있다고 하는지 의심하는 사람도 많이 있을 것입니다. 하지만 가장 큰 죄는 행위로 짓는 죄가 아니라 마음으로 짓는 죄입니다. 행위는 마음속에 가득한 것이 나오는 것입니다.

에돔을 우회하는 일로 마음이 상한 이스라엘 백성들이 결국 하나님을 원망하는 일을 합니다. 그동안 베풀어 주신 하나님의 기적들을 부정하는 것입니다. 만나는 하찮은 음식이 되어버립니다. 결국 하나님을 부정하는 결과를 초래합니다. 행동은 마음속에 가득한 것이 나옵니다. 성경에 의하면 하나님의 아들인 예수 그리스도를 믿지 않는 마음이 가장 큰 죄입니다. 예수를 믿는 것이 하나님 말씀에 순종하는 것입니다.

인간은 죄를 범하고 하나님은 용서하십니다. 그것이 성경의 이야기이며 역사입니다. 우리는 날마다 주님을 밟지만, 주님은 우리에게 밟히면서 당신의 사랑을 드러내십니다.

신앙생활은 인생의 여정 가운데 있습니다. 신앙생활 중에도 어떠한 이유에서인지 알 수 없는 이유로, 혹은 알지만 받아들이기 힘든 이유로 고난을 겪기도 합니다. 먼 여정에 지친 이스라엘 백성에게 에돔을 우회하는 것 같은 고난이 찾아옵니다. 고난은 우리가 선택할 수 없습니다. 그러나 감사할지, 불평할지는 우리의 선택에 달려 있습니다. 확실한 것은 주님은 모든 수단을 통해서 우리를 인도하신다는 것입니다.

그리스도는 밟힘을 통하여 밟은 자를 밝은 곳, 빛 가운데로 인도하십니다. 집착을 버리는 것(순화)을 넘어 집착 너머를 바라보는 것(성화)이 중요합니다. 밟힌 자가 밟은 자에게 길을 밝혀줍니다. 그것은 하나님의 은혜입니다. 그리스도는 우리에게 버림받고 배신당하고, 밟히면서도 우리를 살리시는 분입니다.

놋뱀을 바라보는 것이 중요합니다. 십자가에 달린 예수를 바라보는 것이 중요합니다. 병에 걸린 죄인인 나의 인생의 아픔을 안고 병의 아픔을 잊는 것이 아니라 그리스도를 바라보는 것이 믿음입니다.

욕망과 집착을 버리는 순화에 그치는 것이 아니라, 욕망을 아픔으로 부여잡고 그 욕망 너머의 그리스도를 바라보는 것입니다. 그 안에 성화가 있습니다. 그 길이 신앙의 길입니다. 그 길은 그리스도께서 우리와 함께하십니다.

그리스도는 우리의 동반자입니다. 그리스도는 전적으로 우리를 위해 존재합니다. 그래서 그리스도는 바보입니다. 위대한 바보입니다. 위대한 바보 그리스도는 버림받고 밟히고 배신당하면서 십자가에서 죽는 그 순간에도 "아버지, 저 사람들을 용서하여 주십시오. 저 사람들은 자기네가 무슨 일을 하는지를 알지 못합니다(눅 23:34).", "다 이루었다(요 19:30)."라고 말씀하셨습니다.

이제는 되었다는 것입니다. 자신이 죽음으로 저들의 죄가 사해졌으니 이제는 다 되었다는 것입니다. 예수 그리스도에게는 자신은 없고 오직 하나님 아버지만 있었습니다. 자신은 없고 고통받는 이 땅의 백성들만 있었습니다. 그래서 그는 위대한 바보입니다. 그래서 그는 우리의 믿음의 주가 되셨습니다.

[19]나는 어느 누구에게도 얽매이지 않은 자유로운 몸이지만, 많은 사람을 얻으려고, 스스로 모든 사람의 종이 되었습니다. [20]유대 사람들에게는, 유대 사람을 얻으려고 유대 사람같이 되었습니다. 율법 아래 있는 사람들에게는, 내가 율법 아래 있지 않으면서도, 율법 아래에 있는 사람을 얻으려고 율법 아래 있는 사람같이 되었습니다. [21]율법이 없이 사는 사람들에게는, 내가 하나님의 율법이 없이 사는 사람이 아니라 그리스도의 율법 안에서 사는 사람이지만, 율법 없이 사는 사람들을 얻으려고 율법 없이 사는 사람같이 되었습니다. [22]믿음이 약한 사람들에게는, 약한 사람들을 얻으려고 약한 사람이 되었습니다. 나는 모든 종류의 사람에게 모든 것이 다 되었습니다.

그것은, 내가 어떻게 해서든지, 그들 가운데서 몇 사람이라도 구원하려는 것입니다. (고린도전서 9:19-22)

유대인에게는 유대인이 되고 모든 종류의 사람에게 모든 것이 다 되겠다는 바울의 말은 그 중심이 자신이 아니라는 것입니다. 바울의 말은 타인이 있기에 가능한 것입니다. 바울은 그 중심에 자신을 두지 않고 타인을 둠으로써 그들을 존재하게 했습니다.

우리는 타자를 밟으면서 존재할 수밖에 없는 죄인입니다. 그리스도는 우리에게 밟힘으로 우리의 존재를 밝히시는 분입니다. 그리스도는 우리에게 밟힘으로써 그리스도 자신을 드러내시고 하나님께 영광을 올려드립니다.

주님은 나의 목자시니

시편 23편 1-6절

문제의식

가나안 땅은 북쪽은 농사를 짓고, 남쪽은 목축을 합니다. 그 이유는 강수량 때문입니다. 가나안 북쪽은 물이 풍부하지만, 남쪽은 부족합니다. 목자가 양을 치는 것은 이스라엘에서 흔하게 볼 수 있습니다. 모세는 미디안 광야에서 양을 치는 목자였고, 다윗도 양치기 소년이었습니다. 시편 23편은 다윗의 시입니다. 어린 시절 양치기였던 다윗은 목자가 양을 돌보는 것처럼 하나님께서 자신을 돌보신다는 확신과 신뢰, 그리고 기대가 있습니다.

시편 23편은 목자와 양을 하나님과 나의 관계에 비유하고 있습니다. 목자는 지팡이와 막대기를 들고 들짐승으로부터 양을 보호하면서 푸른 초장과 쉴만한 물가로 양을 인도합니다. 양은 목자의 보호 아래에서 돌봄을 받습니다. 하나님은 목자시고 나는 한 마리 양입니다.

코로나19 바이러스가 시작된 지 벌써 4년째입니다. 참으로 많은 사람이 고난을 겪었습니다. 코로나 앞에서는 아무도 안전하지 않았습니다. 그 코로나도 막바지에 이르렀습니다. 그런데 문제는 앞으로 또 다른 감염병이 생겨날 수 있다는 사실입니다.

코로나는 어쩌면 인간의 가장 아픈 부분을 드러낸 것이 아닌가

하는 생각이 듭니다. 경제적 문제뿐만 아니라 잠재되어 있었던 삶의 문제들이 드러났기 때문입니다. 사회적 거리두기가 길어지면서 그에 따른 피로감은 사람들의 불안감을 증폭시키고 알 수 없는 분노를 유발하였습니다. 그 결과 다른 사람에 대한 비난으로 이어지고 있습니다. 다양한 대책들이 나오고는 있으나 어느 것 하나 뾰족한 것이 없습니다. 코로나19는 인간의 가장 약한 부분을 공격하고 있는지도 모릅니다.

많은 학자가 코로나는 완벽히 퇴치되지 않는다고 합니다. 계절적인 풍토병이 된다는 것입니다. 코로나와 함께 살아야 한다는 뜻입니다. 그렇다면 이전과는 다른 새로운 환경에 적응해야 하는 과제가 우리 앞에 놓인 것입니다. 이제는 코로나 경제, 코로나 사회, 코로나 인간관계, 코로나 신앙생활 등 코로나와 함께 살아야 하는 환경에 적응해야 합니다.

그런데 그 적응에 있어서 경제적 문제도 중요하지만, 무엇보다도 인간의 존엄성을 지키는 것이 더욱 간절해졌습니다. 인간은 늘 새로운 환경에 성공적으로 적응해 왔습니다. 경제적인 문제도, 사회적인 문제도 해결해 왔습니다. 다만 아직도 남아 있는 최후의 과제는 인간 자신의 존재에 대한 물음입니다.

인간의 역사는 눈에 보이는 문제들은 해결해 왔지만 보이지 않는 영적 문제들에 대해서는 무지하거나 관심이 부족하였습니다. 겉으로 보기에는 경제적 문제 때문에 어려움을 겪고 있는 듯이 보이지만, 깊은 내면을 들여다보면 영적인 문제가 근원임을 알 수 있습니다. 한 세대 전보다 경제는 놀라울 정도로 좋아졌지만 인간 존엄성의 문제는 나아지지 않았다는 것을 조금만 생각해 보면 알 수 있는 일입니다. 여기저기서 "살려달라", "나 좀 봐달라"하고 아우성치는 소리가 들립니다.

세계보건기구(WTO)는 건강의 한 요소로 영적 건강을 추가하였습니다. 세계보건기구가 정의한 건강의 개념은 "질병이 없거나 허약한 상태가 아닐 뿐만 아니라 육체적, 정신적, 사회적, 및 영적 안녕이 역동적이며 완전한 상태"입니다.

울리히 벡이라는 독일 사회학자는 이런 사회를 '위험사회'라고 진단했습니다. 현대세계를 불안과 위험과 재난에 따른 불확실성이 증대되는 위험이 만연한 사회라는 것입니다. 먹고 마시고 입고 놀고 즐기는 일이 얼마든지 가능해진 세상이지만, 그 속에 살아가는 사람들에 대한 존중과 이해는 점점 약해지는 것이 현실입니다. 삶의 편의를 위한 도구들을 만드는 물질세계는 놀랍게 발전하고 있지만, 함께 살아가는 존재로서의 인간에 대한 존중과 이해가 필요한 정신과 영적 세계에 관한 관심은 점점 약해져 가고 있는 것입니다. 이러한 현실에 대한 반영으로 인간에 대한 인문학적 관심이 높아지고는 있지만 여전히 미흡합니다.

사회적 문제들의 해결책을 제시해야 할 정치인들은 책임 있는 자세를 보이지 못하고 오히려 갈등을 유발하고 무한경쟁의 살벌한 전쟁터로 사람들을 몰아내고 있습니다. 노인과 젊은이, 도시와 농촌, 부자와 가난한 자, 비장애인과 장애인, 배운 자와 배우지 못한 자, 지역적 문제 등등… 서로 눈을 치켜뜨고 손가락질하고 고성이 오가기 쉽습니다.

'병은 치료되었지만, 환자는 죽는다'라는 말이 있습니다. 환부는 도려냈으나 환자는 살리지 못했다는 것입니다. 환자를 살리는 목적을 달성하지 못하는 수술은 할 이유가 없습니다. 내가 원하는 모든 것을 얻기는 했지만 반면에 나 자신을 잃을 수도 있습니다.

눈앞에 보이는 것만을 해결하려는 단기 처방은 오히려 더 큰 아픔을 겪게 된다는 것을 알아야 합니다. 경제도 어렵고 마음도 어렵습니다. 이럴 때일수록 영적 중심을 견고하게 붙드는 것이 중요합니다.

영국의 시인 T.S 엘리엇은 <황무지>라는 시에서 '사월은 잔인한 달'이라고 했습니다. 땅을 뚫고 나오는 새싹들의 힘찬 역동적 생명력을 인내하고 견뎌내는 어머니 대지의 아픔을 형상화한 언어입니다. 그래서인지는 4월은 우리에게도 특별한 달인 듯합니다. 대지가 그 아픔을 인내하고 새 생명을 세상에 내어놓듯이 우리도 기나긴 겨울의 고난을 뚫고 새로운 세상으로 나와야 합니다. 이제는 코로나19의 어두운 터널에서 나와야 합니다. 세상에 나오는 것을 두려워해서는 새로운 세상을 맞이할 수 없습니다. 꽃이 떨어져야 열매가 맺듯이 우리는 두려움을 뒤로하고 새로운 생명으로 나아가야 합니다.

5월입니다. 가정의 달입니다. 봄볕이 따스합니다. 우리의 마음도 따뜻했으면 좋겠습니다. 가정의 달에 우리의 가정에 햇볕이 깃들기를 바랍니다. 우리의 마음을 활짝 열고 서로 사랑을 나누는 시간이 되기를 바랍니다.

무엇이 옳은지 그른지를 판단하는 것이 쉽지 않은 세상입니다. 이렇듯이 어느 것 하나 분명한 것이 없는 세상, 불확실한 세상에서 시편 23편을 읽고 위안을 얻기를 바랍니다.

1. 주님은 나의 목자시니

시편 23편이 사랑받는 이유는 누구나 공감할 수 있는 쉬운 언어로 심오한 진리를 확신 있게 표현하고 있기 때문입니다. 길을 잃은 어린 양을 찾아 목에 메고 돌아오는 목자의 이미지는 많은 감동을 줍니다.

목자로서의 하나님 이미지는 따뜻합니다. 거친 짐승들로부터 지켜주고, 푸른 초장과 쉴만한 물가로 인도하는 사랑이 담겨있습니다.

다윗은 주님은 나의 목자라고 고백합니다. 우리도 그런 고백이 있기를 바랍니다. 성경은 우리를 신 앞에 선 단독자로 세웁니다. 누구도 나 대신 믿어줄 수 없고, 나 대신 결단할 수 없고, 나 대신 구원을 받을 수 없습니다. 신 앞에 선다는 것은 언제나 두렵고 떨림 가운데 선택해야 할 온전히 나 자신의 몫입니다.

나이가 들수록 부모가 자식에게 해줄 수 있는 것이 생각보다 많지 않다는 것을 알게 되었습니다. 그러나 꼭 해주고 싶은 것이 있다면 믿음을 전해주고 싶습니다. 믿음은 대신할 수 없다는 것을 알지만, 가능하다면 대신해주고 싶은 마음이 간절합니다. 그래서 공부 잘했다는 것보다 교회 갔다는 말이 더 기뻤는지도 모릅니다.

오늘 본문은 하나님이 나의 목자 되시므로 부족함이 없었던 다윗의 개인적 체험에 대한 고백입니다. 주님은 나의 목자라는 고백으로 시작하여 주님은 우리의 목자라는 공동체의 고백으로 이어집니다.

2. 부족함이 없어라

언제나 보호하고 인도하시는 하나님에 관한 경험이 다윗에게 부족함이 없다고 고백하게 했을 것입니다. 그러나 부족함이 없다는 말이 쉽게 받아들여지지 않는 것은 우리의 현실이 그렇지 않기 때문입니다. 돈은 언제나 부족하고, 건강도 여의찮고, 시간도 늘 부족하여 바쁘게 살아갑니다. 생각해 보면 부족함이 없는 삶은 현실에서 불가능한 것이 아닌가 생각되기도 합니다. 사는 순간순간 부족함을 느끼고 경험합니다.

그렇다면 이 성경의 말씀은 거짓일까요? 아닙니다. 예기치 않은 어려움 속에서 하나님의 도움을 경험한 사람은 누구나 이렇게 고백할 수 있기 때문입니다. 그것은 어쩌면 하나님이 우리와 함께하시기 때문에 가능한 고백이 아닐까 합니다. 신명기 2:7을 보면 모세는 40년 광야 생활을 마치고 가나안을 바라보는 요단강 동쪽에서 지나온 날을 돌아보며 백성들에게 이렇게 고백합니다.

> 주 당신들의 하나님이 당신들이 하는 모든 일에 복을 내려 주시고, 이 넓은 광야를 지나는 길에서 당신들을 보살펴 주셨으며, 지난 사십 년 동안 주 당신들의 하나님이 당신들과 함께 계셨으므로, 당신들에게는 부족한 것이 아무것도 없었습니다. (신명기 2:7)

왜 부족한 것이 없었겠습니까? 광야에서의 삶이란 얼마나 눈물겨운 것인지 모릅니다. 그런데도 모세는 부족한 것이 없었다고 말합니다. 여러분은 어떻습니까? 여러분의 가정은 어떻습니까? 교회공동체는 어떻습니까? 모세처럼 부족함이 없었다고 고백할 수 있겠습니까?

욕망의 관점(눈)으로 세상을 보면 늘 부족한 것뿐입니다.

하지만 감사의 눈으로 세상을 보면 정말 부족한 것이 많지 않습니다. 먹을 것이 있고, 마실 것이 있고, 누울 집이 있고, 정을 나누며 함께 예배드릴 사람들이 있습니다. 비록 넉넉하지는 않을지라도 불평하며 살 이유가 없습니다. 먹을 것과 마실 것이 있고 정을 나눌 가족과 이웃이 있고 가야 할 인생의 목표가 있다면, 비록 넉넉하지 않아도 볼멘소리나 하면서 불만으로 가득한 삶을 살 필요가 없습니다. 물론 기본적인 것조차 누리지 못하는 이들도 있다는 사실 또한 잊지 말아야 합니다. 그렇기에 우리의 삶은 더욱 겸손하게 조심스러워야 합니다.

주님이 함께 계시면 부족함이 없습니다. 왜냐하면 주님께서 푸른 풀밭에 누이시며 쉴 만한 물가로 인도하시기 때문입니다. 또한 새 힘을 주시고, 당신의 이름을 위하여 바른길로 인도하시기 때문입니다. 우리 주님은 우리가 살아갈 방편을 얻는 일에 무관심한 분이 아닙니다. 주님은 당신의 자녀들이 생존의 문제에 억눌려 사람답게 살지 못하도록 내버려 두지 않으십니다. 우리는 이 사실을 믿어야 합니다.

하나님은 우리에게 관심이 많으십니다. 이 사실을 알고 확신할 수 있을 때 우리는 넘어진 자리에서 일어설 수 있습니다. 주님은 우리를 일으켜 주시기도 하지만 스스로 일어날 힘을 주시고 격려하시는 분입니다. 주님은 우리의 문제를 직접 해결해주시기도 하지만, 때로는 우리에게 스스로 해결할 힘을 불어넣어 주십니다. 예수께서 내가 고쳤다고 하지 않으시고 네 믿음이 너를 구원했다고 말씀하셨습니다. 보이지는 않지만 믿음은 우리에게 살아갈 힘을 줍니다. 그렇게 주님은 우리를 위험으로부터 지켜 주시고 바른길로 인도하십니다.

3. 임마누엘의 하나님

이 시의 핵심은 무엇일까요? 주님께서 나와 함께 하신다는 말씀이 아닐까요? 어려움이 없어서 이런 말을 하는 것이 아닙니다.

'내가 비록 죽음의 그늘 골짜기로 다닐지라도, 내 원수들이 보는 앞에서 내게 잔칫상을 차려 주시고'

이 세상은 자기 힘으로 어떻게 해볼 수 없는 일이 벌어지기도 하지만 바로 그 순간에도 내 곁에 계시면서 도우시는 주님을 확신합니다. 이 확신이 있는 사람은 쉽게 무너지지 않습니다. 하나님이 우리의 불행을 예비하신 것은 아니지만, 우리가 어쩔 줄 몰라 할 때도 우리 곁에 계셨음을 확신합니다. 세상에서 어려움이 없기를 기대할 수 없지만, 주님의 뜻을 따라 걷는 이들에게 주님은 적들의 눈앞에서 잔칫상을 차려 주시며 그 머리에 기쁨의 기름을 부어주시고 귀한 손님으로 맞아주신다는 확신은 우리 신앙인의 삶의 원동력입니다.

함께 하시는 동반자 예수는 우리를 불안한 미래에서 해방해 줍니다. 주님이 차려 주시는 잔칫상을 두고 다른 곳에 눈이 팔려있는 이 세상에서 동반자 예수는 나를 귀한 존재로 여겨주십니다. 사랑받는 사람이라는 확신은 우리를 살립니다.

우리와 함께하시는 주님과 함께 기쁨이 충만한 삶이 되길 바랍니다.

응답하시는 하나님

시편 118편 1-2, 19-29절

문제의식

교회 앞마당에 수선화와 튤립이 활짝 피어있는 것을 보셨습니까? 개나리도 한창입니다. 남쪽에는 벚꽃이 만발했다고 합니다. 여기저기 경쟁적으로 돋아난 새싹들과 꽃들이 봄을 활짝 열었습니다. 온 세상을 환하게 만들고 있습니다.

하지만 봄의 아름다움에 취해 있을 수만은 없는 것이 우리의 현실입니다. 우리 이웃들의 아픔이 느껴지기 때문입니다.

동해안 일대에 발생한 산불로 많은 사람이 피해를 입었습니다. 검게 탄 것은 나무와 숲만이 아니었습니다. 사람들의 마음도 까맣게 타들어 갔습니다. 4월 3일은 '제주 4.3사건'이 일어난 날 입니다. 아직도 치유되지 않은 아픔이 남아 있습니다. 코로나 팬데믹으로 지난 3년여의 삶은 경제적 피해뿐만 아니라 '코로나 블루'라는 심리적 상처(트라우마)까지 남겨 놓았습니다. 우크라이나 전쟁은 자국의 이익을 위한 열강들의 쟁탈전이 되었고, 그곳에 사는 사람들을 처참한 비극으로 내몰고 있습니다.

이런 아픔의 기억을 안고 우리는 종려주일을 맞이했습니다. 예수께서 나귀 새끼를 타고 예루살렘에 입성하실 때 사람들이 종려나무

가지를 들고 환영한 것을 기념하는 날을 종려주일이라고 합니다.

로마에는 개선문이 있습니다. 전쟁에서 승리한 장군은 백마 열두 마리가 이끄는 마차를 타고 개선문을 지나 백성들의 환영을 받았다고 합니다. 어린 나귀를 타신 주님의 행렬은 전쟁에서 이기고 개선문을 지나는 로마제국의 군인과 대비됩니다. 주님의 예루살렘 입성은 전쟁이 아닌 평화의 시대가 시작되었음을 보여줍니다.

열왕기상 1:44을 보면, 기혼에서 사독 제사장과 나단 선지자에게 기름 부음을 받고 왕이 된 솔로몬이 예루살렘으로 돌아올 때 나귀를 타고 입성합니다. 솔로몬의 통치는 전쟁이 아닌 평화의 시대가 될 것임을 선언하는 행위입니다.

주님의 예루살렘 입성에 유월절을 지키려고 모인 사람들이 열열하게 환영했습니다. 그들은 종려나무 가지를 꺾어 흔들며 외쳤습니다.

"호산나!" "복되시다! 주님의 이름으로 오시는 분!" "복되다! 다가오는 우리 조상 다윗의 나라여!" "더 없이 높은 곳에서, 호산나!"(마가복음 11:9-10)

구원의 메시아를 기다리는 유대민족의 민족적 열망과 유대교의 종교적 열망이 당시 예루살렘 사람들의 마음에 가득했습니다. 로마의 식민지 백성으로 살면서 그들의 압제에 지쳤을 만도 한데, 이스라엘 백성들의 가슴에는 여전히 하나님의 백성이라는 자부심이 있었습니다. 메시아가 오시면 다윗과 솔로몬의 영광이 회복될 것이라는 기대가 유월절 예루살렘에 모인 백성들을 들뜨게 했습니다.

1. 부르짖음을 들으시고 응답하시는 하나님 (1-6절)

시편 118편은 성전 축제에 참석한 사람들이 무리를 지어 성전을 향해 올라가면서 부르는 노래입니다. 지금까지 베풀어 주신 하나님의 사랑을 기억하고 감사하며 주님의 통치가 영원하다는 것을 찬양하는 노래입니다.

'주님께 감사하여라. 그는 선하시며, 그의 인자하심이 영원하다.' 사는 것이 형통하기에 찬양하는 것이 아닙니다. 고통과 시련이 없기에 주님이 인자하시다고 노래하는 것이 아닙니다. 어려움 없는 인생이 어디 있으며, 바라는 모든 일을 이루며 사는 사람이 어디 있겠습니까? 알 수 없는 일들이 시도 때도 없이 일어나고, 원치 않는 고통에 괴로움을 겪을 때도 많습니다.

그런데도 하나님이 선하시고 인자하시다고 고백할 수 있는 까닭은 무엇일까요? 이들의 고백은 어떤 배경을 갖고 있을까요? 저와 여러분의 고백은 무엇입니까? 하나님이 선하시고 인자하시다고 고백할 수 있는 까닭은 무엇일까요?

첫째, 하나님의 공동체에 속해 있기 때문입니다. 홀로 겪는 고통은 우리를 절망하게 하지만 공동체가 함께 겪을 때는 그래도 견딜 만합니다. '기쁨은 나눌수록 커지고 슬픔은 나눌수록 작아진다'라는 말이 사실임을 우리는 경험으로 알고 있습니다. 우리는 예배공동체에 속해 있을 때 혼자가 아니라는 것에 안도합니다. 다른 이들도 나 못지않게 힘든 어려움을 겪고 있음을 알 때 슬픔은 줄고 고통에서 한걸음 떨어져서 바라볼 수 있는 여유가 생깁니다. '너희는 서로 사랑하라 그리하면 너희가 내 제자인 줄 알리라'는 주님의 말씀에 따라 서로 사랑하고 격려하는 하나님의 공동체, 교회에 속한 우리는 주님의 선하심과 인자하심을 감사할 수 있습니다.

하나님이 선하시고 인자하시다고 고백할 수 있는 까닭은 무엇일까요? 둘째로 하나님의 구원 역사를 기억하기 때문입니다.

이스라엘의 절기는 하나님이 베푸신 구원 역사를 기념하고 재현하기 위한 것입니다. 절기를 지키고 기념행사를 통하여 조상들이 경험했던 구원의 감격을 현재 나의 자리에서 새롭게 맛보기 위한 것입니다. 절기를 보내면서 당장은 해답이 없는 것처럼 보여도 나의 삶이 하나님의 은혜 안에 있다는 사실을 깨닫게 되는 것입니다.

> 5내가 고난을 받을 때에 부르짖었더니, 주님께서 나에게 응답하여 주시고, 주님께서 나를 넓은 곳에 세우셨다. 6주님은 내 편이시므로, 나는 두렵지 않다. 사람이 나에게 무슨 해를 끼칠 수 있으랴?

부르짖음을 들으시고 응답하시는 하나님, 고난에서 건지시고 넓은 곳에 세우시는 하나님에 대한 공동체의 고백 속에 머물 때 우리는 살아갈 새로운 용기를 얻게 됩니다. 주님은 내 편이시므로 나는 두렵지 않다고 고백하게 됩니다. 이런 담대한 확신이 우리에게 있습니까? 있기를 바랍니다. 이사야는 말합니다.

> 주님께서는, 그들이 고난을 받을 때에 주님께서도 친히 고난을 받으셨습니다. 천사를 보내셔서 그들을 구하게 하시지 않고 주님께서 친히 그들을 구해 주셨습니다. 사랑과 긍휼로 그들을 구하여 주시고, 옛적 오랜 세월 동안 그들을 치켜들고 안아 주셨습니다. (이사야 63:9)

사랑과 긍휼로 구하여 주시고 백성을 치켜들고 안아주시는 하나님이 우리와 함께 계십니다. 그런 하나님이 우리의 주님이시니 시련과 괴로움이 쓰라리지만 우리는 그 모든 역경을 넘어설 수 있습니다. 하나님에 대한 확신이 있는 사람은 세상의 위협 앞에 위축되지 않고 당당하게 맞설 수 있습니다.

예수님은 유월절에 십자가에 달리셨습니다. 유월절은 애굽에서 종살이하던 이스라엘 백성을 구원해 내신 하나님의 역사를 기리는 절기입니다. 노예에서 자유인으로, 모욕에서 존엄으로, 슬픔에서 축제로 나아가는 하나님의 역사가 유월절입니다. 유월절은 이스라엘 백성들에게 하나님의 인자하심과 선하심을 기억하고 되새기는 절기입니다.

그 유월절에 주님은 십자가의 길을 가셨습니다. 주님은 죽음이 끝이 아니라는 사실을 알려주시려고 죽음을 향해 걸어가셨습니다. 그리고 죽음을 넘어서는 십자가의 생명을 우리에게 안겨 주셨습니다. 예수 그리스도 안에 있는 사람은 고통 앞에 비명을 지르며 낙심하는 사람이 아니라 고통을 넘어 기쁨에 이르는 사람이어야 합니다.

2. 절망을 넘어 희망으로

하나님의 성전 앞에 나온 사람들은 이렇게 노래합니다.

¹⁹**구원의 문들을 열어라. 내가 그 문들로 들어가서 주님께 감사를 드리겠다.**

구원의 문은 하나님의 뜻에 따라 살려는 사람들만이 들어갈 수 있는 문입니다. 요한계시록 21:27을 보면 속된 것은 무엇이나 그 도성에 들어가지 못하고, 가증한 일과 거짓을 행하는 자도 절대로 거기 들어가지 못합니다. 다만 어린 양의 생명책에 기록된 사람들만이 들어갈 수 있습니다.

구원받은 백성들이 구원을 확신하며 하나님께 감사드리는 근거는 무엇일까요? 집 짓는 사람들이 내버린 돌이 집 모퉁이의 머릿돌이 되었다는 22절에 그 답이 있습니다. 비록 현실은 건축자가 버린 돌 같은 처지이지만 하나님의 선하심과 인자하심은 그 처지를 집 모퉁이의 머릿돌로 바꿔 주실 것이라는 믿음입니다.

하나님은 소외되고 밀려난 사람들을 통해 세상을 새롭게 하십니다. 애굽에서 종살이하던 미천한 자들, 히브리인들을 들어 제사장 나라와 거룩한 백성으로 삼으셨습니다.

> 하나님께서는 세상에서 비천한 것들과 멸시받는 것들을 택하셨으니 곧 잘났다고 하는 것들을 없애시려고 아무것도 아닌 것들을 택하셨습니다. (고린도전서 1:28)

어째서일까요? 어째서 힘 있고 뛰어난 애굽 민족이나 바벨론 민족을 택하지 않으시고 약하고 비천한 히브리 민족을 택하셨을까요? 왜 하나님께서는 세상에서 비천한 것들과 멸시받는 것들, 세상에서 아무것도 아닌 것들을 택하셨을까요?

'눈물 젖은 빵을 먹어보지 않는 사람과는 인생을 논하지 말라'는 말이 있습니다. 아픔을 겪어보지 않는 사람은 지금 아픈 사람의 사정을 알기 어렵습니다. 벼랑 끝에 서본 적이 없는 사람은 그런 형편에 처한 이들의 심정을 알지 못합니다. 자기가 얼마나 부족한 존재인지를 뼈저리게 느껴보지 않은 사람은 자괴감에 빠져 헤매는 사람을 도울 수가 없습니다.

자식을 키워보니 나를 키우신 부모님의 심정을 이해하게 되고, 나이가 들어보니 궂은날에 허리가 쑤신다는 어른들의 하소연이 이해되었습니다. 최근 장애인 단체의 지하철 시위를 두고 정치권에서 갑론을박하고 있습니다. 정치적 이해관계를 떠나 한 번이라도 휠체어를 타고 지하철을 이용해 본다면 그들의 외침이 왜 그렇게 절실한지를 알 수 있을 텐데… 라는 아쉬움이 있습니다.

베드로는 주님을 세 번이나 부인했던 쓰라린 아픔이 있기에 사람들을 함부로 판단하지 않았고, 믿음이 연약한 사람들의 벗이 될 수 있었습니다. 예수께서 베드로에게 '내 양을 먹이라' 하신 것은 베드로가 넘어진 적이 없는 강자이기 때문이 아닙니다. 절망을 넘어 희망을 발견한 사람이기 때문입니다.

고난주간을 어떻게 보내야 주님의 은혜를 받을 수 있을까요? 먼저, 묵묵히 고난의 길을 걸어가신 주님의 은혜를 기억해야 합니다. 그러나 그것으로 끝나서는 고난주간을 온전하게 보낸 것이라고 할 수 없습니다. 고난을 겪으신 주님을 기억할 뿐만 아니라 주님의 삶을 깊이 묵상하면서 우리 각자의 삶을 새롭게 만들어 가야 합니다.

어떤 사람이 이렇게 말했다고 합니다. '만일 교회에 들어올 때의 그 사람으로 다시 교회를 나간다면, 당신은 교회에 오지 않은 것이나 마찬가지다.' 즉, 마당만 밟고 간 것입니다.

고난주간을 다 보내고도 여전히 옛사람에 머물고 있다면, 고난주간을 보낸 것이 아닙니다. 시편 118편의 시인이 했던 고백이 고난주간을 보내는 우리의 고백이 되기를 바랍니다. 담대한 믿음으로 건축자들이 버린 돌이 모퉁이의 머릿돌이 되는 세상을 이루기 위해 한 걸음 내딛는 길에 부활의 주님이 함께하기를 기도합니다. 그 길에 분명히 주님이 함께 계실 것입니다.

예수의 십자가와 부활의 역사는 2천 년 전에 있었던 일입니다. 당시 이스라엘이 로마의 지배를 받는 암울한 현실에서 백성들은 착취의 대상일 뿐이었습니다. 정치와 종교는 부패했고, 백성들은 갈 바를 알지 못하는 혼돈의 시절에 예수의 구원 역사가 시작되었습니다. 그렇다면 오늘날은 어떻습니까? 우리 사회는 어떻습니까? 미래에 대한 소망이 있습니까?

코로나뿐만 아니라 미세먼지로 마스크가 일상화되어 버렸습니다. 샘물과 우물물을 마시는 사람은 없습니다. 물을 사서 먹는 시대입니다. 마스크를 쓰지 않고, 물을 사서 먹지 않으면 살 수 없는 세상이 되었습니다. 한 치 앞도 보이지 않는 시대입니다. 2천 년 전의 주님은 이 시대에 다시 오셔야 합니다. 고난의 길을 지나 부활의 주님이 오셔야 합니다.

부활의 주님이 어떻게 오실까요? 하나님을 따라 살고자 하는 저와 여러분을 통해서 지금 이곳에 오십니다. 구원의 때가 바로 지금입니다. 저와 여러분은 구원받은 자로 살아야 하는 하나님의 자녀입니다. 우리는 이 불의한 세상에 하나님의 공의를 나타내야 합니다. 기독교인은 어둠의 세상에 빛을 비추는 사람입니다. 갈등의 세상에 평화를, 죽음의 세상에 생명을, 냉랭한 마음에 포근한 온정을, 경쟁의 원리가 지배하는 세상에 협력과 나눔의 씨를 심어야 합니다.

유월절 예루살렘에 어린 나귀를 타고 주님께서 입성하는 종려주일에 죽음을 넘어 생명으로 나아간 주님의 은혜가 저와 여러분의 삶에 은총으로 다가오기를 바랍니다.

아브라함의 믿음
창세기 15장 1-12, 17-18절

불확실한 미래에 대한 불안이 우리의 삶을 어렵게 합니다. 분명하고 확실한 미래에 대한 확신은 현재의 삶을 아름답게 합니다. 본문에서 하나님의 약속과 아브람의 믿음을 보면서 우리를 향하신 하나님의 사랑을 확신하고 말씀대로 살아내는 힘을 얻길 바랍니다.

> [1]이런 일들이 일어난 뒤에, 주님께서 환상 가운데 아브람에게 말씀하셨다. "아브람아, 두려워하지 말아라. 나는 너의 방패다. 네가 받을 보상이 매우 크다."

아브람은 앞의 14장에서 큰 전투를 치렀습니다. 아브람은 포로가 되어 끌려가는 조카 롯을 구했습니다. 전쟁에서는 승리했으나 여전히 적들의 보복이 두렵습니다. 아브람은 소돔 왕의 상급을 거절했습니다.

> 아브람이 소돔 왕에게 말하였다. "하늘과 땅을 지으신 가장 높으신 주 하나님께, 나의 손을 들어서 맹세합니다. 그대의 것은 실오라기 하나나 신발 끈 하나라도 가지지 않겠습니다. 그러므로 그대는, 그대 덕분에 아브람이 부자가 되었다고는 절대로 말할 수 없을 것입니다"(창세기 14:22-23).

보복의 두려움이 여전하고, 소돔 왕의 상급을 거절한 그때 하나님은 환상 가운데 아브람에게 나타나셨습니다. 그리고 소돔 왕의 상급을 대신하여 하나님이 그의 상급이 되어 주셨습니다. 하나님은 "아브람아, 두려워하지 말아라. 나는 너의 방패다. 네가 받을 보상이 매우 크다."라고 말씀하십니다. 하나님은 자신을 아브람의 방패라고 선언하셨습니다.

전쟁은 승자와 패자가 있는 것처럼 보이지만 사실은 모두가 패자입니다. 전쟁의 폐허 속에서 승리가 무슨 의미가 있을까요? 소돔 왕의 상급이 무슨 의미가 있을까요? 전쟁은 사탄의 것입니다. 하지만 평화는 하나님의 것입니다. 하나님은 평화의 하나님이시고 예수님은 평화의 왕입니다. 우리의 소망은 오직 그리스도의 평화입니다.

아브람은 비록 전투에서 승리하였지만 두려움에 떨고 있습니다. 또한 아브람은 소돔 왕의 상급을 주겠다는 제안을 거절하였습니다. 여기에서 신앙인이 기억해야 하는 것은 두려움 속에서도 아브람은 사람을 의지하지 않았다는 사실입니다. 사람을 의지하지 않는 아브람에게 하나님께서 친히 아브람의 편에 서서 방패가 되어주신다고 선언하셨습니다. 하나님은 아브람에게 두려워하지 말라고 확신을 주십니다.

1. 약속의 자녀(1-6절)

전쟁 외에도 아브람에게 또 다른 현실적인 문제가 있었습니다. 그것은 상속받을 자녀가 없다는 것입니다. 본토 친척 아버지의 집을 떠날 때 자손을 주시겠다는 약속을 받은 지 오랜 시간이 흘렀습니다. 약속의 성취가 늦어지자 아브람은 불안해지기 시작했습니다. 아브람 자신과 아내 사래는 늙어만 가는데 자식이 태어날 기미가 보이지 않으니 불안합니다. 상속자가 없는 풍요의 약속은 허망한 것입니다.

아브람은 하나님께 자신의 불안하고 초조한 마음을 탄원합니다.

³주님께서 저에게 자식을 주지 않으셨으니, 이제, 저의 집에 있는 이 종이 저의 상속자가 될 것입니다.

고대에는 자식이 없을 때 종들 가운데 하나를 택하여 양자로 삼는 풍습이 있었다고 합니다. 풍습대로 하겠다는 아브람의 말투에는 체념과 한숨이 느껴집니다. 갈 바를 알지 못한 채 본토 친척 아버지 집을 떠났던 아브람의 믿음이 퇴색한 것일까요?

그건 아닐 것입니다. 하나님의 능력을 믿지 못해서 불안해하는 것이라기보다는 하나님이 어떤 분이신지 알고 또한 믿지만, 눈앞의 현실이 하나님에 대한 그의 이해와 잘 어울리지 않기 때문에 불안해하고 있는 것입니다. 욥도 그러했습니다. 하나님을 그 누구보다도 신뢰하는 욥도 자신에게 닥친 현실을 이해할 수 없었던 것처럼 아브람도 그와 같은 마음일 것입니다.

하나님을 믿는다는 것은 하나님과 함께 걸어간다는 뜻입니다. 믿음은 때로는 가시적인 결과로 쉽게 드러날 수 있지만, 평생을 걸어야 얻을 수 있는 결과도 있는 것입니다.

자식이 없다는 것은 고대 근동의 정서상 가장 큰 비극이며 수치였고, 그래서 신의 심판이라고 여겨지기도 했습니다. 그렇다면 하나님의 축복을 받은 아브람이라면 이미 해결되었어야 한다고 생각할 수 있습니다.

여러분은 어떻게 생각하십니까? 아브람이 하나님의 약속에 대해 초조했다는 이야기를 들을 때 어떤 생각이 드나요? 초조해하는 아브람에게 하나님께서 말씀하십니다.

⁴주님께서 그에게 말씀하셨다. "그 아이는 너의 상속자가 아니다. 너의 몸에서 태어날 아들이 너의 상속자가 될 것이다."

하나님은 너의 몸에서 태어날 아들이 너의 상속자가 될 것이라고 분명하게 말씀하십니다.

⁵주님께서 아브람을 데리고 바깥으로 나가서 말씀하셨다. "하늘을 쳐다보아라. 네가 셀 수 있거든, 저 별들을 세어 보아라." 그리고는 주님께서 아브람에게 말씀하셨다. "너의 자손이 저 별처럼 많아질 것이다."

후손에 대한 하나님의 약속은 두 가지입니다. 첫째는 아브람의 몸에서 태어난 아들이 상속자가 될 것이고 둘째는 아브람의 후손이 하늘의 별처럼 많아진다는 것입니다.

여기서 하나님이 아브람에게 알려주신 것은, 종인 엘리에셀이 그의 상속자가 아니며 상속자는 그의 몸에서 나올 것이라는 사실입니다. 반면에 하나님께서 알려주시지 않은 것은 아내 사라를 통해 상속자가 나온다는 것입니다. 이 사실을 알려주시지 않았기에 아브람은 사래의 몸종 하갈을 통해서 이스마엘을 얻는 선택을 하게 됩니다. 인간의 생각은 그렇게 약합니다. 그렇다면 믿음의 조상이라 불리는 아브람의 믿음은 어떤 것일까요?

6절을 보면, 아브람이 주님을 믿으니 주님께서는 아브람의 그런 믿음을 의로 여기셨다고 기록합니다. 믿음은 하나님 말씀이 그대로 될 것을 믿고 신뢰하며 삶을 살아내는 것입니다. 사실 믿음의 요구는 쉽고 간단한 것으로 생각될 수도 있습니다. 하지만 현실적으로는 어려움이 곳곳에 도사리고 있습니다. 실제로 하나님의 자손에 대한 약속이 주어진 후 10여 년 동안 성취되지 않았고, 땅에 대한 약속도 현실로 드러나지 않은 상황에서 나를 믿으라는 요구는 매우 어려운 결단과 의지가 필요한 것입니다.

연약한 인간 아브람은 진퇴양난에 처해 있습니다. 만약 이 순간의 하나님에 대한 믿음을 저버린다면 하란에서 떠나온 10여 년 방랑의 의미와 가치가 사라질 수 있었습니다. 여기서 아브람이 믿었다는 것은 어떤 의미일까요? 10여 년이 지난 지금에서야 아브람의 믿음이 의롭다고 평가받는 것은 어째서일까요?

아브람은 하란을 떠나올 때의 믿음을 행동으로 옮겼습니다. 아브람의 믿음은 한순간의 일이 아닙니다. 아브람의 믿음은 하나님에 대한 지속적인 신뢰입니다. 아브람의 믿음은 한순간 하나님이 주신 말씀을 받아들이는 한 번의 행위만이 아니라, 약속이 성취되지 않는 상황에서도 지난 10여 년 동안 하나님을 신뢰하고 바라보며 지내온 것을 의로 인정받은 것입니다. 믿음을 의롭다고 인정하는 것은 믿음과 행위의 관계를 분명하게 하는 것입니다.

약속의 말씀을 들은 아브람은 하나님의 약속을 믿었습니다. 또한 하나님은 아브람의 믿음을 의롭게 여기셨습니다. 하나님의 약속과 아브람의 믿음이 하나가 되는 장면입니다. 오직 믿음으로만 의롭다고 여김을 받을 수 있습니다.

2. 땅에 대한 약속과 언약체결식(7-11절)

7하나님이 아브람에게 말씀하셨다. "나는 주다. 너에게 이 땅을 주어서 너의 소유가 되게 하려고, 너를 바빌로니아의 우르에서 이끌어 내었다."

아브람을 하란에서 불러내신 이유에 대한 설명입니다. 그러자 자손에 대한 초조함을 안고 하나님께 질문했던 것처럼 땅에 대한 약속에 대하여도 아브람은 질문합니다.

> 8아브람이 여쭈었다. "주 나의 하나님, 우리가 그 땅을 차지하게 될 것을 제가 어떻게 알 수 있습니까?"

아브람은 땅을 소유로 받을 것을 어떻게 알 수 있느냐고 질문합니다. 아브람의 질문은 하나님의 약속을 믿지 못하겠다는 불신의 말이 아닙니다. 아브람은 그 누구보다도 하나님을 신뢰하여 여기까지 왔습니다. 또한 하나님도 그의 믿음을 인정하셨습니다. 아브람의 질문은 앞으로 일어날 일들에 대한 일종의 보증을 달라는 말입니다. 아브람은 하나님을 전적으로 신뢰하고 있으며 반드시 그렇게 될 것이라는 확신 속에서 증표를 구하고 있는 것입니다. 이에 언약 체결 의식을 진행합니다.

> 9주님께서 말씀하셨다. "나에게 삼 년 된 암송아지 한 마리와 삼 년 된 암염소 한 마리와 삼 년 된 숫양 한 마리와 산비둘기 한 마리와 집비둘기 한 마리씩을 가지고 오너라."

> 송아지를 두 조각으로 갈라 놓고, 그 사이로 지나가 내 앞에서 언약을 맺어 놓고서도, 그 언약의 조문을 지키지 않고 나의 언약을 위반한 그 사람들을, 내가 이제 그 송아지와 같이 만들어 놓겠다. (예레미야 34:18)

쪼개 놓은 짐승들 사이로 지나가는 것은 그 당시에 언약을 체결하는 일반적인 의식입니다. 아브람은 짐승을 반으로 쪼갠 후 각각의 조각을 서로 마주 보도록 놓았습니다. 언약 체결 의식을 준비한 것입니다.

3. 언약의 보증과 재확인(17-18절)

17해가 지고, 어둠이 질게 깔리니, 연기 나는 화덕과 타오르는 횃불이 갑자기 나타나서, 쪼개 놓은 희생제물 사이로 지나갔다.

이 의식은 그 짐승이 확실히 죽었음을 의미합니다. 언약을 맺을 때 당사자들이 쪼개 놓은 짐승 사이를 함께 지나가는데, 이는 언약을 어기면 쪼개진 짐승처럼 될 것임을 의미합니다. 이 의식을 통하여 하나님은 만약 언약을 지키지 않는다면 저주를 받을 것이라고 맹세한 것입니다. 하나님은 자신의 모든 명예와 능력을 걸고 아브람이 이 땅을 차지할 것이라고 선포하신 것입니다.

누가 이 쪼개 놓은 짐승 사이로 지나갔나요? 바로 하나님 자신입니다. 아브람도 지나갔을까요? 기록은 없습니다. 지나갔을 수도 지나가지 않을 수도 있습니다. 다만 분명한 것은 하나님은 지나가셨다는 것입니다. '너희를 나의 백성으로 삼고, 나는 너희의 하나님이 될 것이다(출 6:7)'라는 말씀을 이루시는 것입니다. 이 언약은 창조주 하나님과 피조물 아브람의 언약입니다. 하나님 스스로 자신을 언약에 묶으셨습니다.

도대체 인간이 무엇이기에 창조주께서 이렇게까지 하시는 것일까? 인간에 대한 하나님의 배려와 사랑에 그저 놀랄 뿐입니다. 언약 체결 의식을 행하신 하나님께서는 아브람과 체결한 약속을 다시 한번 확증해 주십니다.

¹⁸바로 그 날, 주님께서 아브람과 언약을 세우시고 말씀하셨다. "내가 이 땅을, 이집트 강에서 큰 강 유프라테스에 이르기까지를 너의 자손에게 준다."

결론

오늘 본문에서 아브람은 세 가지 문제가 있었습니다. 첫째는 전쟁에 대한 '두려움', 둘째는 아직 태어나지 않은 '상속받을 자손', 셋째는 삶의 기반인 '땅'입니다.

여러분은 어떻습니까? 불확실한 미래에 대한 두려움이 있습니까? 자손들의 앞날이 걱정되십니까? 삶의 기반인 의식주가 걱정되십니까?

하나님은 아브람의 이 모든 염려를 해결해주셨습니다. 하나님은 방패가 되어 보호해 주신다고 약속하셨고, 하늘의 별처럼 자손을 주신다고 약속하셨고, 삶의 기반인 땅을 주신다고 약속하셨습니다. 하나님의 약속을 아브람은 믿었습니다. 아브람은 어떻게 믿게 되었을까요? 여러분은 하나님의 약속을 믿으십니까?

하나님은 본토 친척 아비 집이 있는 하란에서 아브람을 부르시고 약속을 주셨습니다. 그리고 25년을 기다리게 하시고 결국은 약속을 이루셨습니다. 이 모든 시간 속에서 아브람은 하나님을 신뢰하였습니다.

아브람은 하란을 떠날 때 갈 바를 알지 못하였지만, 하나님 말씀에 의지하여 하나님이 지시하시는 땅으로 갔습니다. 아브람은 사람이 아닌 하나님만을 의지하였습니다. 그렇게 할 수밖에 다른 방도가 없었습니다. 아브람의 하나님 신뢰가 그를 믿음의 조상이 되게 하였고, 또한 복의 근원이 되게 하였습니다. 오늘날도 마찬가지입니다. 우리에게도 믿음으로 말미암아 구원받는다는 말씀은 여전히 유효합니다.

하나님의 약속과 아브람의 믿음이 일치하였던 것처럼, 하나님의 약속은 지금 우리에게도 역사합니다. 믿음의 조상이 되고 복의 근원인 된 아브람처럼 우리도 그 길을 가기를 바랍니다. 하나님의 약속이 우리의 믿음이 하나가 되기를 간절히 기도합니다.

여호와 이레

창세기 22장 1-14절

아브라함에게 약속한 아들이 태어났습니다. 그런데 그 기쁨도 잠시, 하나님은 그 귀한 아들을 제물로 바치라고 말씀하십니다.

"네가 사랑하는 외아들 이삭을 번제물로 바쳐라." 백 살에 얻은 약속의 자녀 이삭을 제물로 바치라는 하나님의 명령입니다. 아브라함은 일생에 가장 큰 시험을 치릅니다.

1. 시험(1-2절)

¹이런 일이 있은 지 얼마 뒤에, 하나님이 아브라함을 시험해 보시려고, 그를 부르셨다. "아브라함아!" 하고 부르시니, 아브라함은 "예, 여기에 있습니다" 하고 대답하였다.

하나님이 아브라함을 시험해 보시려고 부르십니다. 하나님의 시험은 테스트입니다. 하나님의 시험은 아브라함의 믿음을 확인하고 또 다른 복을 주시려는 것입니다. 학생이 시험을 통과하여 진급하는 것처럼 하나님의 시험은 새로운 경지의 신앙으로 이끌기 위한 것입니다.

신앙의 성장을 위하여 하나님께서는 아브라함을 시험하시고, 욥을 시험하셨던 것처럼 우리 또한 시험하십니다. 그 시험은 우리를 하나님 앞에 세우시기 위해서입니다. 하나님의 시험과 비교할 수 있는 것이 사탄이 시험입니다. 하나님의 시험은 우리를 세우시기 위한 테스트지만, 사탄의 시험은 우리를 거꾸러뜨리려는 유혹입니다.

시험하시려는 하나님의 부르심에 아브라함은 "예 여기 있습니다"라고 응답하였습니다. 그렇다면 사탄의 시험에는 어떻게 해야 할까요? 광야에서 사탄의 시험 앞에 선 예수께서는 세 가지 제안을 거절하셨습니다. 우리를 시험하시려고 하나님이 부르실 때는 아브라함처럼 '예 여기 있습니다'라고 응답해야 합니다. 반면에 사탄의 시험에는 주님께서 하신 것처럼 단호하게 거절해야 합니다.

문제는 그 시험이라는 것이 언제나 간단하지 않다는 사실입니다. 최근 대학수학능력시험의 난이도 문제, 킬러 문항에 대한 논란이 뜨겁습니다. 논란이 크다는 것은 그만큼 예민하다는 것입니다. 예나 지금이나 시험이라는 것은 어려운 일입니다. 아브라함은 일생일대의 시험을 치릅니다. 백 살에 얻은 아들을 제물로 드리라는 하나님의 명령 앞에 섰습니다.

2 하나님이 말씀하셨다. "너의 아들, 네가 사랑하는 외아들 이삭을 데리고 모리아 땅으로 가거라. 내가 너에게 일러주는 산에서 그를 번제물로 바쳐라."

여러분이 아브라함의 입장이라면, 어떻게 하시겠습니까? 아브라함의 심정이 어떨까요?

아브라함처럼 자녀를 제물로 드리실 수 있으신 분 계신가요? 제 대답은 '아…'입니다. 혹시 내가 생각하기에 도저히 이해하기 힘든 시험을 경험하신 분 계십니까? 내 생각에 말도 안 되는 말씀을 받으신 분 계시나요?

성경을 보면 노아에게 산 위에 방주를 지으라고 하신 것, 아브라함에게 본토 친척 아비 집을 떠나라고 하신 것, 모세에게 바로왕에게 가라 하신 것, (베드로의 요청이기도 했지만) 바다 위에 계신 예수님께서 베드로에게 바다 위로 오라고 하신 것, 또 뭐가 있을까요? 여러분이 경험하신 것이 있으신가요? 저의 경우에는 나이 40세에 신학교에 가라고 하신 것입니다. 무작정 고향을 떠나 당진으로 가라고 하신 것도 있습니다.

아브라함은 이삭을 정말로 죽이려고 했을까요? 아브라함은 제단을 쌓고 장작을 벌려 놓은 다음 이삭을 묶어 제단 장작 위에 올려놓고 칼을 들었습니다. 긴장된 순간입니다. "정말 죽이려고 했다," "아니다 죽이려고 시늉만 했다." 둘 중에 어느 쪽일까요? 이 질문에 대답하기 위해서 더 깊은 묵상이 필요합니다.

2. 순종(3-10절)

생각해 보면, '약속의 자녀라고 주실 때는 언제고 이제 와서 다시 빼앗으신단 말인가?', '하나님은 사람을 제물로 드리는 것을 이방인들이나 하는 가증한 일로 생각하시지 않는가?'라고 반문할 수도 있지 않을까요? 하나님께서 무슨 생각으로 이러시는지 도저히 이해하기 힘든 시험입니다. 그런데 놀랍게도 아브라함은 주저함이 없었습니다.

3 아브라함이 다음날 아침에 일찍이 일어나서, 나귀의 등에 안장을 얹었다. 그는 두 종과 아들 이삭에게도 길을 떠날 준비를 시켰다. 번제에 쓸 장작을 다 쪼개어 가지고서, 그는 하나님이 그에게 말씀하신 그 곳으로 길을 떠났다.

아들을 번제로 드리라는 명령을 받고 밤새도록 뒤척이며 번뇌했는지에 대한 아브라함 내면의 생각은 본문에서 나타나 있지 않습니다. 다만 '다음 날 아침에 일찍이 일어나서'라는 표현에서 보듯이 아브라함은 바로 길을 떠날 준비를 하고 말씀하신 그곳으로 떠납니다.

아브라함 일행은 사흘 길을 걸어 말씀하신 장소가 멀리 보이는 곳, 산 아래에 도착합니다. 아브라함은 종들을 기다리라고 하고 아들 이삭과 함께 올라갑니다. 아버지는 불과 칼을 들고, 아들은 번제에 쓸 장작을 지고 둘은 함께 걸어갑니다. 이때 장작과 불과 칼은 있는데 제물이 없는 것을 이상하게 여긴 아들 이삭이 아버지 아브라함에게 묻습니다. "번제로 바칠 어린 양은 어디에 있습니까?" 아브라함이 대답합니다. "번제로 바칠 어린 양은 하나님이 손수 마련하여 주실 것이다."

아브라함이 하나님께서 양을 준비해 주실 것을 미리 알았는지는 알 수 없습니다. 다만 실제로 칼을 들어 아들 이삭을 죽이려는 행동이 거짓이 아니라면, 이삭을 번제로 드려도 자녀를 주신다는 약속을 하나님께서 지키실 것을 신뢰했다고 생각할 수 있습니다. 어쨌든 하나님의 하실 일을 다 알지 못하면서도 아브라함은 하나님을 신뢰합니다.

아브라함은 제단을 쌓고 장작을 벌려 놓은 다음 이삭을 묶어 제단 장작 위에 올려놓고 칼을 들었습니다. 과연 약속의 아들 이삭은 이대로 죽을까요? 긴장된 순간입니다.

3. 여호와 이레(11-14절)

이삭을 칼로 치려는 긴장된 순간에 극적인 장면이 이어집니다.

12...“그 아이에게 손을 대지 말아라! 그 아이에게 아무 일도 하지 말아라! 네가 너의
아들, 너의 외아들까지도 나에게 아끼지 아니하니, 네가 하나님 두려워하는 줄을
내가 이제 알았다.”

칼을 들어 치려는 순간 하나님께서 아브라함을 말리십니다. 그리고
‘네가 너의 아들, 너의 외아들까지도 나에게 아끼지 아니하니, 네가
하나님 두려워하는 줄을 내가 이제 알았다’라고 말씀하십니다.

아~ 드디어 시험이 끝났습니다. 긴장이 풀리고 안도의 숨이 쉬어집
니다. 그리고 이 이야기에 담긴 하나님의 뜻을 알았습니다. 이삭을
번제로 드리라는 시험의 목적은 아브라함이 하나님을 경외하는지를
알고자 하시는 것이었습니다. 하나님은 시험하셨고 아브라함은 그
시험을 통과하였습니다. 아브라함이 하나님의 시험을 통과할 수 있었
던 것은 자기 외아들까지도 아끼지 않고 하나님께 드렸기 때문입니다.
어떻게 그럴 수 있을까요? 하나님을 두려워하기 때문입니다. 경외하기
때문입니다. 하나님은 시험에 통과한 아브라함을 위해 양을 준비해
주셨습니다.

13아브라함이 고개를 들고 살펴보니, 수풀 속에 숫양 한 마리가 있는데, 그 뿔이 수
풀에 걸려 있었다. 가서 그 숫양을 잡아다가, 아들 대신에 그것으로 번제를 드렸다.

외아들까지도 아끼지 않고 하나님께 드리는 아브라함을 보신 하나

님은 숫양을 미리 준비해 두셨습니다. 처음부터 미리 준비하셨는지, 시험을 통과한 후에 준비하셨는지 우리는 알지 못합니다. 그것은 하나님이 하실 일이기 때문입니다. 우리는 그저 우리의 일을 할 뿐입니다. 아브라함처럼 말입니다.

아브라함은 자기 일에 충실했습니다. 아브라함은 사랑하는 아들 이삭을 번제로 드립니다. 짐짓 드리는 척하지 않습니다. 아브라함의 행위에는 조금의 주저함도 없었습니다. 척하지 않고 주저함도 없었다는 것을 어떻게 알 수 있습니까? 알 수 있지요, 하나님은 아브라함의 제사를 받으셨기 때문입니다. 아브라함은 하나님을 신뢰하고 말씀에 순종했고 그 순종을 하나님은 받으셨습니다. 아브라함의 순종은 믿음의 조상이 되기에 충분했습니다.

이야기에는 지향하는 목적이 있습니다. 심청전은 효, 춘향전은 정절을 드러내는 목적이 있습니다. 말에는 '지향성'이 있습니다. 말의 지향성은 그 방향을 바라보는 저자의 뜻입니다. 아브라함이 이삭을 번제로 드리는 이야기도 마찬가지입니다. 인간 아브라함은 하나님 앞에 단독자로 서 있습니다. 주변의 정황은 모두 그것을 위해 배치되어 있습니다. 아브라함과 하나님의 관계 외에 다른 것에 대한 논란은 이 이야기의 핵심을 흐릴 수 있습니다. 말하자면 '하나님이 살인 교사를 했다느니, 아브라함은 살인미수라느니, 이삭은 뭔 죄냐느니' 등등은 이 이야기를 이해하는 핵심이 아니라는 말입니다.

이 이야기의 핵심은 하나님과 아브라함의 관계입니다. 하나님은 명령하시고 아브라함은 순종하는 가운데 하나님과 아브라함은 깊은 교제를 나눕니다. 우리는 그것을 보아야 합니다. 이야기를 좀 더 이해하기 위해서 창세기의 제사를 보겠습니다. 창세기 4:3-5입니다.

(새번역) 가인은 땅에서 거둔 곡식을 주님께 제물로 바치고, 아벨은 양 떼 가운데서 맏배의 기름기를 바쳤다. 주님께서 아벨과 그가 바친 제물은 반기셨으나, 가인과 그가 바친 제물은 반기지 않으셨다.

(개역개정) 가인은 땅의 소산으로 제물을 삼아 여호와께 드렸고 아벨은 자기도 양의 첫 새끼와 그 기름으로 드렸더니 여호와께서 아벨과 그의 제물은 받으셨으나 가인과 그의 제물은 받지 아나하신지라

하나님은 '아벨과 그의 제물'은 받으셨는데 '가인과 그의 제물'은 받지 않으셨습니다. 여기서 중요한 것은 제물이 아니라 제물을 드린 사람입니다. 하나님은 아벨을 받으셨지만, 가인은 받지 않으셨습니다. 마찬가지로 오늘 본문에서 하나님께서는 이삭이라는 제물을 바친 아브라함을 받으셨습니다. 제물은 문제가 되지 않습니다. 농부 가인이 바친 곡물이든 양치기 아벨이 바친 양이든 상관없습니다. 각자에게 있는 것을 드리면 됩니다. 문제는 드리는 사람입니다. 하나님은 제물을 받으실 때 제물을 드리는 사람을 받으십니다.

우리가 드리는 예물도 마찬가지입니다. 여러분이 예물을 드릴 때 여러분 자신도 드리는 것입니다. 그리고 하나님은 제물을 받으실 때 여러분을 받으시는 것입니다. 그래서 로마서 12:1절에서 여러분의 몸을 하나님께서 기뻐하실 '거룩한 산 제물'로 드리라고, 이것이 여러분이 드릴 합당한 예배라고 합니다.

이 이야기를 정리하면 이렇습니다. 먼저, 이삭은 살았습니다. 그러나 이삭은 죽었습니다.

아브라함이 순종하기로 결단하고 번제로 드려지는 순간에 이삭은 이미 죽었습니다. 그리고 그 순간에 하나님은 이삭을 번제물로 받으셨습니다. 아브라함과 하나님 사이에서 이삭은 번제물로 드려졌고 하나

님은 번제물로 이삭을 받으셨습니다.

그리고, 이삭은 죽었습니다. 그러나 이삭은 살았습니다. 이삭은 제물이 되었지만, 이삭은 살았습니다. 아브라함과 하나님의 교제 속에서의 이삭은 죽었습니다. 그러나 현실의 이삭은 살았고 대신 숫양이 제물이 되었습니다.

다시 말하면, 이삭은 살아있지만 죽었고, 죽었지만 살아있습니다. 아브라함은 제물을 드렸고 하나님은 받으셨지만, 이삭은 살아있습니다. 이것이 바로 하나님의 신비가 현실이 되는 이야기입니다.

혹시 하나님의 신비가 현실이 되었던 경험이 있습니까? 성경에서 찾아보면, 솔로몬은 일천번제에서 백성을 섬기기 위한 지혜로운 마음, 듣는 마음을 청했는데 하나님은 부귀와 영광과 장수까지 주셨습니다.

저의 경우는 오산교회를 섬기기 위해 말씀을 맡은 자로서 가르치는 은사를 달라고 기도했습니다. 그런데 교회의 부흥을 주시고, 자녀들의 앞길을 형통케 하시고, 물질도 부족하지 않게 하셨습니다.

'여호와이레(여호와께서 산에서 준비하시다)'는 하나님의 신비가 우리의 현실이 되는 이야기입니다. 다시 말하면 하나님은 우리의 실제 현실에서 역사하십니다. 여호와이레의 신비입니다. 아브라함은 이삭을 번제로 드렸고 하나님은 받으셨는데 이삭은 살았습니다. 하나님은 명령하셨고 아브라함은 순종하였습니다. 하나님은 아브라함의 순종을 확인하시고 이삭을 살리셨습니다.

아들을 다시 얻은 아브라함은 그 장소를 여호와이레라고 이름 지어 불렀습니다. 이는 하나님이 하신 일 즉, 이삭을 살리고 양을 죽이신 일을 기념하는 것입니다. 다시 말하면 아들 이삭을 죽음에서 건지신 것을 기념하는 것일 수도 있지만, 본질은 하나님이 하신 일을 기념하는 것입니다.

같은 이야기지만 바라보는 관점이 다릅니다. 이삭이 죽고 사는 것이 중심이 아니라 하나님이 하신 일이 중심입니다. 다시 강조합니다. 여호와이레는 하나님이 하신 일을 기념하는 이름입니다.

여호와이레의 의미를 한 걸음 더 묵상하면 이렇습니다. 하나님은 이 사건을 통해서 대속 사상을 드러내십니다. 한 생명을 살리기 위해서는 다른 생명이 대신 죽어야 합니다. 하나님은 이삭을 살리고 대신 숫양을 죽이셨습니다. 마찬가지로 우리를 살리기 위해서 예수님을 죽이셨습니다. 그 결과 예수님은 죽고 우리는 살았습니다.

생각해 보면 지금도 날마다 한 생명이 살기 위해 다른 생명이 죽고 있습니다. 우리가 먹고 마시는 것들은 우리의 생명을 위해 희생하는 다른 생명들입니다. 날마다 다른 생명을 먹음으로 내가 살고 있기에 희생한 생명들에게 부끄럽지 않게 살아야 합니다. 나를 위해 죽으신 예수님의 생명의 가치를 갖고 살아야 합니다. 저와 여러분은 그만큼 귀한 생명입니다.

우리를 살리고 죽으신 예수님의 희생을 생각하면서, 지금도 나를 위하여 생명을 제공하는 생명들을 생각하면서 그 생명들에게, 그리고 예수님에게 부끄럽지 않은 삶을 살아야 합니다.

여호와이레는 하나님의 은혜를 경험한 아브라함이 하나님이 하신 일을 기억하라고 믿음의 후손들, 바로 우리에게 들려주는 이야기입니다. 여러분 모두에게 여호와이레의 축복이 있기를 바랍니다.

야곱의 씨름(얍복강)

창세기 32장 22-32절

문제의식

오늘 본문의 앞부분 32:1-21은 야곱이 에서를 만나러 오는 장면이고, 뒷부분 33장은 야곱이 에서를 만나는 장면입니다.

32장의 야곱은 에서를 만나는 것이 너무나 두렵고 걱정이 됩니다. 하지만 33장에서는 그렇지 않습니다. 오히려 에서의 얼굴에서 하나님의 얼굴을 봅니다. 32장의 두려움이 33장에서 사라집니다. 그렇다면 중간에 무슨 일이 있었던 것일까요? 오늘 본문은 바로 그 사건을 보여줍니다. 두려움에 떨던 야곱이 달라질 수 있었던 이유가 무엇인지 살펴보면서 여러분에게도 야곱에게 주어진 축복이 임하기를 빕니다.

본문의 야곱에게는 심각한 문제가 있었습니다. 하나님의 축복으로 네 명의 아내와 11명의 자녀, 그리고 많은 가축을 얻은 야곱은 20년 전에 떠났던 고향으로 돌아옵니다. 금의환향하는 길이지만 야곱의 앞에는 피할 수 없는 두려움이 있습니다. 그것은 형 에서입니다. 왜냐하면 20년 전 에서에게서 장자권을, 아버지 이삭으로부터 장자의 축복을 가로채고 도망쳤던 야곱입니다. 속이는 자, 도망자 야곱이 돌아오는 것입니다.

32:6을 보면, 에서가 군사 400명을 이끌고 오고 있다는 소식이

야곱에게 들렸습니다. 야곱은 심히 두렵고 답답합니다. 야곱은 에서의 마음을 달래기 위해 치밀한 계획을 세웁니다. 먼저 많은 예물을 준비하여 종들을 먼저 보냈습니다. 그리고 아내와 자녀들이 강을 건너게 했습니다. 모두를 보낸 후 야곱은 얍복나루에 홀로 남았습니다. 홀로 남은 야곱은 두려움에 심히 떨고 있습니다.

여러분이라면 여기서 어떤 심정이겠습니까? 야곱은 어떻게 이 장면을 이겨냈을까요? 야곱의 승리 비결을 찾아보겠습니다.

1. 홀로 남은 야곱(22-24 전반)

사람들은 학벌, 재산, 평판, 지식, 지위 등으로 각자의 성을 쌓고 살아갑니다. 그것들이 자신을 지켜 줄 것으로 생각합니다.

돈, 명예, 성공, 좋은 평판 등은 세상 사람들이 추구하는 것입니다. 이것들로 각자의 성을 쌓고 각자의 세상을 살아갑니다. 그러나 그것은 착각입니다. 이것들이 무너지는 것은 한순간입니다. 이것들로 쌓은 성과, 이것들로 이루어진 세상은 영원하지 않습니다. 제한적이며 한시적입니다. 이것들이 자신을 지켜 주기도 하지만 어느 한순간에 사라질 수도 있습니다. 정말 필요할 때 자신을 지켜 주지 못합니다. 죽음에서 지켜 줄 것 같지만 그렇지 못하고, 사랑하는 사람의 마음을 얻을 것 같지만 그렇지 못합니다. 하나님과의 관계에서도 아무 역할을 하지 못합니다.

본문의 야곱도 마찬가지입니다. 야곱 자신이 가진 모든 것이 허물어질 위기에 처해 있습니다. 에서의 마음을 달래기 위해 예물을 준비하고 종들을 보내고 또 가족을 먼저 보냈습니다. 그리고 야곱은 홀로 얍복 강가에 남았습니다. 이 밤이 지나면 두려움의 대상인 형을 만날 생각에 가슴이 떨립니다. 그렇습니다. 야곱은 모든 것을 잃어버릴 두려움 가운데 서 있습니다.

홀로 남은 야곱은 연약한 인간이었습니다. 홀로 남은 야곱은 이제 하나님 앞에 홀로 서야 할 때가 왔습니다. 믿음의 사람들은 홀로 남는 시간을 가져야 합니다. 자신이 가지고 있는 것들을 다 내려놓고 홀로 남았을 때 자신이 얼마나 연약한지 알 수 있습니다. 그때 하나님의 도움이 없이는 살 수 없음을 깨달아 알게 됩니다.

2. 하나님과 씨름하는 야곱(24 후반-30절)

야곱은 태어날 때부터 씨름하는 인생을 살았습니다. 태중에서 에서의 발뒤꿈치를 잡았을 때부터 씨름하였고, 삼촌 라반의 집에서 일하면서 라반과 씨름하였습니다. 야곱은 자신이 가진 모든 수단과 방법을 사용하여 원하는 것을 얻어내려 씨름하면서 살았습니다. 그러나 자신이 가지고 있는 것들이 야곱을 지켜 주지 못하는 순간이 다가왔습니다. 그때 하나님이 야곱을 찾아오셨습니다.

얍복나루에 홀로 남은 야곱은 어떤 사람과 밤이 새도록 씨름하였습니다(24절). 이 씨름에서 야곱은 허벅지 관절이 어긋나는 상처를 입었습니다. 그런데도 야곱은 그를 붙들고 놓아주지 않았습니다. 축복하기 전에는 놓아주지 않았습니다(26절).

야곱은 그가 하나님임을 알았던 것일까요? 글쎄요. 어쨌든 축복을 구하는 야곱에게 하나님께서 '이스라엘'이라는 새 이름을 주셨습니다.

27그 사람이 그에게 이르되 네 이름이 무엇이냐 그가 이르되 야곱이니이다 28그가 이르되 네 이름을 다시는 야곱이라 부를 것이 아니요 이스라엘이라 부를 것이니 이는

네가 하나님과 및 사람들과 겨루어 이겼음이니라

하나님은 야곱과 씨름하면서 복을 주셨습니다. 그러나 씨름하는 중에 허벅지 관절이 어긋나는 상처를 입었습니다. 야곱은 속이는 자로 살았던 육적인 존재입니다. 야곱의 허벅지 관절이 어긋나는 부상은 육적인 존재인 야곱에게 더 이상 육체를 신뢰하지 말라는 계시라고 볼 수 있습니다.

이제 야곱은 절룩거리는 육체를 신뢰하기 어려워졌습니다. 육체의 신뢰를 포기하게 만드신 하나님은 야곱에게 이스라엘이라는 이름을 주셨습니다. 이스라엘이라는 이름은 '하나님 및 사람들과 겨루어 이겼다'라는 뜻입니다. 야곱은 이스라엘이라는 이름을 받음으로 육체를 신뢰하는 육적인 존재에서 하나님을 신뢰하고 교제하는 영적인 존재가 되었습니다. 영적인 존재가 된 야곱은 비록 몸은 절뚝거리나 하나님의 백성으로서 이스라엘 국가의 시조가 되었습니다. 이스라엘이라는 나라는 야곱의 열두 아들이 건국합니다.

그렇습니다. 야곱이 이스라엘이 된 것은 육적인 존재가 영적인 존재로 바뀐 것입니다. 자신이 가지고 있는 소유물들을 의지하여 살아가던 사람이 하나님을 의지하며 살아가는 존재가 되었습니다. 이제는 소유가 아닌 존재, 소유물이 아닌 하나님의 형상을 닮은 존재가 야곱을 이끌어갑니다. 하나님은 속이는 자인 야곱을 하나님과 사람들을 이긴 자인 이스라엘로 만드셨습니다.

야곱은 20년 전 도망할 때 '벧엘'에서 하나님 나라를 보았습니다. 그리고 20년 후 드디어 '브니엘'에서 하나님을 대면합니다. 하나님을 대면함에도 생명이 보존되는 자가 되었으니, 세상의 어떤 문제를 대면해도 야곱은 죽지 않을 것입니다.

우리는 이제 야곱이 에서를 만난다 해도 죽지 않고 살 것이라고 어렴풋이 느낄 수 있습니다.

3. 이스라엘이 된 야곱(31-32절)

31그가 브니엘을 지날 때에 해가 돋았고 그의 허벅다리로 말미암아 절었더라

'브니엘'은 하나님의 얼굴이라는 뜻입니다. 이는 하나님과 대면하는 친밀한 관계를 맺었다는 것을 의미합니다. 밤새워 씨름한 야곱은 '이스라엘'이라는 축복을 받았습니다. 그리고 브니엘을 떠날 때 해가 떴습니다. 그의 다리는 절고 있습니다.

비록 다리는 절룩거리지만, 야곱의 앞날은 어둠이 걷히고 새날이 시작되었습니다. 이제 육체에 의지하지 않고 하나님을 의지하는 야곱은 하나님과 및 사람들을 이긴 자인 이스라엘이 되어 얍복강을 건너 에서가 있는 고향으로 갑니다. 비록 육체는 불편하지만, 영혼은 충만한 기쁨과 평화로 가득합니다.

우리는 이후의 이야기를 알고 있습니다. 에서를 만난 야곱은 하나님의 얼굴을 본 듯이 평화를 얻었습니다. 하나님을 만나면 문제가 풀립니다.

결론

살다 보면 때로는 가장 가까운 사람조차도 낯설게 느껴지는 때가 있습니다. 누구도 신뢰할 수 없는 순간, 망망한 대해 가운데 홀로 남겨진 듯한 순간에도 우리가 곤한 잠을 청할 수 있는 것은 임마누엘의 하나님이 내 옆에 계시기 때문입니다.

아버지 집을 떠나 정처 없이 떠나는 야곱의 길에 하나님이 함께하신다는 말씀은 그 어떤 것보다 가장 큰 위로가 되었을 것입니다. 임마누엘의 언약은 야곱의 생애에 예기치 못한 사건들이 발생할지라도 환란에서 구하실 것이며, 끝내는 약속하신 것을 이루실 것임을 보장하는 언약입니다.

우리가 예수를 전하는 이유도 바로 이것입니다. 아무도 나를 주목하지 않는 이 세상에서 나를 보시고 나를 귀하게 여기시고 사랑한다고 말씀하시는 주님을 전하는 것은 가장 고귀한 일이 아닐 수 없습니다. 주님으로 인하여 혼자가 아님을 알고, 환대해 주시는 주님으로 인하여 살 소망을 갖게 되는 것은 그 어떤 일보다 귀한 일입니다.

우리는 육체를 의지하는 무능하고 연약한 존재이지만 하나님의 전적인 사랑과 예수 그리스도의 은혜로 구원받았습니다. 아브라함의 하나님, 이삭의 하나님, 야곱의 하나님이 그들을 인도하고 보호하고 지켜 주신 것처럼 우리 하나님은 지금도 우리를 지켜 주십니다. 과거의 죄악들로 억눌렸던 것들에서 해방되어 에서를 만나러 가는 야곱의 담대함이 여러분에게도 있기를 주님의 이름으로 축복합니다.

8장

신앙의 성장을 위해
무엇을 해야 할까요?

성경적 사랑
고린도전서 13장 1-13절

현대인은 성공과 출세를 위해 치열하게 경쟁하고 있습니다. 그러다 보니 다른 사람을 돌아볼 여유가 없습니다. 한마디로 다른 사람을 돌아보고 사랑할 여유가 없습니다. 하지만 세상은 그렇다고 해도 교회는 달라야 합니다.

사랑은 '받는 것보다 주는 것이 더 아름답다'라고 합니다만 사실 우리는 사랑 받는 것을 더 좋아합니다. 분명한 것은 미움과 증오는 모든 사람에게 불행을 가져오지만, 사랑은 사랑받는 사람에게도 사랑하는 사람에게도 기쁨을 줍니다.

우리는 '사랑의 하나님'이라는 표현을 자주 사용합니다. 요한일서 4:16에서 말씀하듯이 '하나님은 사랑이십니다.' 사랑은 하나님의 성품이고 사랑은 하나님 자체입니다. 그렇다면 성경에서 말하는 사랑이 하나님의 자녀인 우리에게 어떤 유익이 있을까요?

성경적 사랑은 세상에서 말하는 사랑과 다릅니다. 세상의 사랑은 감정적이고 일시적이지만, 성경적 사랑은 의지적이고 영원합니다.

하나님의 자녀인 우리에게 사랑은 어떤 의미가 있을까요? 성경적 사랑은 왜 중요할까요? 성경적 사랑이란 무엇일까요? 성경적 사랑은 어떻게 행하는 것일까요?

오늘 본문 고린도전서 13장의 말씀은 사랑하는 것이 왜 중요하고,

사랑이 무엇이며 어떻게 행하는지 그리고 사랑하는 사람에게 얼마나 유익한지를 말씀하고 있습니다. 사랑은 왜 중요할까요?

1. 사랑이 왜 중요할까요(1-3절)

사랑이 중요한 첫 번째 이유는, 사랑이 없으면 어떤 말도 아무 의미가 없기 때문입니다(1절).

> **¹내가 사람의 모든 말과 천사의 말을 할 수 있을지라도, 내게 사랑이 없으면, 울리는 징이나 요란한 꽹과리가 될 뿐입니다.**

방언은 고린도교회에 특별히 많았던 은사입니다. 많은 은사가 고린도교회에 긍정적인 영향도 주었지만, 인간의 자랑과 결합하여 무질서와 혼란, 파벌 간의 분쟁으로 내몰기도 했습니다.

바울은 고린도교회의 분쟁 상황에 대한 최선의 해결책은 사랑이라고 말합니다. 사랑이 없으면 고린도교회의 많은 은사도 소용이 없다고 가르칩니다.

사람의 모든 아름다운 말도 사랑이 없으면 아무 의미가 없습니다. 심지어 천사의 말, 방언도 사랑이 없으면 울리는 징이나 요란한 꽹과리가 될 뿐입니다. 내가 사람의 언어로 여러 민족의 말을 하고, 심지어 신비한 언어로 천사의 말을 할지라도 사랑이 없으면 내 말은 허공을 맴돌다 사라지는 징과 꽹과리 소리에 불과합니다. 사람을 세우는 것은 사랑의 말이지 은사가 아니라는 것입니다. 내가 내는 사랑 없는 소리는 아무 의미가 없습니다. 다른 사람에게도 내게도 유익하지 않습니다.

사랑이 중요한 두 번째 이유는 사랑이 없으면 신앙적 능력도 아무 의미가 없기 때문입니다(2절).

> ²내가 예언하는 능력을 가지고 있을지라도, 또 모든 비밀과 모든 지식을 가지고 있을지라도, 또 산을 옮길 만한 모든 믿음을 가지고 있을지라도, 사랑이 없으면, 아무것도 아닙니다.

내게 모든 예언의 능력과 비밀스러운 하늘의 지식, 산을 옮길 말한 놀라운 믿음이 있을지라도 사랑이 없으면 내가 하는 모든 능력이 아무것도 아닙니다. 사랑이 없는 신앙적 능력의 결말은 사탄과 연합된 허무한 파멸일뿐입니다. 사랑이 없는 신앙의 능력은 다른 사람에게도 내게도 유익하지 않습니다.

사랑이 중요한 세 번째 이유는 사랑이 없으면 헌신과 희생도 아무 의미가 없기 때문입니다(3절).

> ³내가 내 모든 소유를 나누어줄지라도, 내가 자랑삼아 내 몸을 넘겨줄지라도, 사랑이 없으면, 내게는 아무런 이로움이 없습니다.

나에게 있는 모든 것으로 남을 돕고, 심지어 내 몸까지 내어줄지라도 사랑이 없으면 아무 소용이 없습니다. 최대한의 자기희생도 사랑이 없으면 자기 과시나 종교적 열심일 뿐이고, 결국 자랑과 교만을 드러낼 뿐입니다. 자기희생은 이웃과 하나님에 대한 진실한 사랑에 근거해야 합니다. 사랑이 없으면 다른 사람에게도 내게도 유익하지 않습니다.

여러분은 사랑하며 살고 있습니까? 교회나 가정 공동체를 사랑합니까? 혹시 공동체를 섬기는 일을 열정적으로 감당하면서도 정작 사랑

없이 결과와 성취에만 도취해 있지는 않습니까? 사랑이 없으면 이 모든 것이 상대방에게도 나에게도 유익하지 않다는 것을 알고 있습니까? 내가 하는 모든 소리, 모든 능력, 모든 헌신과 희생도 사랑이 있을 때 나와 다른 사람에게 유익합니다.

사랑이 중요한 이유는 모든 행위에 사랑이 더하여질 때 행위가 온전하게 되고 모두에게 유익하기 때문입니다.

2. 사랑이 무엇입니까?(4-7절)

⁴사랑은 오래 참고, 친절합니다. 사랑은 시기하지 않으며, 뽐내지 않으며, 교만하지 않습니다. ⁵사랑은 무례하지 않으며, 자기의 이익을 구하지 않으며, 성을 내지 않으며, 원한을 품지 않습니다. ⁶사랑은 불의를 기뻐하지 않으며, 진리와 함께 기뻐합니다. ⁷사랑은 모든 것을 덮어 주며, 모든 것을 믿으며, 모든 것을 바라며, 모든 것을 견딥니다.

성경적 사랑은 세상의 사랑과 다릅니다. 성경적 사랑은 오래 참고 무례하지 않으며 진리와 함께 기뻐하고 모든 것을 견딥니다. 성경적 사랑은 인간 내면의 죄악을 따르는 본성을 거슬러 행하는 것입니다. 성경적 사랑은 죄인 스스로 깨달을 때까지 오래 참고 기다려줍니다. 무례한 세상에 무례하게 행하지 않습니다. 불의한 세상에서도 진리와 함께 기뻐합니다. 허위가 판치는 세상에서 모든 것을 견딥니다. 그것은 자기를 부인하고 예수를 따르는 것입니다.

죄인인 인간은 성경적 사랑을 스스로 행할 수 없습니다. 따라서 성령의 인도하심을 받아야 합니다. 성령의 인도하심에 따라 자기를 부인하고 예수를 따라야 합니다. 예수 그리스도와 함께 하나님 나라를 바라보며 기뻐하도록 성령께서 이끄십니다.

우리가 사랑하지 않으면, 그리스도의 사랑을 깨닫지 못합니다. 그리스도의 사랑을 알지 못하면 그리스도인이 아닙니다. 사랑이 없으면 주님이 주시는 복을 받지 못합니다.

우리가 사랑하면, 우리 안에 그리스도가 계십니다. 그리스도가 함께 계신 우리가 그리스도인입니다. 사랑하면 주님이 주시는 복을 누릴 수 있습니다.

3. 사랑하면 무엇이 유익합니까? – 사랑의 능력(8-13절)

사랑하면 나타나는 능력이 어떻게 유익한지 알아보겠습니다. 사랑하면 무엇이 유익합니까? 첫째, 사랑은 나를 온전하게 합니다(8-10절).

> [8]사랑은 없어지지 않습니다. 그러나 예언도 사라지고, 방언도 그치고, 지식도 사라집니다. [9]우리는 부분적으로 알고, 부분적으로 예언합니다. [10]그러나 온전한 것이 올 때에는, 부분적인 것은 사라집니다.

온전한 것이 없을 때 부분적인 것에 의존하지만 완전한 것에 도달하면 더 이상 부분적인 것에 얽매이지 않습니다. 예언, 방언, 지식은 부분적이고 한시적입니다. 사랑만이 완전하고 영원합니다. 사랑은 부분적인 것을 자랑하지 않고 공동체를 아름답게 합니다.

사랑하면 무엇이 유익합니까? 둘째, 사랑은 나를 성숙하게 합니다 (11-12절).

> [11]내가 어릴 때에는, 말하는 것이 어린아이와 같고, 깨닫는 것이 어린아이와 같고,

생각하는 것이 어린아이와 같았습니다. 그러나 어른이 되어서는, 어린아이의 일을 버렸습니다. [12]지금은 우리가 거울로 영상을 보듯이 희미하게 보지마는, 그 때에는 얼굴과 얼굴을 마주하여 볼 것입니다. 지금은 내가 부분밖에 알지 못하지마는, 그 때에는 하나님께서 나를 아신 것과 같이, 내가 온전히 알게 될 것입니다.

사랑은 우리를 성숙하게 합니다. 내가 어린아이였을 때, 말하는 것 깨닫는 것 생각하는 것이 어린아이 같았습니다. 그러나 어른이 되면 말하는 것 깨닫는 것 생각하는 것을 어린아이처럼 하지 않습니다.

성숙한 사람은 그리스도를 알게 됩니다. 지금은 거울을 보는 것처럼 희미하고 부분적으로 알지만, 그때가 되면 얼굴과 얼굴을 마주 보는 것처럼 확실하게, 주님이 나를 아신 것처럼 우리도 주님을 알게 됩니다.

사랑하면 무엇이 유익합니까? 셋째, 사랑은 나를 영원을 향하게 합니다(13절).

[13]그러므로 믿음, 소망, 사랑, 이 세 가지는 항상 있을 것인데, 그 가운데서 으뜸은 사랑입니다.

하나님은 사랑이시라고(요일 4:16) 말씀하시는 것처럼 사랑은 하나님의 품성입니다. 사랑하는 사람은 영원하신 하나님의 품성을 향하게 합니다.

사랑은 이론이나 학문적 정의에 머무르지 않습니다. 각 사람의 삶에 구체적으로 드러나는 실체입니다. 사랑은 각 사람이 처한 상황에서 적절한 모습으로 나타나야 합니다. 자신의 미숙함과 불완전함을 인식하고 다른 사람을 좀 더 이해하고 너그럽게 대할 수 있어야 합니다. 주님은 우리의 미숙함과 불완전함을 아십니다. 주님은 그런 우리를 사랑으로 용납하시고 돌보아 주십니다.

바울은 12:31에서 고린도교회에게 더 큰 은사를 사모하라고 하면서 가장 좋은 길인 사랑을 말합니다. 가장 좋은 교회(가정, 마을, 사회, 나라, 세상)는 사랑이 있는 교회입니다. 우리는 영원한 사랑, 온전케 하는 사랑을 추구하며 살아가야 합니다.

예수께서 새 계명을 주셨습니다(요 13:34). 이 사랑의 계명을 받은 우리는 주님이 우리를 사랑한 것 같이 서로 사랑해야 합니다. 우리가 서로 사랑하면 주님의 제자인 것이 증명됩니다. 그것이 우리에게 유익하고, 모두에게 유익합니다. 내 앞에 있는 작은 일부터 사랑하는 여러분이 되기를 바랍니다.

믿음의 선한 싸움

디모데전서 6장 3-19절

오늘 본문은 하나님의 사람, 신앙인에 대한 권면을 말씀하고 있습니다. 디모데전서는 바울이 신앙의 아들인 디모데에게 보낸 편지입니다. 디모데는 바울의 동역자입니다. 바울이 가지 못하는 곳에 디모데가 대신 가서 바울의 역할을 합니다. 본문 11절에서 바울은 디모데를 하나님의 사람이라고 부르고 있습니다. 이는 믿음의 동역자를 이르는 말입니다. 오늘날로 말하면 신앙인, 믿는 사람을 뜻합니다. 바로 여러분을 일컫는 말입니다.

문제의식

하나님의 사람으로서, 신앙인으로서, 믿는 사람으로서 피해야 할 것과 따라야 할 것이 있습니다. 따라야 할 것은 믿음, 소망, 사랑, 용서, 긍휼, 화목, 평강, 순종, 나눔, 협력, 기쁨 등입니다. 피해야 할 것은 미움, 시기, 질투, 분노, 저주, 불신, 불순종, 파멸, 멸망 등입니다.

세상에 동조하여 향락에 취하면 당장은 친구가 된 것 같지만 그들은 속으로 우리를 비웃고 경멸합니다. 실제로 함께 술을 마시고 놀 때는 좋아하는 것 같지만 뒤에서는 '목사, 장로가 그러면 안 되지', '신앙인이 그러면 안 되지'라고 비난합니다. 믿는 사람은 견고한 신앙과 진리의 가치관을 갖고 세상의 유혹에 단호하게 대처해야 합니다. 견고한 신앙과 진리의 가치관을 가진 사람만이 다른 사람에게 선한 영향력을 미칠 수 있습니다.

하나님의 사람으로서 피할 것과 따라야 할 것에 대하여 함께 나누기를 원합니다.

1. 다른 교훈을 피하라 (3-5, 17-19절)

3절에서 말하는 다른 교훈(다른 교리)이란 진리에서 벗어난 거짓 교훈을 말합니다. 다른 교리에 빠진 사람들은 피해야 합니다. 왜냐하면 교만하고 마음이 썩고 진리를 잃었기 때문입니다.

> ⁴그는 이미 교만해져서, 아무것도 알지 못하면서, 논쟁과 말다툼을 일삼는 병이 든 사람입니다. 그런 데서 시기와 분쟁과 비방과 악한 의심이 생깁니다. 그리고 마음이 썩고, 진리를 잃어서, 경건을 이득의 수단으로 생각하는 사람 사이에 끊임없는 알력이 생깁니다.

다른 교훈(다른 교리), 즉 거짓 교훈을 가르치는 자들은 교만해서 아무것도 알지 못하며 시기와 분쟁을 좋아해 공동체 안에 비방과 악한 의심을 불러일으켜 공동체를 분열시킵니다. 그뿐만 아니라 마음이 썩고 진리를 잃어서 경건조차도 이익을 얻는 수단으로 악용합니다. 따라서 그들 사이에서는 늘 다툼이 일어납니다.

진리가 아닌 다른 교훈을 따르면 경건의 능력을 상실하게 됩니다. 왜냐하면 다른 교훈에는 복음의 능력을 부인하고 인간의 행위로 하나님 앞에 서려는 인간적인 공로 의식, 자기 의가 들어 있기 때문입니다.

이처럼 인간의 노력으로 하나님 앞에 서려는 공로신앙은 사람을 점점 더 교만하게 만들어 자기를 자랑하고 자기를 드러내기 좋아합니다.

또한 진리가 아닌 다른 교훈은 다른 사람의 신앙을 무너뜨리고 신앙공동체를 분열시킵니다. 인간의 행위에 근거한 신앙은 어떤 사람에게는 우월감, 어떤 사람에게는 열등감을 조장합니다. 그 공동체는 사랑 안에서 하나 되지 못하고 서로 정죄하며 분쟁하고 분열하게 됩니다.

잠언 16:18에서 교만은 패망의 선봉이요 거만한 마음은 넘어짐의 앞잡이라고 말씀하는 것도 다 그 이유입니다.

2. 탐심은 우상숭배입니다(9-10절)

⁹그러나 부자가 되기를 원하는 사람은, 유혹과 올무와 여러 가지 어리석고도 해로운 욕심에 떨어집니다. 이런 것들은 사람을 파멸과 멸망에 빠뜨립니다. ¹⁰돈을 사랑하는 것이 모든 악의 뿌리입니다. 돈을 좇다가, 믿음에서 떠나 헤매기도 하고, 많은 고통을 겪기도 한 사람이 더러 있습니다.

돈을 사랑하는 것, 탐심(탐욕)은 유혹과 올무와 여러 가지 어리석고 해로운 욕심에 떨어져서 파멸과 멸망에 빠질 것이라고 말씀하고 있습니다. 모든 악의 뿌리는 돈을 사랑하는 것이라고 말씀하고 있습니다.

돈 자체가 죄악은 아닙니다. 다만 돈은 사랑의 대상이 아니라는 것입니다. 사랑하면 눈이 멀게 됩니다. 사랑하면 눈이 멀어서 목숨까지도 바치는 것이 사랑입니다. 돈을 사랑하면 돈에 눈이 멀어서 자신의 목숨까지도 잃게 됩니다. 돈을 탐내는 자는 결국 스스로 미혹을 받아 믿음에서 떠나게 되고 많은 근심으로 자기 파멸에 이르게 됩니다.

돈을 사랑하는 것, 탐심은 파멸과 멸망으로 인도합니다.

돈을 사랑하는 헛된 욕망은 하나님의 은혜에 만족하지 못하고 다른 것으로 자신의 만족을 채우려는 교만에 빠지게 합니다. 그렇다면 어떻게 해야 할까요? 돈을 사랑하는 것, 탐욕을 이기는 능력은 경건에서 나옵니다.

> [6]자족할 줄 아는 사람에게는, 경건은 큰 이득을 줍니다. [7]우리는 아무것도 세상에 가지고 오지 않았으므로, 아무것도 가지고 떠나갈 수 없습니다. [8]우리는 먹을 것과 입을 것이 있으면, 그것으로 만족해야 할 것입니다.

그리고 경건을 유지하고 보존하는 방법은 자족하는 마음입니다. 비전, 야망, 꿈이라는 명목으로 많은 사람이 자신의 야심과 욕망을 채우려 합니다. 그러나 물량주의와 번영신앙에는 진정한 감사와 만족이 없습니다. 마치 밑 빠진 항아리와 같습니다.

여기서 바울이 배운 것은 모든 상황에서 자족하는 것이었습니다.

> [11]내가 궁핍해서 이렇게 말하는 것이 아닙니다. 나는 어떤 처지에서도 스스로 만족하는 법을 배웠습니다. [12]나는 비천하게 살 줄도 알고, 풍족하게 살 줄도 압니다. 배부르거나, 굶주리거나, 풍족하거나, 궁핍하거나, 그 어떤 경우에도 적응할 수 있는 비결을 배웠습니다. [13]나에게 능력을 주시는 분 안에서, 나는 모든 것을 할 수 있습니다. (빌립보서 4:11-13)

자족하는 마음으로 감사하는 것이 경건의 능력입니다. 경건이 탐욕의 탈을 쓰면 파멸에 이르지만, 경건이 자족하는 마음과 결합하면 유익을 얻게 됩니다. 탐욕은 경건을 무너뜨리지만, 자족하는 마음은 경건에 큰 유익이 됩니다. 바른 교훈을 따르는 자는 자족하는 마음으로 경건의 삶을 살아가는 사람입니다. 탐심을 버리고 자족하는 마음으로 경건하게 사는 것이 복된 삶입니다.

3. 그리스도인 부자들에 대한 권면(17-19절)

¹⁷그대는 이 세상의 부자들에게 명령하여, 교만해지지도 말고, 덧없는 재물에 소망을 두지도 말고, 오직 우리에게 모든 것을 풍성히 주셔서 즐기게 하시는 하나님께 소망을 두라고 하십시오. ¹⁸또 선을 행하고, 좋은 일을 많이 하고, 아낌없이 베풀고, 즐겨 나누어주라고 하십시오. ¹⁹그렇게 하여, 앞날을 위하여 든든한 기초를 스스로 쌓아서, 참된 생명을 얻으라고 하십시오.

경건의 모양만 있고 경건의 능력이 없는 경우가 있습니다. 참된 경건은 진실한 말과 행동으로 세상에서 하나님의 이름을 높이는 것입니다. 예배당 출입이 아무리 빈번해도 넉넉한 품을 갖기 전에는 참된 그리스도인이라고 할 수 없습니다.

경고(17절 전반) '교만해지지도 말고, 덧없는 재물에 소망을 두지도 말고'

권면(17절 후반-18절) '오직 우리에게 모든 것을 풍성히 주셔서 즐기게 하시는 하나님께 소망을 두라. 또 선을 행하고, 좋은 일을 많이 하고, 아낌없이 베풀고, 즐겨 나누어주라'

참 소망이신 하나님(19절) '앞날을 위하여 든든한 기초를 스스로 쌓아서, 참된 생명을 얻으라'

하나님께 소망을 두면 참 생명을 얻게 됩니다.

4. 바른 교훈을 따르라(11-12절)

¹¹하나님의 사람이여, 그대는 이 악한 것들을 피하십시오. 의와 경건과 믿음과 사랑과 인내와 온유를 좇으십시오. ¹²믿음의 선한 싸움을 싸우십시오. 영생을 얻으십시오. 하나님께서는 영생을 얻게 하시려고 그대를 부르셨고, 또 그대는 많은 증인들 앞에서 훌륭하게 신앙을 고백하였습니다.

다른 교훈은 그리스도부터 나오지 않는 교훈을 말합니다. 바른 교훈이란 우리 주 예수 그리스도의 말씀과 경건에 대한 교훈을 말합니다. 의와 경건과 믿음과 사랑과 인내와 온유를 따르라고 말씀하고 있습니다. 또한 그를 위해서 믿음의 선한 싸움을 싸우고 영생을 취하라고 말씀하십니다. 경건은 그리스도로부터 나오는 바른 교훈으로부터 나옵니다. 경건하기 위해서는 자족하는 마음이 필요합니다. 바른 교훈을 따를 수 있도록 도우시는 분은 예수님이십니다.

¹³나는 만물에게 생명을 주시는 하나님 앞과, 본디오 빌라도에게 훌륭하게 증언하신 그리스도 예수 앞에서, 그대에게 명령합니다. ¹⁴그대는 우리 주 예수 그리스도께서 나타나실 때까지 그 계명을 지켜서, 흠도 없고, 책망 받을 것도 없는 사람이 되십시오. ¹⁵정한 때가 오면, 하나님께서 주님의 나타나심을 보여 주실 것입니다. 하나님은 찬양 받으실 분이시요, 오직 한 분이신 통치자이시요, 만왕의 왕이시요, 만주의 주이십니다. ¹⁶오직 그분만이 죽지 않으시고, 사람이 가까이 할 수 없는 빛 속에 계시고, 사람으로서는 본 일도 없고, 또 볼 수도 없는 분이십니다. 그분에게 존귀와 영원한 주권이 있기를 빕니다. 아멘.

우리는 도우시는 분이신 예수님을 믿고 행하면 됩니다. 오늘 내가

싸워야 할 믿음의 선한 싸움은 무엇입니까?

빛과 어둠이 다른 것처럼, 그리스도인은 세상과 다르게 구별되게 살아야 합니다. 인간적인 정욕과 탐심을 피하고 하나님의 사람으로 온전한 모습을 보여야 합니다.

부유함은 나눔과 섬김으로의 초대장과 같습니다. 부유한 사람은 하나님이 주신 물질을 갖고 다른 사람을 위해 적극적으로 사용해야 합니다. 불확실하고 정함이 없는 재물에 소망을 두지 말고 모든 것을 후하게 주시는 하나님께 소망을 두어야 합니다. 재물을 가지고 선을 행하고 선한 사역을 할 때 하늘에 보화가 쌓이고 현재의 삶이 아름답습니다.

사람이 진리에 따라 믿음의 선한 싸움을 싸우는 것이 쉽지 않습니다. 어느 시대나 세속적 문화와 이단이 있고 각종 유혹이 끊이지 않기 때문입니다. 그러나 하나님의 말씀에 순종하며 성령의 인도하심을 받으면 연약한 자라도 '보리떡 다섯 개와 물고기 두 마리로' 오천명을 먹이는 기적을 만날 수 있습니다.

우리는 하나님의 사람입니다. 하나님의 사람으로서 존엄한 신분에 걸맞게 살아야 합니다. 나는 하나님의 사람입니다.

거룩한 삶
레위기 19:1-2, 15-18절

문제의식

레위기 19장은 건강한 사회를 만들기 위한 윤리법으로, 약자를 배려한 사회 윤리와 정의에 관한 법을 기술하고 있습니다. 이웃과 조화로운 공동체적 삶을 위한 사회윤리법으로 거룩하라는 말씀은 약자를 배려한 사회 윤리와 정의에 대한 권면이자 명령입니다.

2...너희의 하나님인 나 주가 거룩하니, 너희도 거룩해야 한다.

그렇습니다. 하나님은 거룩하신 분입니다. 성경이 말하는 거룩함은 하나님의 질서가 온전히 회복된 상태를 말합니다. 따라서 하나님의 백성은 거룩한 백성으로서 하나님의 질서를 실현해야 합니다.

거룩함은 세상의 속된 것과의 구별됨을 말합니다. 이렇게 말하니 거룩함을 엄숙하고 딱딱하고 엄격한 것으로 생각하는 경향이 있습니다. 성경에서 말하는 거룩함은 타락한 세상과 구별되어 하나님의 온전한 뜻을 따라 행하는 것입니다. 하나님의 뜻의 기준은 계시 된 말씀입니다. 거룩함은 성숙을 향해 나아가는 하나님을 향한 방향성을 나타내는 것으로, 다른 사람을 자신의 탐욕을 채우기 위한 도구로 여기지 않는 것입니다. 소위 갑질을 하지 않는 것도 하나의 거룩함에 포함됩니다.

2절에서 하나님은 '내가 거룩하니 너희도 거룩하라' 명령하셨습니다. 하나님은 이스라엘 백성을 애굽의 종살이에서 해방하시고 그들과 언약을 맺으셨습니다. 언약 백성은 하나님의 말씀에 따라 살아야 합니다. 그것이 계약조건입니다. 말씀에 따라 산다는 것은 하나님의 거룩함을 따르는 것입니다. 따라서 백성들은 거룩해야 합니다. 오늘 본문은 거룩함을 성취하기 위해 언약 백성이 지켜야 할 계명을 기록하고 있습니다.

거룩한 삶을 위한 명령으로 1-18절에 여러 가지를 말씀하십니다. 부모공경과 안식일 준수(3절), 우상 금지(4절), 자비로운 추수법(9-10절), 도둑질과 거짓말 금지(11절), 거짓 맹세와 하나님 모독 금지(12절), 억압, 착취, 임금체불금지(13절), 장애인에 대한 배려(14절), 불의하고 불공정한 재판 금지(15절)와 비방과 원망 금지(16-18절)입니다.

거룩한 삶은 반드시 이웃과의 관계에도 영향을 줍니다. 거룩함은 긍휼함으로 연결됩니다. 하나님의 질서가 인간관계에서 회복되면 인격적 관계와 소통이 일어납니다. 서로를 손해와 이익에 따라 대하지 않고 사람과 사람으로 대하게 됩니다. 거룩함의 열매는 긍휼과 사랑입니다. 특별히 가난한 자들에 대한 책임을 9-10절에서 기록하고 있습니다.

> 9밭에서 난 곡식을 거두어들일 때에는, 밭 구석구석까지 다 거두어들여 서는 안 된다. 거두어들인 다음에, 떨어진 이삭을 주워서도 안 된다. 10포도를 딸 때에도 모조리 따서는 안 된다. 포도밭에 떨어진 포도도 주워서는 안 된다. 가난한 사람들과 나그네 신세인 외국 사람들이 줍게, 그것들을 남겨 두어야 한다. 내가 주 너희의 하나님이다.

곡식을 추수할 때나 포도 열매를 거둘 때 가난한 자들을 위해 일부를 남겨 두라고 명령하십니다. 밭의 모퉁이를 남겨 두고, 떨어진 이삭도 줍지 말며, 포도원에 떨어진 열매 역시 줍지 말라고 명령하십니다. 그것들을 가난한 사람과 나그네를 위해 남겨 두라는 것입니다. 가난한 이웃을 향한 관심과 배려는 하면 좋은 것이 아니라 하지 않으면 죄가 되는 하나님의 명령, 즉 의무 사항입니다.

성인 남자 중심의 사회에서 가장이 없는 고아와 과부는 기업을 상속받을 수 없었습니다. 나그네는 이방인으로 법의 보호를 받지 못하고 기업도 없는 자들입니다. 고아와 과부, 그리고 나그네는 사회적으로 보호해 줄 보호자가 없었습니다. 따라서 이들은 가난에서 벗어날 수 없었고 생존마저 위협받았습니다. 하나님은 고아와 과부 그리고 나그네와 같은 가난한 이들을 위한 제도를 세우셨습니다.

최근 국내에 체류하는 외국인이 200만 명을 넘었습니다. 전체 인구의 5퍼센트에 가까운 수치입니다. 외모가 다르다는 이유와 선입견으로 그들을 차별하고 무시하는 것은 하나님의 뜻이 아닙니다. 여러 나라에서 온 외국인들을 따뜻한 시각으로 바라보고 사랑해야 합니다. 외국인을 따뜻한 손길로 영접하는 것이 하나님의 마음입니다.

신명기 14:29을 보면, '당신들이 사는 성안에, 유산도 없고 차지할 몫도 없는 … 떠돌이나 고아나 과부들이 와서 배불리 먹게 하십시오. 그러면 주 당신들의 하나님은 당신들이 경영하는 모든 일에 복을 내려 주실 것입니다'라고 합니다.

하나님은 나그네, 고아, 과부들이 먹고 배부르게 하면, 경영하는 모든 일에 복을 내려 주시겠다고 말씀하십니다.

1. 불의하고 불공정한 재판 금지(15절)

오늘 본문은 15-18절입니다. 먼저 재판의 공정성에 대한 말씀입니다. 하나님은 불의하고 불공정한 재판을 금지하고 있습니다.

> ¹⁵재판할 때에는 공정하지 못한 재판을 해서는 안 된다. 가난한 사람이라고 하여 두둔하거나, 세력이 있는 사람이라고 하여 편들어서는 안 된다. 이웃을 재판할 때에는 오로지 공정하게 하여라.

최근 우리 사회에서 가장 중요한 이슈는 '공정'입니다. 일반인은 접근할 수 없는 것을 누군가 접근하여 특권을 누리고 있는 불공정에 대한 질타의 목소리가 큽니다. 오늘 본문을 보면서 공정에 대한 깊은 성찰과 해결의 실마리를 발견하기를 바랍니다.

본문에서는 재판의 공정을 위해 두 가지를 말씀하고 있습니다. 첫째는 가난한 사람이라고 하여 두둔하지 말라, 둘째는 세력이 있는 사람이라고 하여 편들어서는 안 된다고 합니다.

첫째, 가난한 사람이라고 하여 두둔하지 말라는 말씀은 가난하다는 이유로 동정하고 편애하여 호의를 베풀지 말라는 것입니다. 가난한 사람이라고 하여 두둔하지 말라는 본문의 말씀이 선뜻 받아들여지지 않는 사람도 있을지 모르겠습니다.

가끔 자동차 라디오에서 들려오는 소리에 귀를 기울인 적이 있습니다. 장애인 인식개선을 위한 3분 방송이었습니다. 장애인이나 관련된 일을 하시는 분들이 출연하여서 하시는 가장 많은 말은 지나친 관심은 오히려 부담스럽다는 것입니다. 장애인 스스로 할 수 있는 일조차 도와주려고 하는데 그것은 바람직하지 않다고 합니다. 지나친 환대는 오히려 차별입니다. 다른 사람과 동등하게 대우하는 것으로 족합니다. 조금 불편할 뿐 함께 사는 사람으로 보는 시각이 중요합니다.

가난한 사람이라고 하여 두둔하지 말라는 말씀도 그런 입장에서 이해할 수 있습니다. 가난한 사람을 사회에 부담을 주는 사람으로 인식하는 것이 아니라, 함께 사는 사회의 일원으로 보는 것입니다. 지나친 환대는 오히려 차별이 될 수 있습니다.

둘째, 세력이 있는 사람이라고 하여 편들어서는 안 된다는 말씀은 힘 있는 자를 두둔해서는 안 된다는 것입니다.

언약 공동체의 안녕과 질서를 위해서뿐만 아니라 건강한 사회의 유지 존속을 위해서 공정한 재판이 중요합니다. 유전무죄 무전유죄라는 말이 터져 나오는 사회는 부조리한 사회입니다. 그렇다고 가난한 자의 형편은 봐주고, 부한 자는 가중 처벌하는 일도 발생해서는 안 됩니다. 재판할 때 약자에게 치우치는 것도, 강자에게 치우치는 것도 하나님의 뜻이 아닙니다. 가난하다고 동정하여 편들지 말고 세력이 있는 자라고 편들지도 말고, 오직 하나님의 공의의 법대로 판단할 것을 명령하셨습니다. 재판의 기준은 재판받는 사람이 누구냐에 따라 달라져서는 안 된다는 말씀입니다.

2. 비방과 불의한 이익 금지(16절)

16이 사람 저 사람에게 남을 헐뜯는 말을 퍼뜨리고 다녀서는 안 된다. 너는 또 네 이웃의 생명을 위태롭게 하면서까지 이익을 보려 해서는 안 된다. 나는 주다.

자기의 욕심을 채우기 위해 다른 사람에게 피해를 주는 것은 하나님의 공의에 어긋나는 일이기에 금지합니다. 당연합니다.

3. 이웃을 네 몸처럼 사랑하라(17-18절)

[17]**너는 동족을 미워하는 마음을 품어서는 안 된다. 이웃이 잘못을 하면, 너는 반드시 그를 타일러야 한다. 그래야만 너는 그 잘못 때문에 질 책임을 벗을 수 있다.** [18]**한 백성끼리 앙심을 품거나 원수 갚는 일이 없도록 하여라. 다만 너는 너의 이웃을 네 몸처럼 사랑하여라. 나는 주다.**

앙심을 품거나 원수 갚는 일을 하지 말고 이웃을 내 몸같이 사랑하라고 하십니다. 결과적으로는 원수조차도 사랑하라는 말씀입니다.

원수를 사랑하라는 말씀은 참으로 받아들이기 쉽지 않은 명령입니다. 그 어려운 것을 어떻게 하느냐고 반문할 수도 있습니다. 실제로 이것이 가능한지도 잘 모르겠지만, 예수께서 행하셨고, 사람 중에도 행한 분이 있다고 전해지고 있습니다. 여러분도 아시는 산돌 손양원 목사님입니다.

로마서 12:9에서 바울 사도는 '… 여러분은 스스로 원수를 갚지 말고, 그 일은 하나님의 진노하심에 맡기십시오'라고 말씀하고 있습니다. 이러한 명령의 근거는 하나님께 범죄한 우리를 사랑하시어 아들을 내어주신 하나님의 사랑이 있었기에 가능한 것입니다. 하나님의 사랑을 받은 자로써 받은 사랑을 행하라는 것입니다. 원수 갚는 것은 하나님의 권한이므로 하나님께 맡기고, 우리는 오직 하나님의 사랑을 받은 자로서 사랑하는 권한밖에 없음을 기억해야 합니다.

철학자 임마누엘 칸트는 '만약 행복해지려면 ~하라!'는 가언명령(假言命令)과 조건과 관계없이 무조건으로 반드시 '절대적으로 해야 한다'는 정언명령(定言命令)이라는 도덕법칙이 있다고 말했습니다. 정언명령의 두 가지 원칙으로 첫째, 네 의지의 격률이 언제나 동시에 보편적

입법의 원리가 되도록 행위하라. 둘째, 네 자신에게나 다른 사람에게 있어서 인격을 언제나 동시에 목적으로 대우하고 수단으로 대하지 말라고 말하였습니다.

저는 칸트의 철학을 잘 알지는 못하지만 너의 이웃을 네 몸처럼 사랑하라는 말씀에 모두 포괄된다고 생각합니다. '남이 나에게 해줬으면 하는 마음 그대로 남에게 해주라'는 말씀입니다.

예를 들면, 내가 무거운 짐을 옮기고 있을 때 누군가 나를 도와줬으면 좋겠다고 생각하는 것처럼, 누군가 무거운 짐을 들고 있으면 기꺼이 도와주라는 것입니다. 내가 힘들고 외로울 때 누군가 나와 함께 있어주고 위로해 주었으면 좋겠다고 생각하는 것처럼, 누군가 힘들고 외로울 때 함께 있어 주라는 말입니다. 이웃사랑은 자기 사랑이 기준입니다. 자기를 사랑하듯 이웃을 사랑하는 것입니다.

차별, 혐오, 괴롭힘, 무관심은 쉽습니다. 그것은 배우지 않아도 할 수 있고 굳은 의지가 필요하지도 않습니다. 그러나 사랑은 쉽지 않습니다. 참아야 하고, 배워야 하고, 의지로 하여야 합니다. 저와 여러분은 기독교인으로서 예수님을 믿습니다. 우리는 말씀에 따라 이웃을 사랑할 수 있는 능력을 받았습니다. 저와 여러분은 사랑이신 하나님의 자녀이기 때문입니다.

결론

우리는 때론 길을 잃고, 때론 실수도 합니다. 하지만 우리는 바른길로 가려 노력하고 있다고 믿습니다. 자신을 사랑하십시오. 그만큼 이웃을 사랑하십시오. 자신과 이웃을 사랑하는 만큼 우리는 하나님을 사랑할 수 있습니다. 그 길로 함께 가시지 않겠습니까?

감사하고 찬양하라

시편 66편 1-12절

코로나19를 지나 아픔과 고난의 회복을 꿈꾸었지만, 세상은 여전히 그대로입니다. 남아 있는 코로나는 여전히 우리를 우울하게 하고, 우크라이나 전쟁과 북핵 문제, 그리고 미국과 중국 간 패권 경쟁이 격화되어 우리를 불안하게 하고, 세계 경제의 불황과 코인 및 주식의 폭락이 우리를 초조하게 하고, 정치인들의 자리싸움이 우리를 안타깝게 합니다. 그나마 가뭄을 끝내는 단비가 내려서 다행입니다.

성탄절은 주님이 세상의 빛으로 오신 날입니다. 주님은 여전히 어둠인 세상을 밝히는 빛으로 오셨습니다. 그 빛이 사람들에게 공개적으로 비추는 것이 부활입니다. 부활절은 이 어두운 세상을 밝히는 한 가닥 불빛을 바라보는 날입니다.

부활은 세상에 없던 일이 세상에 일어난 사건입니다. 따라서 부활을 본 제자들조차도 당황합니다. 빈 무덤을 발견한 여인들도, 소식을 듣고 달려간 베드로와 요한도, 엠마오로 가던 제자들도, 의심 많은 도마도 부활을 알아보지 못하고 당황했습니다.

하지만 우리는 압니다. 부활이 없었다면 초대교회는 없었을 것이고, 부활이 없었다면 두려움에 떨며 골방에 숨어 있던 제자들은 세상으로 나올 수 없었을 것입니다. 부활이 없었다면 지금 이 자리도, 우리도 없었을 것입니다. 부활을 믿는 우리는 숨지 않고, 낙심하여 주저앉아 있지 않습니다. 주님이 우리와 함께 계심을 믿기 때문입니다.

사도 바울은 믿음 안에 산다는 것이 얼마나 가슴 벅찬 일인지 고백합니다.

> **나는 확신합니다. 죽음도, 삶도, 천사들도, 권세자들도, 현재 일도, 장래 일도, 능력도, 높음도, 깊음도, 그 밖에 어떤 피조물도, 우리를 우리 주 예수 그리스도 안에 있는 하나님의 사랑에서 끊을 수 없습니다. (로마서 8:38-39)**

이런 확신이 있었기에 바울은 온갖 시련과 박해 속에서도 굴하지 않고 복음의 증인이 되었습니다. 하나님의 자녀가 되었다는 구원의 감격은 모든 것을 이기는 승리의 원동력입니다.

하나님의 사랑 안에서 승리자의 자리에 있는 우리 그리스도인은 하나님을 찬양합니다.

1. 찬양할 수 있는 이유(1-7절)

> ¹온 땅아, 하나님께 환호하여라. ²그 이름의 영광을 찬양하고 영화롭게 찬송하여라. ³하나님께 말씀드려라. "주님께서 하신 일이 얼마나 놀라운지요?
> 주님의 크신 능력을 보고, 원수들도 주님께 복종합니다. ⁴온 땅이 주님께 경배하며, 주님을 찬양하며, 주님의 이름을 찬양합니다" 하여라.

온 땅, 온 세상을 하나님 앞으로 부르고 있습니다. 그릇된 세상의 생각에서 벗어나 살아계신 하나님 앞에 나아오라는 초대입니다. 하나님 앞에 나아와 환호하고, 찬양하고, 찬송하라는 것입니다.

주님께서 하신 일이 얼마나 놀라운 일인지 원수들도 주님께 복종한다고 합니다. 그렇다면 주님께서 하신 일이 무엇입니까?

> ⁵오너라. 와서, 하나님께서 하신 일을 보아라. 사람들에게 하신 그 일이 놀랍다. ⁶하나님이 바다를 육지로 바꾸셨으므로, 사람들은 걸어서 바다를 건넜다. 거기에서 우리는 주님께서 하신 일을 보고 기뻐하였다. ⁷주님은 영원히, 능력으로 통치하는 분이시다. 두 눈으로 뭇 나라를 살피시니, 반역하는 무리조차 그 앞에서 자만하지 못한다.

이것은 출애굽 사건을 가리킵니다. 열 가지 재앙, 홍해를 건넌 일, 반석에서 물을 내신 일 등을 말합니다. 출애굽은 이 시편을 쓸 당시보다 수백 년 전에 일어난 사건입니다. 그런데 '와서 보라'고 현재형으로 말합니다.

'와서 보라'라고 현재형으로 말하는 것은 출애굽 사건이 과거가 아니라 현재 일어나는 사건이라는 의미입니다. 그렇습니다. 하나님의 구원 이야기는 지금도 이어지는 현재진행형입니다. 바다를 육지로 바꾸시고 사람들이 걸어서 바다를 건너는 일이 지금도 일어나고 있습니다. 하나님은 지금도 일하고 계십니다. 하나님의 구원 이야기는 시편을 쓴 당시의 시인에게도, 그리고 지금 우리에게도 계속되는 구원사건입니다. 그것을 믿는 사람들은 이렇게 고백합니다.

> ⁷주님은 영원히, 능력으로 통치하는 분이시다. 두 눈으로 뭇 나라를 살피시니, 반역하는 무리조차 그 앞에서 자만하지 못한다.

우리는 주님이 통치하심을 믿습니다. 하나님이 통치하시니 우리 마음이 든든합니다. 악한 것, 반역하는 무리는 하나님 앞에 꼬리를 감출 것입니다. 온 땅이 평화를 누리는 것이 하나님의 뜻입니다. 하나님의 뜻에 기대어 살아가는 우리는 주님이 주시는 풍성한 삶을 누릴 것입니다. 하나님은 지금도 불꽃과 같은 눈으로 지켜보고 계십니다.

2. 지금 우리에게 필요한 것(8-12절)

포스트모더니즘, 후기 산업사회, 신자유주의, 다원주의 사회, 4차 산업, 인터넷, 신성장동력, 플랫폼 기업, 반도체 등 오늘날을 규정하는 용어들이 넘쳐납니다. 어쩌면 한마디로 규정할 수 없는 시대를 살고 있습니다. 예측 불가능한 사회입니다. 예측 불가능한 사회를 사는 사람은 늘 불안합니다. 불안한 사람들은 무언가를 붙들려고 합니다. 돈, 권력, 지위 등 보이는 힘을 움켜쥐려고 합니다. 그래야 불안을 덜어낼 수 있기 때문입니다.

미국 여론조사 기관 퓨리서치센터는 전 세계 17개국 성인 1만 8,850명을 대상으로 "당신이 삶에서 가장 가치 있다고 생각하는 것은 무엇인가"라는 질문의 온라인 설문조사 결과를 발표했습니다.

우리 한국인은 삶의 최고 가치를 무엇이라고 답변했을까요? 한국인의 삶의 순위는 물질적 행복(19%), 건강(17%), 가족(16%), 일반적 만족감(12%), 사회 자유(각각 5%) 순이었습니다.

그러면 다른 나라의 경우는 어떨까요? 17개국 중 절대다수인 14개국에서의 1위는 바로 가족입니다. 그리고 그 뒤를 이어 가치 있게 생각하는 것은 직업(25%), 물질적 행복(19%) 순으로 나타났습니다.

특이사항으로 한국인은 가족을 중요시하지 않았으며(3위) 직업 또한 17개국 대부분에서 3위 안에 들었는데 유독 한국인만 7위(6%)로 직업을 중요 가치로 평가하지 않았습니다.

이런 사회에서 인간은 극도로 소외되고 있습니다. 사람들은 이웃을 하나님의 형상으로 대하지 않습니다. 사람은 수치화되고, 상품화되어 버렸습니다. 각종 여론조사에 하나의 숫자로 포함될 뿐 인격은 사라졌습니다.

'좋아요' 또는 '이용자의 숫자'가 많을수록 더 많은 돈을 버는 세상입니다. 모든 것이 돈과 연결되어 있습니다. 소위 '초연결'이라는 용어도 그것이 곧 돈이기에 중요합니다. 오늘날 세상은 하나님도 사람도 아닌 맘몬이 지배합니다.

인터넷에서 다른 사람을 조롱하고 상처입히는 것에 전혀 양심의 거리낌을 느끼지 않습니다. 영혼이 사라진 좀비들처럼 세상을 떠돌고 있습니다. 사람이라면 마땅히 지켜야 할 기본적인 규범이 무너지고 있습니다.

이럴 때일수록 인간의 심오한 깊이를 드러내는 사람다운 사람이 그립습니다. 더 많은 것을 소유하려고 노력하는 사람보다 더 나은 존재가 되려고 노력하는 사람이 그립습니다. 그런 의미에서 오늘날 세상은 참으로 빈곤합니다. 가난합니다. 마음이 가난합니다. 누구라고 할 것도 없이 모두가 가난합니다.

지금 우리에게 필요한 것은 무엇일까요? 돈, 명예, 권력입니까? 아닙니다. 감히 말씀드린다면 하나님을 바라보는 것입니다.

8백성아, 우리의 하나님을 찬양하여라. 그분을 찬양하는 노랫소리, 크게 울려 퍼지게 하여라.

9우리의 생명을 붙들어 주셔서, 우리가 실족하여 넘어지지 않게 살펴 주신다.

하나님을 찬양하는 일에 더욱 앞으로 나서야 할 때입니다. 사람으로

서의 최소한을 지키면서 살기 위해서입니다. 그 시작은 하나님의 마음으로 세상을 보는 것에서 시작됩니다.

사탄이 세상을 두루 다니면서 삼킬 자를 찾을 때, 사탄의 첫 번째 전략이 무엇인지 아시나요? 우리의 삶에서 감사를 제거하는 것입니다. 우리 마음에 불평과 불만이 많아지고 감사를 잊어버릴 때 사탄은 미소를 짓습니다.

우리가 사탄을 이기는 방법은 하나님의 통치를 신뢰하고 찬양하고 감사하는 것입니다. 하나님은 우리를 고아처럼 내버려 두지 않으십니다. 예수님은 자신을 십자가에 내어주시고 우리를 살리셨습니다. 그 주님을 믿기에 우리는 그 어떤 시련에도 낙심하지 않습니다.

인생무상이라는 말이 있습니다. 사람의 일생이 덧없이 흘러감을 뜻하는 말입니다. 사람을 황폐하게 하는 것은 무의미성입니다. 한마디로 말하면 존재가치의 상실입니다. 자기가 하는 일이 아무런 의미가 없다고 생각될 때 내적으로 무너질 수밖에 없습니다. 오늘 본문의 시인은 현실의 고통을 하나님의 연단으로 이해합니다.

> ¹⁰하나님, 주님께서 우리를 시험하셔서, 은을 달구어 정련하듯 우리를 연단하셨습니다. ¹¹우리를 그물에 걸리게 하시고, 우리의 등에 무거운 짐을 지우시고, ¹²사람들을 시켜서 우리의 머리를 짓밟게 하시나, 우리가 불 속으로, 우리가 물 속으로 뛰어들었습니다. 그러나 주님께서 우리를 마침내 건지셔서, 모든 것이 풍족한 곳으로 이끌어 주셨습니다.

고통이 하나님으로부터 온 것이냐 아니냐를 따지는 것은 무의미합니다. 그것은 누구도 답할 수 없는 것이기 때문입니다.

우리는 때때로 이해하기 어려운 시련을 겪기도 합니다. 그때 우리가 할 수 있는 일은 그 시련을 통해 더 나은 사람이 되는 것입니다. 고난이 하나님의 풍성한 은총을 경험하는 통로가 된다는 사실을 깨닫는 것입니다. 고난을 정련 과정으로 여기고 하나님께 찬양을 드리는 것은 성숙한 신앙인의 모습입니다. 하나님은 시련 속에서 우리를 만나주십니다. 어떤 도움도 기대할 수 없을 때 위로부터 도움이 시작됩니다.

12...그러나 주님께서 우리를 마침내 건지셔서, 모든 것이 풍족한 곳으로 이끌어 주셨습니다.

'그러나', '마침내'라는 말속에 희망이 있습니다. 고난에서 그치지 않고 그 모든 고난을 겪은 후에 하나님이 풍족한 곳으로 이끌어 주셨다는 감사로 이어집니다. 하나님의 도우심은 언제나 우리의 생각을 뛰어넘습니다. 분명한 것은 어떤 경우에도 하나님은 우리를 포기하지 않으신다는 사실입니다. 지금 울고 있는 이들 곁에 하나님은 언제나 계십니다. 그 확신으로 겸손하게 자신을 하나님의 사랑의 통로가 되도록 하는 것이 성숙한 믿음의 사람입니다.

부활 이후의 시간은 주님의 은총이 어두운 세상에 희망이 되게 하며, 사랑이 없는 세상에 사랑의 불꽃을 피우는 시간입니다. 저와 여러분에게 그런 능력을 주셨습니다.

거창해 보이나요? 아닙니다. 우리의 작은 손으로 세상을 구할 수는 없을지라도 한 영혼을 구하는 일에 작은 손을 내민다면 한 걸음 더 하나님에게 다가갈 수 있을 것입니다. 그 작은 손은 내민 사람은 구원의 역사를, 하나님의 역사를 이 땅에 이루는 일에 동참하는 하나님의 사람입니다.

신앙인은 언제 감사와 찬양을 드릴 수 있을까요? 먼저는 과거의 역사에서 보여주신 하나님의 위엄입니다. 이스라엘을 애굽의 압제에서 건져주신 하나님의 위엄은 감사와 찬양을 받기에 합당합니다.

둘째는 고난 가운데 함께 하시는 하나님의 은혜입니다. 신앙인이 겪는 고난을 어떻게 이해할까요? 성경은 말합니다. 고난을 통해 수많은 불순물을 제거하고 하나님과의 온전한 관계인 순전한 신앙으로 성장한다고 합니다. 고난을 통해 하나님의 임재를 경험하는 신앙의 경지입니다.

그런 은총이 저와 여러분에게 있기를 바랍니다. 오늘도 감사하고 찬양하는 여러분이 되기를 주님의 이름으로 축복합니다.

무엇을 바라보고 있습니까?

시편 104편 24-30절

고대 이집트 사람들은 태양을 보면서 신으로 섬겼습니다. 태양은 모든 것을 이기고도 남을만한 위엄이 있습니다. 신으로 섬길 만합니다. 그런데 문제는 밤이었습니다. 밤이 되면 태양은 없습니다. 태양을 섬기는 사람들에게 밤은 신이 없는 시간과 공간으로 공포 그 자체였습니다.

우리의 하나님은 해와 달과 별을 만드신 분입니다. 우리의 하나님은 낮과 밤을 주관하십니다. 낮도 밤도 하나님의 통치 아래 있습니다. 이집트의 태양신이 지배하지 못하는 밤도 하나님의 것입니다. 따라서 우리는 이집트 사람들처럼 밤의 공포에 떨지 않습니다. 우리에게는 달과 별이 있는 밤도 하나님이 주신 아름다운 세상입니다. 오늘 밤 그 아름다운 달과 별을 바라보십시오. 이 세상에는 하나님이 없는 시간과 공간이 없습니다.

세상이 중요하게 생각하는 가치는 이집트 사람들이 태양을 섬기는 것과 같습니다. 바로 우상입니다. 우상은 아무것도 아닙니다. 이집트 사람들처럼 우상을 섬기겠습니까? 우리에게는 우상을 넘어 하나님을 향한 신앙이 있습니다.

세상 사람들은 마치 천년만년 살 것처럼 행동하고, 자기가 알지 못하는 것에 대해 이러쿵저러쿵 이야기하며, 마음만 먹으면 무엇이든지 할 수 있는 것처럼 행동합니다. 그러나 이는 어리석은 태도입니다.

오늘 본문을 보면, 인간은 하나님이 창조하신 피조물 중의 일부일 뿐이라고 말합니다. 그렇다면 피조물인 우리는 무엇을 바라보아야 할까요? 어떻게 하면 우리의 삶이 아름다울까요? 먼저, 우리는 하나님의 지혜를 바라보아야 합니다.

1. 하나님의 지혜(24-26절)

²⁴주님, 주님께서 손수 만드신 것이 어찌 이리도 많습니까? 이 모든 것을 주님께서 '지혜'로 만드셨으니, 땅에는 주님이 지으신 것으로 가득합니다. ²⁵저 크고 넓은 바다에는, 크고 작은 고기들이 헤아릴 수 없이 우글거립니다. ²⁶물 위로는 배들도 오가며, 주님이 지으신 리워야단도 그 속에서 놉니다.

그렇습니다. 땅에는 주님이 지으신 것으로 가득합니다. 바다는 어떻습니까? 크고 넓은 바다에는 헤아릴 수 없이 많은 크고 작은 고기들이 있고, 리워야단(우가릿 신화에 등장하는 바다 괴물)도 있습니다. 인간은 바다를 정복할 것처럼 배를 띄우지만, 바다는 인간의 상상을 뛰어넘습니다. 인간의 상상을 뛰어넘는 바다도 하나님이 지으셨습니다.

인간은 스스로 만물의 영장이라고 합니다. 인간이 이루어놓은 역사를 보면 그런 생각이 들기도 합니다. 그러나 고대로부터 내려오는 전통은 인간이 그리 강하거나 크지 않음을 인정하는 것이야말로 지혜의 시작이라고 말합니다. 홍수, 가뭄, 태풍에 속절없이 당할 수밖에 없는 것이 인간입니다. 그것을 인정하는 순간 그것을 극복할 수 있는 해결책도 찾을 수 있습니다. 인간의 위대한 역사는 인간의 미약함을 인정하며 그것을 극복하면서 이루어낸 것입니다. 교만은 패망의 지름 길입니다.

하나님 앞에서 우리의 작음을 고백하고 주님의 크심을 인정할 때 비로소 세상을 이길 힘을 얻게 됩니다. 우리 인간은 하나님의 형상으로 지음을 받았습니다. 따라서 겸손히 하나님을 바라볼 때 하나님의 영광을 향해 나아갈 수 있는 지혜를 얻게 됩니다. 성도는 하나님의 지혜를 바라보는 사람들입니다.

우리는 또한 하나님의 은혜를 바라보아야 합니다.

2. 하나님의 은혜(27-29절)

[27]이 모든 피조물이 주님만 바라보며, 때를 따라서 먹이 주시기를 기다립니다. [28]주님 께서 그들에게 먹이를 주시면, 그들은 받아 먹고, 주님께서 손을 펴 먹을 것을 주시 면 그들은 만족해 합니다. [29]그러나 주님께서 얼굴을 숨기시면 그들은 떨면서 두려 워하고, 주님께서 호흡을 거두어들이시면 그들은 죽어서 본래의 흙으로 돌아갑니다.

모든 피조물은 창조주 하나님께서 때를 따라 먹을 것을 공급해 주시기를 기다립니다. 피조물은 창조주께서 먹을 것을 주시지 않으면 살 수 없기 때문입니다. 피조물은 하나님께서 먹거리를 주시면 받아먹고, 하나님께서 손을 펴서 보호하시면 만족합니다. 그러나 주님께서 얼굴을 숨기시면 두려워 떨고, 주님께서 호흡을 거두어들이시면 죽어서 흙으로 돌아갑니다.

우리는 하나님의 은혜가 없으면 먼지와 같은 덧없는 존재입니다. 인간은 하나님의 보호가 없으면 이 세상에 존재할 수 없습니다. 모든 것이 하나님의 은혜입니다. 그런데도 깨닫지 못하는 자들은 어리석은 자들입니다. 기독교인은 하나님의 은혜를 바라보아야 합니다. 우리는 주님의 영을 바라보아야 합니다.

3. 우리는 주님의 영을 바라봅니다(30절)

30주님께서 주님의 영을 불어넣으시면, 그들이 다시 창조됩니다. 주님께서는 땅의 모습을 다시 새롭게 하십니다.

인간의 탐욕으로 인하여 하나님께서 창조한 세계가 파괴되고 있습니다. 코로나, 미세먼지, 방사능, 기후변화 등에 의해 하나님의 질서가 위협받고 있습니다. 문제는 하나님이 창조한 질서가 무너지면 인간도 살 수 없다는 사실입니다. 왜냐하면 인간은 하나님께서 창조하신 시간과 공간 속에서 사는 피조물이기 때문입니다.

하나님은 창조하신 세계에 조화와 질서를 부여하셨습니다. 하나님의 질서는 세상을 조화롭고 아름답게 합니다. 봄은 봄이라서 아름답고, 여름은 여름이라서 아름답습니다. 가을은 가을답게, 겨울은 겨울답게 만드셨습니다. 그러나 인간은 하나님이 만드신 조화와 질서를 파괴합니다. 이는 하나님의 창조 질서를 거스르는 죄입니다.

내 머리로 다 이해되지 않을 때, 내가 감당할 수 있는 범위를 넘어설 때 머리가 멍해지고 가슴이 답답하고 속이 울렁거립니다. 그때 여러분은 어떤 해결책을 찾으십니까? 여행, 게임, 술 등을 찾는 사람도 있습니다. 그것들은 일시적 해소책으로는 가능하지만, 근본적인 해결책은 아닙니다. 그런데 의외로 간단한 방법이 있습니다. 하나님께 맡기는 것입니다. 하나님의 신비에 맡겨 버리면 놀랍게도 그것이 치유됩니다.

인간의 발길이 닿지 않는 휴전선 비무장지대는 모든 동식물의 보고라고 합니다. 그렇습니다. 인간의 발길이 차단된 곳에서 하나님의 회복이 시작됩니다. 인간의 발길이 차단된 곳에서 자연이 질서 있고 조화롭게 됩니다. 그것은 하나님께서 창조한 세상의 신비입니다.

우리는 하나님의 신비에 마음을 열어야 합니다. 하나님의 신비는 인간의 이성으로 다 설명할 수 없습니다. 인간의 이성을 뛰어넘는 하나님의 신비에 우리의 문제들을 내어놓아야 합니다. 그것이 성경이 말하는 지혜입니다. 기독교인은 주님의 영을 바라보아야 합니다.

타락한 세상은 하나님 없이 살라고 유혹합니다. 주체성을 갖고 사는 것이야 누가 뭐라고 하겠습니까? 다만 알량한 힘만 믿고 교만한 것이 문제입니다. 타락한 세상은 힘을 가지라고 유혹합니다. 힘이 없는 사람이 살기엔 이 세상이 너무 버겁습니다. 사실 만만치 않은 세상살이에서 내 맘대로 되는 것이 별로 없다는 것을 우리는 느낍니다. 그러나 이 세상은 끊임없이 우리를 유혹합니다. 유혹은 결국 자기 욕망의 포로가 되어 우상에게 종노릇 하게 만듭니다.

욕망의 포로가 된 사람은 유용성의 관점에서 세상을 바라봅니다. 자연이든 사람이든 모든 것을 쓸모 있는 것과 쓸모없는 것을 나누고, 쓸모없는 것은 즉시 폐기처분 합니다. 사람을 사람답게 대우하지 않고 물건처럼 다룹니다. 하나님의 형상으로 창조된 인간을 물건으로 대하는 죄를 범하는 것입니다.

어떤 사람은 이 시대를 이렇게 빗대어 말합니다. '믿음, 소망, 돈, 이 세 가지는 항상 있을 것인데 그 가운데 으뜸은 돈이라.' 목적과 수단이 뒤바뀐 세상을 '돈 세상'이라고 부릅니다.

돈이 지배한다고 해서 돈 세상이며, 미쳐서 돌아간다고 해서 돈 세상입니다. 돈 세상이 만들어 내는 것은 소외와 불안과 절망입니다. 사람들과의 관계조차도 자기의 이익에 따라 순간순간 바뀝니다. 삶에 안정감이 없고 마음은 늘 불안합니다. 불안하기에 자기를 보호하려고 재물을 쌓아놓고, 경계의 담을 겹겹이 쌓아 안전장치를 만듭니다.

돈 세상은 인간을 괴롭게 할 뿐만 아니라 피조물 전체를 괴롭게 합니다. 돈이 주인인 돈 세상은 더 많은 돈을 위하여 인간을 파괴하고, 자연을 파괴하여 결국은 세계 전체를 파괴합니다.

그러면 어떻게 해야 합니까? 우리 기독교인은 달라야 합니다. 세상이 주장하는 유용성에 'NO'라고 말해야 합니다. 예수께서 마귀의 세 가지 유혹에 NO라고 단호하게 거부하고 세상을 사랑으로 바라보았듯이, 우리도 세상의 가치 기준인 유용성에 'NO'라고 말해야 하고, 사랑으로 세상을 바라보아야 합니다.

오늘날 우리가 누리는 이 잔치가 끝나면 무엇이 올까요? 미래학자들은 말합니다. 지금 우리가 누리는 것은 미래의 자원을 미리 당겨쓰는 죽음의 잔치라고 말합니다. 그것을 알면서도 지금의 필요를 채우는 것은 어리석은 일입니다.

우리 그리스도인이 생각하고 바라보아야 할 것은 현재의 편리함이라는 유용성이 아니라, 하나님의 형상으로 지음 받은 인간다운 삶이고, 미래의 후손들이 살아야 할 아름다운 삶입니다. 피조물의 존재를 위협하는 석탄과 석유, 원자력 등의 지나친 남용을 자제하고, 새로운 청정에너지로의 전환을 통하여 환경을 보호해야 합니다. 인간의 욕망에 따르는 파괴적 잔치를 멈추어야 합니다.

기독교인인 우리가 생각하고 바라보아야 할 것은 세상이 요구하는 삶의 방식을 바꾸는 것입니다. 한여름이 되면 예비전력이 부족하다는 경고의 소리가 들립니다. 또한 늘 넘쳐날 줄 알았던 물이 부족하다고 합니다. 당장 가뭄이 걱정입니다. 걱정은 하면서도 선뜻 자기 삶의 방식을 바꾸려 하지는 않는 것이 우리입니다. 당장 불편한 게 싫기 때문입니다.

　석탄과 석유가 고갈된다 해도 원자력, 또는 다른 무엇으로 해결할 수 있다고 생각하는 사람도 있습니다. 물론 일정 부분은 그럴 수도 있습니다. 그러나 후쿠시마 원자로 사고를 통해 그것이 얼마나 위험한 것인지를 여실히 보여주었습니다.

　그렇다면 어떤 대안이 있을까요? 모든 문제를 해결할 수 있을 것이라고 확신하는 사람은 없습니다. 하지만 할 수 있기에 어떤 일을 하는 것이 아니라 해야 할 일이기에 해야 할 때도 있는 것입니다. 아무리 생각해봐도 뚜렷한 해결책이 보이지 않을 때도 있습니다. 그럴 때는 확신할 수 없어도 해야 할 일이 있다면 그 일을 해야 합니다. 믿는 사람의 희망은 하나님입니다. 우리의 희망은 인간 이성이 아니라 하나님입니다.

　태초에 하나님이 천지를 창조하셨다는 창세기 말씀은 무엇을 말하는 것입니까? 이 세상 어떤 것도 인간이 만든 것이 아니라는 사실입니다. 하나님은 없음에서 있음을 창조하시는 분이십니다. 무에서 유를 끌어내시는 분이십니다. 세상이 하나님의 창조물이라는 사실을 머리로는 인정하면서도 삶으로는 부인하는 신앙인들이 많습니다. 인간은 맨 마지막 여섯째 날에 초대받은 손님일 뿐입니다. 그 인간이 하나님이 만든 아름다운 세상을 난장판으로 만들고 말았습니다. 어떻게 수습해야 할까요?

　하나님은 세상의 다양한 것들이 조화롭게 어울리는 것을 보고 보시기 좋았더라고 기뻐하셨습니다. 사람이 가장 사람답게 그리고 아름다울 때가 언제일까요. 하나님의 형상을 따라 지음 받은 인간의 가장 아름다운 모습은, 보시기에 좋다는 하나님의 감탄에 동참할 때입니다. 감탄사는 마음이 평화로울 때 나옵니다.

미쳐 돌아가는 돈 세상을 넘어서 하나님께로 가는 길은 하나님이 만든 세상을 경탄의 눈으로 바라보는 것입니다. 하나님의 신비에 나를 맡기는 것입니다. 경탄할 줄 모르는 사람은 돈 세상의 첫 번째 먹잇감이 됩니다. 경탄할 줄 모르는 사람이 찾는 행복은 다가갈수록 멀어지는 신기루입니다. 그것은 죄를 짓는 일이고, 죄인의 길입니다.

그렇다면 우리의 희망은 어디에 있을까요? 하나님이 창조하신 세상을 보고도 경탄할 줄 모르는 사람들은 세상이 말하는 행복을 좇지만, 그 행복은 다가갈수록 저만치 멀어지곤 합니다. 희망은 다른 곳에 있습니다. 하나님의 형상으로 지음 받은 사람들 속에는 아름다움에 대한 목마름이 깃들어 있습니다. 지금 우리에게 정말 부족한 것은, 돈이나 물건이 아니라 이미 주어진 것을 감사함으로 누리는 마음입니다. 하나님이 창조하신 세상을 아름다움을 보는 눈입니다.

교회는 땅과 그 안에 가득한 것이 모두 주님의 것, 온 누리와 그 안에 살고 있는 모든 것이 주님의 것임을 고백해야 합니다. 그 고백 속에서 우리의 생각과 행동이 바뀌어야 합니다. 무너져가는 세상을 바로 세울 힘이 우리에게 있을까요? 장담할 수 없습니다. 그러나 분명히 말합니다. 자기가 할 수 있는 일이 너무 적다고 그 일을 하지 않는 사람은 씻을 수 없는 잘못을 저지르는 것입니다.

성도는 낙담하라고 부름을 받은 사람이 아닙니다. 새로운 희망을 향해 나아가라고 부름을 받았습니다. 존재의 기쁨을 알면 소유에 대한 집착이 줄어듭니다. 세상이 하나님께 속한 것임을 알면 아무것도 함부로 대할 수 없습니다. 세상을 새롭게 하려는 우리의 작은 노력을 하나님은 들으실 것입니다. 하나님의 영이 불어오면 이 땅은 달라질 것입니다.

³⁰주님께서 주님의 영을 불어넣으시면, 그들이 다시 창조됩니다. 주님께서는 땅의 모습을 다시 새롭게 하십니다.

우리는 무엇을 바라보아야 할까요? 인간의 오만을 내려놓고 하나님의 지혜, 하나님은 은혜, 하나님의 영을 바라보아야 합니다. 한마디로 하나님의 신비를 경험하는 것입니다. 저와 여러분에게 하나님의 은총이 함께 하기를 바랍니다.

엘리야의 두 모습
열왕기상 19장 1-18절

문제의식

엘리야는 갈멜산에서 850명의 이방인 선지자와 영적 대결을 하여 승리했습니다. 엘리야 하면 떠오르는 것이 바로 '불의 사자'입니다. 멋집니다. 시원합니다. 그 장면만 생각하면 우리의 가슴이 뜨거워집니다. 불의 사자 엘리야의 모습은 우리 신앙인이 닮고 싶은 영웅상입니다. 하지만 정말 그런가요?

갈멜산의 일을 지켜본 아합왕은 이방신을 섬기는 이세벨 왕비에게 엘리야가 한 모든 일과 그가 칼로 모든 예언자를 죽인 일을 낱낱이 알립니다(1절). 자기가 섬기는 이방 선지자들이 죽었다는 소식을 들은 이세벨 왕비는 분노합니다. 그리고 심부름꾼을 보내어 엘리야를 죽이겠다고 협박합니다(2절). 이세벨 왕비의 협박을 받은 엘리야는 두려워서 급히 일어나 목숨을 살리려고 유다의 최남단 브엘세바까지 도망칩니다(3절). 홀로 광야로 들어가 로뎀나무 아래에서 차라리 죽었으면 좋겠다고 절망하고 한탄합니다(4절).

로뎀나무는 광야에 드문드문 있는 나무로 우리나라의 개나리와 비슷한 식물입니다. 그래서 광야의 뜨거운 햇빛을 피하기에는 턱없이 부족합니다.

1-4절을 읽은 우리는 한 가지 의문이 듭니다. 하늘의 불을 내리게 한 불의 사자 엘리야를 아는 우리에게 줄행랑을 치는 엘리야의 모습이 어쩐지 낯설어 보입니다. 하늘의 불을 내리게 한 '불의 사자 엘리야가 어쩌다가 줄행랑을 치는 '겁쟁이 엘리야가 되었을까요? 같은 사람인가요? 이 두 모습은 무엇 때문인가요? 무엇이 다른가요?

이세벨 왕비의 협박을 받은 엘리야는 이스라엘 최남단인 브엘세바까지 도망칩니다. 권력자의 협박에 두려움과 절망을 느낍니다. 권력자의 죽음의 협박은 두려운 일입니다. 불의 사자 엘리야도 우리와 성정이 같은 사람인가 봅니다. 위대한 선지자 엘리야도 우리와 같은 사람이라는 사실은 우리도 엘리야와 같은 사람이 될 수 있다는 말과 같습니다.

불의 사자 엘리야가 두려움에 빠져서 도망치는 엘리야가 된 것에 실망하는 분들도 있을 수 있습니다. 그러나 실망하지 마십시오. 하나님이 도우십니다. 때로는 이 땅에서 하나님의 일을 하고도 세상으로부터 미움을 받을 수도 있습니다.

누가복음 9:26 이하를 보면, 예수께서 거라사 지방에서 군대 귀신을 쫓아내고 귀신 들린 사람을 구했습니다. 그러나 세상 사람들은 예수님에게 떠나달라고 요구합니다. 오늘날도 마찬가지입니다. 기독교인으로서 하나님 일을 하고도 세상으로부터 미움을 받을 때가 있을 수 있습니다.

하나님 일을 할 때 하나님의 기적을 체험하는 기쁨을 누리지만 때로는 감당할 수 없는 두려움과 좌절을 겪기도 합니다. 하지만 우리가 명심해야 할 분명한 사실은 사명을 감당하는 사람에게는 하나님의 특별한 보호와 위로가 있다는 사실입니다. 옳은 일을 하는 사람은 하나님께서 돌보십니다.

유다의 최남단 브엘세바까지 도망친 엘리야는 광야에서 탈진합니다. 홀로 광야에서 탈진한 엘리야는 로뎀나무 아래에서 차라리 죽었으면 좋겠다고 절망합니다. 하지만 우리의 하나님은 하나님의 사람을 내버려 두는 분이 아닙니다. 모든 것이 끝났다고 생각되는 순간에도 하나님은 우리와 함께 계십니다.

로뎀나무 아래에 탈진한 엘리야에게 하나님의 위로가 시작됩니다. 하나님은 도망친 엘리야를 책망하지 않으시고 천사를 보내시어 그를 위로하고 회복시키십니다.

> 5그런 다음에, 그는 로뎀 나무 아래에 누워서 잠이 들었는데, 그 때에 한 천사가, 일어나서 먹으라고 하면서, 그를 깨웠다. 6엘리야가 깨어 보니, 그의 머리맡에는 뜨겁게 달군 돌에다가 구워 낸 과자와 물 한 병이 놓여 있었다. 그는 먹고 마신 뒤에, 다시 잠이 들었다. 7주님의 천사가 두 번째 와서, 그를 깨우면서 말하였다. "일어나서 먹어라. 갈 길이 아직도 많이 남았다." 8엘리야는 일어나서, 먹고 마셨다. 그 음식을 먹고, 힘을 얻어서, 밤낮 사십 일 동안을 걸어, 하나님의 산인 호렙 산에 도착하였다.

1. 하나님은 어디 계시는가?

로뎀나무 아래에서 절망 가운데 차라리 죽기를 바라는 엘리야에게 하나님은 새 힘을 주십니다. 하나님의 일을 하는 사람은 육체의 연약함에도 가야만 하는 길이 있습니다. 하나님은 위로와 함께 그 길을 갈 수 있는 새 힘을 주십니다. 육체적 탈진으로 일어설 힘도 없는 엘리야에게 구운 과자와 물 한 병을 회복할 때까지 두 번 공급하십니다. 모든 것이 끝났다고 생각되는 순간에도 하나님은 우리와 함께 계십니다. 그리고 말씀하십니다.

⁷"일어나서 먹어라. 갈 길이 아직도 많이 남았다."

일단 육체가 회복되자 이제는 영적인 회복으로 이끄십니다. 사람은 땅의 육과 하늘의 영으로 창조되었습니다. 따라서 육과 영이 온전할 때 비로소 온전한 인간으로 살 수 있습니다. 육체를 회복시키신 하나님은 영의 회복으로 이끄십니다.

'신앙인이 갈 길', 즉 하나님의 산 호렙으로 엘리야를 인도하십니다. 우리 그리스도인은 육체의 회복뿐만 아니라 영적 회복으로 나아가야 합니다. 당장 눈에 보이는 육신의 문제를 넘어 보이지 않지만 영적 온전함으로 나아갈 때 비로소 영육이 온전한 구원의 복을 누릴 수 있습니다.

육체의 힘이 회복된 엘리야는 밤낮 40일 동안 걸어 하나님의 산 호렙에 도착합니다. 그리고 하나님의 음성을 듣습니다.

⁹엘리야는 거기에 있는 동굴에 이르러, 거기에서 밤을 지냈다. 그 때에 주님께서 그에게 말씀하셨다. "엘리야야, 너는 여기에서 무엇을 하고 있느냐?"

엘리야야, 너는 여기에서 무엇을 하고 있느냐고 말씀하십니다. 할 일이 있다는 말씀입니다. 하나님의 말씀에 엘리야는 두려움에 싸여서 말합니다.

¹⁰"나는 이제까지 주 만군의 하나님만 열정적으로 섬겼습니다. 그러나 이스라엘 자손은 주님과 맺은 언약을 버리고, 주님의 제단을 헐었으며, 주님의 예언자들을 칼로 쳐서 죽였습니다. 이제 나만 홀로 남아 있는데, 그들은 내 목숨마저도 없애려고 찾고 있습니다."

엘리야는 만군의 하나님을 열정적으로 섬겼습니다. 그러나 악한 세력에 의해 도망하는 신세가 되어 버렸다고 엘리야는 한탄합니다. 절망하는 엘리야에게 하나님께서 자신을 드러내십니다.

> ¹¹주님께서 말씀하셨다. "이제 곧 나 주가 지나갈 것이니, 너는 나가서, 산 위에, 주 앞에 서 있어라." 크고 강한 바람이 주님 앞에서 산을 쪼개고, 바위를 부수었으나, 그 바람 속에 주님께서 계시지 않았다. ¹²그 바람이 지나가고 난 뒤에 지진이 일었지만, 그 지진 속에도 주님께서 계시지 않았다. 지진이 지나가고 난 뒤에 불이 났지만, 그 불 속에도 주님께서 계시지 않았다. 그 불이 난 뒤에, 부드럽고 조용한 소리가 들렸다. ¹³엘리야는 그 소리를 듣고서, 외투 자락으로 얼굴을 감싸고 나가서, 동굴 어귀에 섰다. 바로 그 때에 그에게 소리가 들려 왔다. "엘리야야, 너는 여기에서 무엇을 하고 있느냐?"

크고 강한 바람, 지진 그리고 불이 있었지만, 하나님은 그 속에 계시지 않았습니다. 그 후에 부드럽고 조용한 소리가 들립니다. 개역개정에서는 '세미한 음성'이라고 합니다.

크고 강한 바람, 지진 그리고 불이 아니라 부드럽고 조용하게 말씀하시는 하나님의 세미한 음성은 어떻게 들을 수 있을까요? 하나님을 어디서, 어떻게 만날 수 있습니까?

강한 바람, 지진, 불과 같은 마음은 하나님 음성을 들을 수 없습니다. 여기서 하나님은 천둥처럼 오실 거라는 사람의 기대는 철저하게 무너집니다. 어째서일까요? 내 생각이 분주하면 하나님의 음성을 듣지 못합니다. 오히려 부드럽고 조용한 소리로, 세미한 음성으로 하나님은 다가오십니다. 조급하고 번잡한 어수선한 마음을 내려놓을 때 하나님의 부드럽고 조용한 음성을 들을 수 있습니다.

2. 언제 하나님을 만날 수 있는가?

내 번잡한 생각을 내려놓고 하나님의 음성에 귀를 기울일 때 하나님을 만날 수 있습니다. 13절 후반에 하나님은 말씀하십니다. "엘리야야, 너는 여기에서 무엇을 하고 있느냐?" 그리고 엘리야에게 하나님의 계획(뜻)을 알려주시고 그 일을 엘리야에게 맡기십니다. 그 일은 엘리야가 가야 할 길, 곧 사명입니다.

> ¹⁵주님께서 그에게 말씀하셨다. "너는 돌이켜, 광야길로 해서 다마스쿠스로 가거라. 거기에 이르거든, 하사엘에게 기름을 부어서, 시리아의 왕으로 세우고, ¹⁶또 님시의 아들 예후에게 기름을 부어서, 이스라엘의 왕으로 세워라. 그리고 아벨므홀라 출신인 사밧의 아들 엘리사에게 기름을 부어서, 네 뒤를 이을 예언자로 세워라.

엘리야에게 하나님의 계획을 알려주십니다. 하나님의 계획(뜻)은 세상을 바꾸는 일입니다. 그 세상을 바꾸는 일, 그 일을 위하여 엘리야를 부르셨습니다.

그 일은 무엇입니까? 15-18절을 보면 세 가지입니다.

먼저, 하나님을 경멸하는 교만한 아람 왕 벳 하닷을 폐하고, 하사엘을 세우고, 또한 이세벨과 함께 악을 행하는 아합왕을 대신할 예후를 왕으로 세웁니다. 그리고 엘리야를 이어 선지자로 활동할 엘리사를 세우는 일입니다.

또한 엘리야가 결코 혼자가 아니라는 것을 알리십니다. 바알에게 무릎을 꿇지 않는 7천 명의 동역자가 있음을 알려주십니다.

> ¹⁸그러나 나는 이스라엘에 칠천 명을 남겨 놓을 터인데, 그들은 모두 바알에게 무릎

을 꿇지도 아니하고, 입을 맞추지도 아니한 사람이다."

굶주림 속에 죽어 가는 사렙다 과부에게 음식을 주었고, 가뭄을 끝내는 비를 내리게 했으며, 희생제물을 사르는 불이 하늘에서 내리게 한 '불의 사자 엘리야'가 세상 권력자 이세벨 왕비의 협박에 굴복했습니다. 그렇게 강했던 불의 사자 엘리야가 자기 목숨을 위하여 도망쳤습니다. 인간적인 두려움을 감당하지 못하고 로뎀나무 아래에서 자기의 생명을 포기하려고 하였습니다.

하늘의 불을 내리게 한 엘리야와 왕비의 협박에 줄행랑을 치는 엘리야는 무엇이 다른가요? 하나님의 일을 열정적으로 했으나 세상 권력자의 협박에 굴복한 엘리야는 무엇을 잃어버린 것일까요?

줄행랑치는 엘리야는 자신에게 있었던 힘이 누구에게서 오는지를 잊어버렸습니다. 엘리야가 행한 기적들은 하나님이 주시는 힘으로 행하였습니다. 엘리야는 하나님을 잠시 잊었습니다. 그래서 세상 권력자의 협박에 두려워 떨었습니다. 우리는, 모든 인간은 다 그렇습니다. 세상의 일들로 인하여 두려움에 빠지면 하나님의 은혜를 잊어버리는 것이 인간입니다.

그러나 하나님은 엘리야가 있어야 할 자리로 이끄십니다. 엘리야는 있어야 할 자리 곧 사명을 받았을 때 비로소 두려움이 사라지고 담대해졌습니다. 하나님의 말씀에 길이 있습니다. 말씀에 생명이 있습니다. 우리의 진정한 힘이 하나님에게서 온다는 것을 확신할 때 절망하지 않을 수 있습니다. 우리는 이 사실을 명심해야 합니다.

그렇다면 하나님의 뜻을 어떻게 알고, 하나님의 힘을 얻을 수 있을까요? 우리는 하나님의 계시를 어디서 보고 알 수 있을까요?

성경을 통해 성령께서 그리스도 안에서 자기를 계시하신 하나님을 우리에게 알려주십니다. 성경 말씀은 힘의 근원이신 하나님께서 자신을 내어주심으로써 우리와 함께하시는 임마누엘의 은혜입니다.

임마누엘은 우리를 인격으로 만나주시는 하나님의 은혜입니다. 인격적인 하나님은 엘리야를 만나주신 것처럼 우리를 인격적으로 만나주십니다. 인격을 가진 두 존재의 만남은 상대에게 자신을 보여주는 신뢰와 자기를 주는 결단이 필요합니다. 하나님의 형상으로 만들어진 인간은 인격적인 존재입니다. 창조주 하나님께서는 인간과 인격적인 관계를 맺기를 원하시고 성경은 그 이야기로 가득 차 있습니다.

말씀 안에 길이 있습니다. 혹시 낙심되시나요? 말씀 안에 길이 있습니다. 혹시 어찌해야 할지 모르겠나요? 말씀 안에 길이 있습니다. 혹시 두려움과 절망에 빠져 있나요? 말씀 안에 길이 있음을 기억하기를 바랍니다.

열 사람의 나병환자가 깨끗하게 되다

누가복음 17장 11-19절

문제의식

예수께서 예루살렘으로 가시기 위하여 갈릴리에서 출발하여 사마리아를 지나가시다가 어떤 마을 입구에서 부르는 소리를 들었습니다. "예수 선생님, 예수 선생님"하고 부르는 소리였습니다. 소리가 들리는 방향을 보니 멀찍이 멈추어 서서 소리를 높여 말하는 무리가 있었습니다. 가까이 가 보니 나병환자들이었습니다.

그들은 예수라고 불리는 선지자가 많은 병자를 고쳤다는 소문을 들었을 것입니다. 혹시라도 그분을 만난다면 나병에서 벗어나 가족에게 돌아갈 수 있다는 간절한 소망을 갖게 되었을 것입니다. 이들에게 예수는 곧 소망이요, 생명이었을 것입니다.

질병으로 아픔을 겪는 사람이 어떻게 해서라도 낫기를 원하는 것은 당연한 마음입니다. 율법에 따라 공동체를 떠나 격리된 곳에 살게 되어 있는 나병환자들도 어떻게든지 빨리 치유되어 사랑하는 가족의 품으로 돌아가기를 원하는 마음이 절실할 것입니다. 이들에게 예수라는 선지자가 많은 병자를 고쳤다는 소문이 들렸을 것입니다. 그리고 마침 예수가 이 마을을 지나갈 것이라는 소문도 들었습니다. 어떻게 해서라도 나병에서 벗어나 가족에게 돌아가고자 하는 마음에

격리된 장소를 떠나 예수가 지날만한 마을 입구에 숨어 있었습니다. 드디어 예수 무리가 오자 그들은 멀찍이 서서 소리칩니다. "예수 선생님, 우리를 불쌍히 여겨 주십시오."

1. 순종에는 은혜가 따릅니다(12-14절)

> ¹²예수께서 어떤 마을에 들어가시다가 나병환자 열 사람을 만나셨다. 그들은 멀찍이 멈추어 서서, ¹³소리를 높여 말하였다. "예수 선생님, 우리를 불쌍히 여겨 주십시오."

율법에 따라 나병환자들은 공동체에서 격리된 곳에 살았습니다. 예수께 가까이 갈 수가 없어서 멀찍이 멈추어 서서, 소리를 높여 말합니다.

예수님께 치유를 받으려면 어떻게 해야 할까요? 성경 지식이 많아야 할까요? 기도를 잘해야 할까요? 돈이 많아야 할까요? 지위가 높아야 할까요? 아니면 신앙생활을 오래 해야 할까요?

오늘 본문의 나병환자들 그저 나병이 낫기를 원했을 뿐입니다. 믿음이 연약하고, 기도할 줄도 모릅니다. 있는 그대로 예수님께 나아가면 됩니다. 왜냐하면 구원은 은혜이기 때문입니다.

예수님께 가까이 다가갈 수 없었던 그들이 할 수 있는 일은 멀찍이 서서 소리치는 것뿐이었지만 그것으로 충분했습니다. 예수님께 불쌍히 여겨달라는 외침만으로도 주님은 은혜를 베풀어 주십니다. 주님은 고통받은 이의 소리를 무심히 지나치지 않으십니다.

> ¹⁴예수께서는 보시고 그들에게 말씀하셨다. "가서, 제사장들에게 너희 몸을 보여

라." 그런데 그들이 가는 동안에 몸이 깨끗해졌다.

예수께서 가서 제사장들에게 너희 몸을 보이라고 말씀하셨고, 그들은 말씀에 따라 제사장에게 갑니다. 놀랍게도 가는 동안에 몸이 깨끗해졌습니다. 주님은 말씀하셨고, 나병환자들은 순종하였고, 치유되었습니다. 단순합니다. 하지만 제사장에게 가는 나병환자들의 마음은 간단치 않았을 것입니다.

나병으로 곪아 터진 피부를 보면서 어떻게 제사장에게 나아갈 수 있었을까요? 가다가 돌을 맞아 죽을 수도 있다는 생각은 없었을까요? 나을 것이라는 확고한 믿음이 있었을까요? 아니면 일단 해보자는 생각이었을까요?

어떤 마음이었는지 알 수는 없습니다. 하지만 분명한 것은 나병의 몸으로 제사장을 향해 나아간다는 사실 자체가 놀라울 뿐입니다. 믿음은 바라는 것들의 실상이라는 히브리서 11:1의 말씀이 생각납니다.

믿음은 바라는 것들의 실상이요 보이지 않는 것들의 증거니(개역개정)

믿음은 바라는 것들의 확신이요, 보이지 않는 것들의 증거입니다. (새번역)

믿음은 바라는 것들의 확신입니다. 여기서 바란다는 것은 희망입니다. 희망이란 말이 사용되는 때는 언제입니까? 가능성이 크지 않을 때 사용합니다. 가능성이 없어 보여도 그 길로 나아간다는 말입니다. 말하자면 좁은 길을 가는 것입니다. 하지만 확신하면서 갑니다. 믿음은 그런 것입니다.

좁은 길을 가다 보면 바라는 것에 도달할 것이라 확신이 믿음 아닙니까? 저와 여러분은 주님의 약속이 반드시 이루어질 것이라는 믿음으로 신앙생활을 합니다. 그 길에 주님이 함께하실 것을 믿습니다. 본문의 나병환자들은 그 길을 갑니다.

더 놀라운 일은 그다음에 일어납니다. 나병환자 열 사람이 제사장에게 가는 동안에 병이 나았습니다. 열 사람의 몸이 모두 깨끗해졌습니다. 어떻게 나았을까요?

그들의 순종이 몸을 깨끗하게 하였다고밖에 다른 이유를 찾을 수가 없습니다. 순종은 기적을 가져옵니다.

신앙의 성숙에는 두 단계가 있다고 합니다. 먼저, 불평에서 소망으로 가는 단계 그리고 소망에서 감사로 가는 단계입니다. 감사는 성숙한 기독교인의 표지(증거)입니다.

아내에게 고맙다고 한 것이 언제입니까? 남편에게 감사하다고 말한 것은 언제입니까? 자녀에게 너희가 내 자녀여서 참으로 기쁘고 고맙다고 말한 적이 언제입니까? 이웃에게 '내 옆에 있어 주셔서 감사합니다'라고 인사한 적이 언제입니까?

불평하면서 인생을 낭비하지 않으려면 감사할 줄 알아야 합니다. 하나님께서 내게 주신 삶의 모든 것 하나하나를 떠올리면서 감사할 줄 알아야 합니다. 감사하는 삶이 아름답습니다.

2. 감사는 믿음의 완성입니다(15-19절)

이 사건의 강조점은 치유 자체보다 치유 받은 자들의 반응입니다. 나병이 치유되는 놀라운 기적 이후에 그들은 각기 다른 길을 선택하기 때문입니다.

아홉 명은 제사장에게 가던 길을 계속 갑니다. 빨리 제사장으로부터 완치되었다는 판정을 받아 가족에게 돌아가고 싶었는지도 모릅니다.

오직 한 명 사마리아 사람만이 예수께로 되돌아옵니다. 이 사람은 병을 낫게 해주신 분을 기억합니다. 하나님께 영광을 돌리며 예수께 엎드려 감사를 드립니다. 그는 너무나 놀라고 감격하여 먼저 큰 소리로 하나님께 영광을 돌립니다. '오 하나님 감사합니다.' 또한 예수님께 나아와 엎드려 감사드립니다. 열 사람이 치유를 받았는데 한 사람만이 예수께 감사드립니다. 여러분은 어느 쪽에 서 계십니까?

여기서 되돌아와서의 의미는 가던 방향을 바꾼다는 것입니다. 물리적인 방향만이 아니라 삶의 가치관을 바꾼다는 것입니다.

돌아와 감사한 사람은 사마리아인입니다. 성경을 잘 아는 바리새인이 아니라 이방인이라는 사실이 놀랍습니다. 유대인들이 경멸하던 사마리아 사람, 이 장면에서 가장 어울리지 않을 것 같은 사람, 그렇게 할 것 같지 않은 사람이 오늘 말씀의 주인공입니다.

모든 감사의 근원은 하나님입니다. 감사는 하나님이 하신 일을 기억하는 것에서 출발합니다. 아홉 사람은 치유된 일에만 빠져서 감사를 잊었지만, 사마리아 사람은 고쳐주신 주님을 기억했습니다. 그는 불평에서 소망으로, 소망에서 감사로 이어지는 믿음의 성숙을 경험합니다. 그는 온전한 구원의 기쁨을 누립니다.

돌아와 감사하는 그에게 네 믿음이 너를 구원하였다고 예수께서 구원을 선포하십니다. 치유는 구원으로 완성됩니다. 치유와 구원이 별개입니다. 구원으로 이어지지 않는 치유도 있다는 말입니다.

아홉 사람은 나병이 치유되는 은혜를 받았으나 구원으로 나아오지 않았습니다. 오직 한 사람만이 돌이켜 감사함으로 더 크고 특별한 은혜인 구원으로 나아왔습니다. 질병(나병)만이 아니라 죄의 삯(결과)인 사망으로부터 해방되었습니다.

병 고침은 은혜입니다. 그리고 하나님께 영광을 돌리며 감사하는 것은 믿음의 성숙입니다. 아홉 명은 은혜를 받았으나 하나님의 영광 안으로 들어가는 구원열차에 오르지 못했습니다. 치유를 넘어 구원의 기쁨을 누리는 비결이 감사입니다.

종교개혁자 마틴 루터는 '기독교인과 비기독교인을 구별하는 결정적 기준은 감사할 줄 아느냐 모르느냐에 있다'라고 말했습니다. 하나님 나라는 어디에 있습니까? 어떻게 알 수 있습니까? 감사가 넘치는 그곳에 있습니다.

| 9장 |

하나님의 뜻을
어떻게 알 수 있나요?

복음에는 차별이 없습니다

에베소서 3장 1-12절

문제의식

오늘 말씀은 먼저 본문 4절에서 말하는 그리스도의 비밀이 무엇인지, 그리고 그리스도의 비밀을 받은 자의 사명은 무엇인지 말씀하고 있습니다. 먼저 다음의 이야기를 봅시다.

왜 교회당을 "ㄱ"형으로 지었는가?

김제 금산교회(일명 'ㄱ'자 교회)는 한쪽 날개는 남자석, 다른 한쪽 날개는 여자석이다. 남녀칠세부동석이라 남녀가 서로 바라보지 못하게 만든 구조이다. 모서리에 강대상이 있고 그 강대상에서 예배를 인도하는 목사님만 남녀석을 번갈아 볼 수 있다. 틈새가 나는 중간에는 흰 포장을 치기도 하였다.

장로가 된 머슴

교인이 100명 가까이 불어나자 장로 한 분을 선출하게 되었는데, 조덕삼 옹은 떨어지고 머슴인 이자익 청년이 장로로 선출되었다. 반상을 엄하게 따지던 봉건적인 시대에 어떻게 이런 일이 일어날 수 있었을까. 그러나 조덕삼 옹은 의연히 교회 앞에 나가 말하였다. "이 결정은 하나님이 내리신 결정입니다. 나는 이 결정에 순종하고 이자익 장로를 받들어서 열심히 교회를 섬기겠습니다."

그 후 집에 돌아오면 주인과 마부요, 교회에서는 장로와 평신도로 두 사람이 열심히 자기 직분을 다하였다. 그 뒤 조덕삼 옹도 장로가 되었지만, 그는 선배 장로인 이자익 장로를 평양신학교에 유학시키고 목사가 되기까지 모든 뒷바라지를 아끼지 않았고 목사가 된 후에는 금산교회에 초빙하여 담임목사로 시무하게 하여 교회가 더욱 부흥하게 되었다. 그 후 이자익 목사는 세 번씩이나 장로회 총회장을 역임하며 한국 교회에 많은 업적을 남기게 되었다.

무어 선교사와 곤당골교회

무어 선교사는 곤당골교회와 학교를 세웠습니다. 학생 중에는 백정 박씨(박성춘)의 아들 봉출(박서양)이 있었습니다. 이들을 전도하여 교회에 출석하여 세례를 받았습니다. 그런데 당시 교회에 출석하는 양반 교인들이 백정과는 한자리에 앉아서 예배드릴 수 없다고 안쪽에 양반의 자리를 따로 마련해 달라고 했습니다. 이에 무어 선교사는 복음 안에서 신분의 차별이 있을 수 없다고 거절하였습니다. 결국 양반들은 따로 교회를 세우게 되어 갈라졌습니다. 3년 후(1898년) 가을에 곤당골교회와 분리되었던 홍문동교회는 다시 합해졌고, 양반과 백정이 함께 예배드리는 중앙교회로 거듭났습니다.

1. 그리스도의 비밀 — 차별 없는 복음(1-7절)

우리나라에 복음이 처음 들어왔을 때는 남자와 여자가 같이 앉아 예배드릴 수 없었습니다. 또 양반과 백정이 함께 예배드리는 것을 받아들이지 못해서 교회가 나뉜 일도 있었습니다. 그런데 하나님의 은혜, 즉 측량할 수 없는 그리스도의 풍성함으로 이제는 그리스도 안에서 함께 상속자가 되고 함께 공동체의 지체가 되고 함께 약속에 참여하는 자가 되었습니다.

> 6 이는 이방인들이 복음으로 말미암아 그리스도 예수 안에서 함께 상속자가 되고 함께 지체가 되고 함께 약속에 참여하는 자가 됨이라 (개역개정)

이것이 그리스도의 비밀입니다.

> 곧 예수 그리스도를 믿음으로 말미암아 모든 믿는 자에게 미치는 하나님의 의니 차별이 없느니라 (로마서 3:22)

> 유대인이나 헬라인이나 차별이 없음이라 한 분이신 주께서 모든 사람의 주가 되사 그를 부르는 모든 사람에게 부요하시도다 누구든지 주의 이름을 부르는 자는 구원을 받으리라 (로마서 10:12-13)

누구든지 예수 그리스도를 믿으면 구원의 기쁨을 누립니다. 예수님의 십자가는 하나님께서 계획하신 은혜의 선물입니다. 그리스도 안에서 유대인과 이방인이 모두 하나님의 백성이라고 말씀하고 있습니다.

구약시대에는 이 비밀을 명확하게 알지 못하였던 것 같습니다. 예수님이 오셔서 이사야 56:7에 기록된 이 비밀을 마가복음 11: 17에서 확언하셨습니다.

> 내 집은 만민이 기도하는 집이라 칭함을 받으리라고 하지 아니하였느냐. (마가복음 11:17)

그뿐만 아니라 하나님의 은혜로 복음의 일꾼이 된 바울도 담대히 이 비밀을 전하는 이방인의 사도가 되었습니다. 그리스도의 비밀은 누구든지 예수를 믿으면 측량할 수 없는 그리스도의 풍성함으로 구원의 기쁨을 누린다는 것입니다.

2. 우리의 사명(8-12절)

복음의 비밀은 차별이 없는 것입니다. 누구든지 주의 이름을 부르는 자는 구원을 받습니다. 그렇다면 우리는 어떻게 해야 합니까?

바울은 그리스도의 비밀인 복음을 전하는 교회의 일꾼이 되었다고 7절에서 말씀하고 있습니다. 일꾼이 된다는 것은 하나님의 은혜의 선물이라고 또한 기록하고 있습니다.

10절을 보면 하나님께서 우리를 교회의 일꾼으로 삼으신 것은 교회로 말미암아 통치자들과 권세가들에게 하나님의 각종 지혜를 알게 하시려는 것입니다.

예수께서 세상에 오셔서 교회를 세우신 것은 창세 전부터 감추어져 있었던 하나님의 구원계획과 지혜를 교회를 통해 나타내시기 위함입니다. 따라서 우리는 믿음으로 담대함과 확신을 가지고 하나님께 나아가 은혜의 풍성함을 구할 수 있습니다.

¹내 형제들아 영광의 주 곧 우리 주 예수 그리스도에 대한 믿음을 너희가 가졌으니 사람을 차별하여 대하지 말라 ²만일 너희 회당에 금 가락지를 끼고 아름다운 옷을 입은 사람이 들어오고 또 남루한 옷을 입은 가난한 사람이 들어올 때에 ³너희가 아름다운 옷을 입은 자를 눈여겨 보고 말하되 여기 좋은 자리에 앉으소서 하고 또 가난한 자에게 말하되 너는 거기 서 있든지 내 발등상 아래에 앉으라 하면 ⁴너희끼리 서로

차별하며 악한 생각으로 판단하는 자가 되는 것이 아니냐 ⁵내 사랑하는 형제들아 들을지어다 하나님이 세상에서 가난한 자를 택하사 믿음에 부요하게 하시고 또 자기를 사랑하는 자들에게 약속하신 나라를 상속으로 받게 하지 아니하셨느냐 ⁶너희는 도리어 가난한 자를 업신여겼도다 부자는 너희를 억압하며 법정으로 끌고 가지 아니하느냐 ⁷그들은 너희에게 대하여 일컫는 바 그 아름다운 이름을 비방하지 아니하느냐 ⁸너희가 만일 성경에 기록된 대로 네 이웃 사랑하기를 네 몸과 같이하라 하신 최고의 법을 지키면 잘하는 것이거니와 ⁹ 만일 너희가 사람을 차별하여 대하면 죄를 짓는 것이니 율법이 너희를 범법자로 정죄하리라(야고보서 2:1-9 개역개정)

사과는 뉴턴의 물리학 법칙인 중력(만유인력)에 의해 아래로 떨어지지만, 그 사과를 만드는 나무는 중력에 거슬러 위로 자랍니다. 그것은 기적입니다. 사랑은 세상의 법칙에 거슬러 자라는 기적입니다. 그리스도의 비밀은 사랑으로 기적을 경험하게 합니다.

복음에는 차별이 없습니다. 누구든지 예수님을 믿으면 구원의 기쁨을 누리게 됩니다.

진리, 자유

요한복음 8장 32절

    신문에 자주 오르내리는 사건 중에 대부분은 과거에 발목이 잡힌 경우가 많습니다. 무슨 말이냐 하면, 과거의 나쁜 기억이나 우울했던 경험들이 현재 사건을 유발한다는 말입니다. 이는 자기 경험을 어떻게 해석하느냐에 따라 현재의 삶이 달라질 수 있다는 말일 수 있습니다. 그래서 삶의 문제 대부분이 해석의 문제라고 볼 수 있습니다.

    악도 해석의 문제라고 생각할 수 있습니다. 무슨 말이냐 하면, 악을 저지르는 경우도 자신이 경험한 세상에 대한 해석에서 나온다는 말입니다.

    행복한 사람들이 싫어서 '묻지마 범죄'를 저지르고, 여자가 나를 무시하는 것 같아서 돌려차기했다나 어쨌다나 하는 사건 등 불특정한 사람에게 저지르는 범죄 현상이 그렇습니다.

    때로는 억울해서 복수해야겠다든가, 가난했었기에 더 악착스럽게 돈을 벌어야 한다든가, 아니면 부유했었기에 가난을 견디기 힘들다든가 하는 등 '억울해서', '가난했었기에', '부유했었기에'와 같은 과거의 경험이 우리의 현재와 미래에 영향을 줍니다.

    현재의 삶은 과거에 대한 해석 위에서 진행된다는 말입니다. 인간은 자신이 경험한 세상 바깥으로 나갈 수가 없습니다. '아는 만큼 행한다'는 말도 그것입니다. 어찌 보면 당연하다고 느껴지는 것인데 정말 당연할까요?

　복음은 바로 이 문제를 다룹니다. 예수가 그리스도라는 복음은 나를 내가 경험한 세상으로부터 자유롭게 하여 하나님의 미래를 향해 서게 하는 선언(선포)입니다. 복음은 세상이 당연하다고 말하는 것을 그렇지 않다고 말합니다. 복음은 거듭난 새로운 피조물이라고 우리를 불러세웁니다. 거듭난 새로운 피조물로서 부르심을 받은 우리는 복음의 진리로 인하여 자유인이 되고 하나님 나라를 경험하고 누립니다.

‘거듭남’

사람이 거듭나지 아니하면 하나님의 나라를 볼 수 없느니라(요한복음 3:3 개역개정)

‘새로운 피조물’

그런즉 누구든지 그리스도 안에 있으면 새로운 피조물이라 이전 것은 지나갔으니 보라 새 것이 되었도다(고린도후서 5:17 개역개정)

‘진리’

진리를 알지니 진리가 너희를 자유롭게 하리라(요한복음 8:32 개역개정)

　하지만 한국 교회는 복음의 자유를 온전히 누리지 못하고 있습니다. 왜냐하면 복음의 복이 자유라는 사실, 진리가 우리를 자유롭게 한다는 사실을 짐짓 외면하기 때문입니다.

예수 잘 믿어서 복을 받았다고 할 때, 그 복은 대부분 자신의 과거 경험의 연장선에 있는 복입니다. 한마디로 말하면 너무 없어서 갖고 싶었는데 지금은 그것을 가졌다가 '복 받았다'의 기본 틀입니다. 너무 가난했는데 예수 믿어서 부자가 되었다는 말입니다. 이런 신앙관은 우리를 자유롭게 하지 못합니다. '진리가 우리를 자유롭게 하리라'는 요한복음의 말씀은 한국 교회의 건물 주변을 떠돌고 있을 뿐입니다.

하나님은 그렇지 않으시겠지만, 우리에게 있어서 이미 일어난 일, 과거는 변하지 않습니다. 다만 우리가 인식하는 과거에 대한 해석은 변할 수 있습니다. 그런데 그 변화는 나 스스로 할 수 없고, 미래의 빛을 밝히시는 우리 주님과 함께 할 때 가능합니다.

주님은 누구시길래 우리를 변화시킬 수 있으실까요? 주님은 미래로부터 오시는 분입니다. 미래로부터 오시는 분이란 약속(언약)의 주님이라고 생각하면 이해가 됩니다. 약속은 미래의 것입니다. 약속을 이루시는 주님은 미래로부터 오시는 분입니다. 미래로부터 오시는 주님께서 약속을 이루실 것이라고 신뢰할 때, 우리의 현재는 과거의 연장이 아니라 '미래의 현재화'가 됩니다. 그리스도인은 미래의 나로 현재를 삽니다. 그 미래는 주님이 약속하신 하나님 나라입니다. 하나님 나라의 시민으로 지금 삽니다.

미래로부터 오시는 주님 앞에 선 '나'는 아무것도 아닙니다. 과거의 '나'는 아무것도 아닙니다. 주님 앞에 서면 나 자신이 온전히 백지가 됩니다. 나의 백지에 주님께서 그림(나의 미래)을 그려주십니다.

떨기나무 앞으로 모세를 부르신 하나님은 이렇게 말씀하십니다.

하나님이 이르시되 이리로 가까이 오지 말라 네가 선 곳은 거룩한 땅이니 네 발에서

신을 벗으라(출애굽기 3:5 개역개정)

우리는 거룩한 땅, 거룩한 주님 앞에 서 있습니다. 나를 옭아매던 과거의 경험은 더 이상 힘을 발휘하지 못합니다. 복음의 진리가 나를 압도합니다. 과거의 신을 벗고 떨기나무 아래에 선 모세처럼 우리도 오롯이 백지상태로 주님 앞에 서 있습니다. 주님이 그려주실 나의 미래를 생각하면 행복하지 않을 이유가 없습니다. 오늘도 주님께서 그려주시는 나의 미래를 기대하며 행복합니다.

사랑이 능력입니다

요한복음 21장 15-18절

성지순례의 일정 중 갈릴리에 있는 수위권교회를 방문했습니다. 오늘 본문의 말씀이 있었던 장소입니다. 이 장소에서 베드로에게 예수님을 대신하여 양들, 즉 성도를 섬기라는 사명을 위임해주신 것을 기념하여 세워진 교회가 '베드로 수위권 교회'입니다.

베드로 수위권(首位權, primacy)은 예수의 제자들 가운데 가장 으뜸이 되는 지위, 권한을 말합니다.

예수님께서 십자가에 달리신 후에 낙심한 베드로는 갈릴리로 돌아갑니다. 베드로가 본업인 어부의 일을 하고 있을 때 부활의 주님이 찾아오셔서 베드로에게 "네가 나를 사랑하느냐?"고 묻습니다.

부활의 주님께서 베드로에게 말씀하는 주된 내용은 내 양을 먹이라는 것입니다. 내 양을 먹이라는 사명을 주시는데 그 전에 한 가지를 확인합니다. 그것은 "네가 나를 사랑하느냐"라는 것입니다. 사랑한다는 베드로의 대답을 들으신 주님께서 "내 양을 먹이라"라고 권한을 위임해주십니다.

그런데 권한을 위임해주시면서 주님은 왜 베드로의 사랑을 확인하시는 것일까요? 그 이유를 함께 나누어 보겠습니다.

주님의 질문과 베드로의 대답은 세 번에 걸쳐서 이루어집니다. 예수께서 세 번 물으시고 베드로는 세 번 대답합니다. 베드로는 매번 긍정적으로 대답하고 있습니다. 다만 사용하는 어휘가 조금씩 차이가 있습니다.

먼저 '사랑'이라는 헬라어 단어에서 예수님은 첫 번째와 두 번째는 '아가페'라고 사용하시다가 세 번째는 '필로'를 사용하셨습니다. 베드로는 세 번 모두 '필로'를 사용했습니다. '아가페'와 '필로'는 모두 '사랑'이라는 뜻이 있습니다. '아가페'와 '필로'는 요한복음에서 특별한 구분 없이 사용하기 때문에 큰 차이가 없다고 볼 수 있습니다.

두 번째로 예수님은 부탁하실 때 '먹이다, 치다, 먹이다'로 어휘를 다르게 사용하십니다. '먹이다, 치다, 먹이다'를 '돌보다'는 의미로 해석한다면 이 또한 큰 차이가 있다고 볼 수 없습니다.

다만 주목할 것이 있다면, '세 번'이라는 횟수입니다. 예수께서 세 번째 물으시자 베드로가 '불안해하였다', '근심했다'고 기록합니다.

17예수께서 세 번째로 물으셨다. "요한의 아들 시몬아, 네가 나를 사랑하느냐?" 그 때에 베드로는, [예수께서 "네가 나를 사랑하느냐?"하고 세 번이나 물으시므로, 불안해서 "주님, 주님께서는 모든 것을 아십니다. 그러므로 내가 주님을 사랑하는 줄을 주님께서 아십니다"하고 대답하였다.

이에 대하여 어떤 사람은 베드로가 예수님을 세 번 부인한 것과 관련이 있다고도 합니다. 세 번 부인했으니 세 번 질문으로 회복시켰다고 설명하는 것입니다. 그렇게 해석할 수도 있을 것입니다.

또 다른 해석은 주님의 길을 따르는 제자의 길은 사랑이 없으면 갈 수 없는 길이기에 여러 번 확인해야 할 필요가 있다고 강조하는 해석입니다. 어느 해석을 따라도 괜찮습니다.

1. 나에게 물으신다면?

부활하신 예수께서 베드로에게 한 질문을 저와 여러분에게, 우리에게, 나에게 물으신다면 어떻게 대답해야 할까요? 2천 년 전 그날을 생각하면서 우리 각자 베드로라고 생각하고 이 질문에 대답해 봅시다.

먼저 15절입니다. "요한의 아들 시몬아, 네가 이 사람들보다 나를 더 사랑하느냐?", "주님, 그렇습니다. 내가 주님을 사랑하는 줄을 주님께서 아십니다."

두 번째 질문 16절입니다. "요한의 아들 시몬아, 네가 나를 사랑하느냐?", "주님, 그렇습니다. 내가 주님을 사랑하는 줄을 주님께서 아십니다."

17절 세 번째 질문입니다. "요한의 아들 시몬아, 네가 나를 사랑하느냐?", 그때 베드로는, [예수께서] "네가 나를 사랑하느냐?"하고 세 번이나 물으시므로, 불안해서 "주님, 주님께서는 모든 것을 아십니다. 그러므로 내가 주님을 사랑하는 줄을 주님께서 아십니다."

세 번 질문과 세 번의 대답을 깊이 들여다보면 베드로는 예수님의 질문에 처음은 당당하게 대답합니다. 그러나 17절을 보면 세 번째 질문에서 불안해합니다. 근심합니다.

베드로는 왜 불안할까요? 베드로는 왜 근심했을까요? 처음에는 그저 대답했지만, 질문이 거듭되면서 자신의 대답에 확신이 없어진 것일까요? 아니면 주님이 잡히시고 재판 받으신 그날 밤, 세 번 주님을 부인하던 자신의 비겁함이 떠올랐을까요?

여러분은 대답하면서 불안하거나 근심이 없으셨습니까? 첫 번째 질문에 대답할 때와는 다르게 세 번째 질문에 대해 대답할 때 마음속에 어떤 다른 점이 있었습니까? 아무 느낌이 없었나요?

아무 느낌도 없는 분도 있겠지만 살짝 느끼신 분도 있으실 것입니다. 저는 또 한 번 주저함을 느낄 수밖에 없었습니다.

예를 들면 이렇습니다. 아내가 저에게 물어봅니다. "나 사랑해?" 저는 "그럼 사랑하지"라고 대답합니다. 또 묻습니다. "나 사랑해?", "당연하지 그걸 뭘 묻나?" 세 번째 묻습니다. "나 정말 사랑해?" 이때부터 마음속이 분주합니다. '어이쿠 내가 뭔가 잘못했나? 왜 자꾸 물어보지?'

그리고 내가 잘못한 것이 있는지, 또는 그동안 아무 생각 없이 살아왔는데 내가 정말 아내를 사랑하는지 생각해 봅니다. 이런 과정을 겪게 되는데 여러분은 안 그러신가요?

오늘 본문의 말씀을 처음 접했을 때 처음에는 저도 베드로처럼 주님의 질문에 당당하게 대답했습니다. "네가 나를 사랑하느냐?", "네 내가 주님을 사랑합니다. 내가 그래도 목사인데 주님도 아시잖아요."

하지만 두 번째 세 번째 질문이 계속되고, 하루가 가고 이틀이 가고 날이 갈수록 감히 눈을 들지 못하고 대답도 하지 못하였습니다. 왜냐하면 하찮은 여종의 질문에 해를 당할까 두려워하면서 주님을 부인하는 베드로를 물끄러미 뒤돌아보시는 주님의 얼굴이 떠올랐기 때문입니다.

다시 한번 묻겠습니다. 여러분에게 주님이 물으신다면, 여러 번 반복해서 물으신다면, "네 제가 주님을 사랑합니다"라고 분명하고 확실하게 대답할 수 있으십니까?

2. 해결책은 사랑입니다

제가 처음 오산교회에 부임했을 때 목사인 저는 주님께 능력을 달라고 기도했습니다. 주님이 맡기신 사역을 감당할 수 있는 능력을 달라고 기도했습니다.

'사역을 맡기셨으면 합당한 능력을 주어야 할 것 아닙니까?', '심부름 시켰으면 차비도 주고 비용도 주셔야 할 것 아닙니까?' 하나님께서 뭐라고 말씀하셨을까요?

'내가 너를 사랑한다.', '네가 약할 때 내 은혜가 족하다.', '사랑이 능력이다.'

사역의 능력은 인간적인 지혜나 수단 또는 기능의 문제가 아니라는 것입니다. 목회는 경영학 이론이나 웅변과 같은 말의 지혜나 사람을 대하는 처세술 같은 것으로 하는 것이 아니라는 말씀입니다. 주님은 사역의 능력은 곧 사랑이라고 말씀하셨습니다. 결국 내가 너를 사랑한 것 같이 다른 사람을 사랑하라는 말씀이었습니다.

신앙생활을 하다 보면 열정적인 신앙을 가졌다가도 영적 침체를 겪는 등 많은 부침이 있을 수 있습니다. 예수님의 수석제자인 베드로 역시 마찬가지였습니다. 주님은 그것을 아시고 오늘 본문을 베드로에게, 그리고 우리에게 주셨습니다. 주님의 일을 감당하기 위해서는 주님을 사랑하는 마음을 가져야만 가능합니다.

오늘 본문에서 주님께서 반복적으로 네가 나를 사랑하느냐고 물으신 것은 그 사랑이 있어야 주님이 맡기신 사명을 온전히 감당할 수 있기 때문입니다. 주님을 사랑하는 것이 능력이라는 말입니다. 베드로는 그 사랑의 능력을 받았습니다. 베드로가 주님으로부터 받은 사랑의 능력이 바로 제자의 길을 갈 수 있게 하는 수위권입니다. 그 사랑의 능력을 받은 장소에 수위권교회가 세워졌습니다.

오늘 본문에서 주님은 사랑의 능력을 베드로에게 주시고 내 양을 돌보라고 하십니다. 그리고 그 능력이 어떻게 사용되는지 알려주십니다. 바로 18절입니다.

> 18내가 진정으로 진정으로 너에게 말한다. 네가 젊어서는 스스로 띠를 띠고 네가 가고 싶은 곳을 다녔으나, 네가 늙어서는 남들이 네 팔을 벌릴 것이고, 너를 묶어서 네가 바라지 않는 곳으로 너를 끌고 갈 것이다.

18절 전반부에 네가 젊어서는 너 스스로 띠를 띠고 네가 가고 싶은 곳을 다녔다는 말씀은 네가 미성숙할 때, 믿음이 약할 때, 사명이 버거운 짐일 때는 네 뜻대로 살았다는 뜻입니다. 주님의 뜻이 아닌 내 뜻에 따라 행동했다는 것입니다. 그때의 사역은 힘들고 어려운 고역입니다.

그렇다면 18절 후반부는 어떨까요?

> 네가 늙어서는 남들이 네 팔을 벌릴 것이고, 너를 묶어서 네가 바라지 않는 곳으로 너를 끌고 갈 것이다.

네가 늙어서는, 즉 성숙해지면, 어른다워지면, 사랑의 능력을 받으면 너는 네 뜻대로 살지 않을 것이다. 너 자신보다 이웃의 유익이 너의 행동의 기준이 될 것이라는 말씀입니다. 그렇게 행동할 수 있는 능력이 바로 사랑입니다.

결론

제자는 주님의 길을 따르는 사람입니다. 주님의 길은 양을 먹이고 돌보는 길입니다. 그 길을 가는데 필요한 유일한 능력은 예수님에 대한 사랑입니다.

제자의 길은 예수님에 대한 사랑에서 시작하고 그 사랑으로 끝납니다. 우리는 끊임없이 내가 주님을 사랑하는지 점검해야 합니다. 주님을 사랑하는 능력으로 살아가는 것이 제자의 길입니다. 사랑이 없다면 예수님의 십자가는 그저 무거운 짐에 불과합니다.

> ¹내가 사람의 모든 말과 천사의 말을 할 수 있을지라도, 내게 사랑이 없으면, 울리는 징이나 요란한 꽹과리가 될 뿐입니다. ²내가 예언하는 능력을 가지고 있을지라도, 또 모든 비밀과 모든 지식을 가지고 있을지라도, 또 산을 옮길 만한 모든 믿음을 가지고 있을지라도, 사랑이 없으면, 아무것도 아닙니다. ³내가 내 모든 소유를 나누어 줄지라도, 내가 자랑삼아 내 몸을 넘겨줄지라도, 사랑이 없으면, 내게는 아무런 이로움이 없습니다. (고린도전서 13:1-3)

주님을 사랑하지 않으면 신앙생활은 그저 개인의 자기만족으로, 허망한 것을 쫓다가 아무 의미를 찾지 못한 채 자신을 소진하고 맙니다.

사랑이 능력입니다. 우리는 주님의 십자가의 능력으로 사랑하며 살아가는 사람입니다. 사랑으로 이웃을 복되게 하는 사람입니다. 사랑으로 생명과 평화를 이루는 사람입니다. 그것이 복 있는 사람의 삶입니다. 바로 저와 여러분입니다.

성지순례 중에 베드로 수위권교회에 방문했을 때의 일을 말씀드렸습니다. 네가 나를 사랑하느냐는 주님의 질문에 근심하는 베드로처럼 저 자신도 근심하며 주저하였습니다. 그런 나의 마음을 가다듬고 수위권교회 안으로 들어가 기도하였습니다.

그때 놀라운 일이 있었습니다. 주님께서 저의 머리에 안수해 주셨습니다. 정수리에서부터 뒷머리까지 주님의 손길이 느껴졌습니다. 그리고 이렇게 말씀하시는 것이 느껴졌습니다.

"괜찮다, 괜찮다. 아들아, 그만하면 됐다. 네가 할 수 있는 만큼만 해라. 네 몸이 상할까 한다. 걱정하지 말라, 걱정하지 말라. 내가 너와 함께 있겠다. 걱정하지 말라." 아멘.

매사에 때가 있다

전도서 3장 1-8절

문제의식

모든 일은 알맞을 때가 있습니다. 심을 때와 뽑을 때가 있고, 죽일 때와 살릴 때가 있고, 울 때와 웃을 때가 있고, 찾아 나설 때와 포기할 때가 있고, 말하지 않을 때와 말할 때가 있고, 사랑할 때와 미워할 때가 있습니다. 때에 맞게 행하였을 경우와 그렇지 못했을 경우가 있으면 생각해 보세요. 때에 맞게, 알맞게 했을 때 아름답습니다. 하나님은 세상을 그렇게 창조하셨습니다.

9절을 보면, 사람이 애쓴다고 해서 이런 일에 무엇을 더 보탤 수 있겠느냐고 합니다. 하나님이 때에 따라 알맞게 만드신 섭리는 사람이 애쓴다고 바뀌지 않는다는 말입니다.

애써도 안 된다고 하면, 어떻게 하라는 말인가요? 되는대로 가만히 있으라는 말인가요? 이미 하나님에 의해 결정되어 있으니 우리가 할 수 있는 것은 아무것도 없다는 숙명론을 말하는 걸까요?

그것이 아니라면 어떤 뜻일까요? 하나님이 모든 일에 적당한 때와 시기를 정해두셨으니 비록 그때를 알 수 없다 하더라도 일상의 삶을 사는 동안 즐겁게 살라는 뜻이라고 해석하는 것이 일반적입니다.

10절을 보면 이 모든 것은, 하나님이 사람에게 수고하라고 지우신

짐이라고 말씀합니다. 이는 마땅히 그 일을 감당하고 그 안에서 기뻐하라는 뜻입니다. 하나님이 충만한 기쁨을 그 안에 두셨기에 보물을 찾는 것처럼 기쁨을 찾아 누리라는 것입니다.

하나님께서 여러분 각자에게 때에 알맞게 주신 것은 무엇인가요? 여러분은 그것 안에 감추어진 기쁨을 누리고 계십니까?

> [11]하나님은 모든 것이 제때에 알맞게 일어나도록 만드셨다. 더욱이, 하나님은 사람들에게 과거와 미래를 생각하는 감각을 주셨다.

하나님은 모든 것을 지으시고 때에 따라 아름답게 하셨습니다. 우리는 그 안에서 하나님께서 주신 과거와 미래를 생각하는 감각, 영원을 사모하는 마음에 따라 생각하고 판단하고 행동해야 합니다. 하나님은 그것을 기쁘게 받으십니다.

그런데 이 말씀에 덧붙여 11절 후반에 이렇게 말씀하십니다. 그러나 사람은 하나님이 하신 일을 처음부터 끝까지 다 깨닫지는 못하게 하셨다고요.

이 말씀을 어떻게 이해해야 할까요? 영원을 사모하는 마음을 주셨지만 하나님이 하시는 일의 시종을 사람으로 측량할 수 없게 하셨다니요? 과거와 미래를 생각하는 감각을 우리에게 주셨지만, 하나님이 하신 일을 처음부터 끝까지 다 깨닫지는 못하게 하셨다니요?

주실 거면 온전히 주시지 뭐는 주시고 뭐는 안 주시느냐는 생각이 들기도 합니다. 이렇게 하신 하나님의 마음을 알고 싶네요 살짝 들여다보면 이렇습니다. 우리 인간은 완전하지 않습니다. 완전하신 분은 하나님 한 분뿐입니다.

이런 불완전한 인간을 '결여 존재' 또는 '미완성의 존재'라고 합니다.

이 말은 언뜻 보면 부정적인 생각이 듭니다. 하지만 우리를 사랑하시는 하나님이 그럴 리가 없습니다. 이 말은 부정적인 의미라기보다 오히려 긍정적인 의미를 담고 있습니다.

결여 존재, 미완성의 존재이기에 더 나은 무엇이 될 수 있는 '가능성의 존재'가 될 수 있다는 말입니다. 그 가능성이 있기에 인간은 다른 어떤 피조물보다 존귀합니다. 그 가능성이 인간의 존재를 가치 있게 합니다. 그 가능성이 우리를 사람답게 합니다. 그 가능성은 하나님의 형상이 드러나는 사람, 즉 하나님의 자녀로 살게 합니다.

하나님으로부터 과거와 미래를 생각하는 감각, 영원을 사모하는 마음을 받았으나 하나님이 하신 일을 처음부터 끝까지 다 깨닫지는 못하게 하셨습니다. 이런 상황에서 우리는 어떻게 살아야 할까요?

전도서 저자인 솔로몬이 깨달은 것은 12-14절입니다.

> [12]이제 나는 깨닫는다. 기쁘게 사는 것, 살면서 좋은 일을 하는 것, 사람에게 이보다 더 좋은 것이 무엇이랴! [13]사람이 먹을 수 있고, 마실 수 있고, 하는 일에 만족을 누릴 수 있다면, 이것이야말로 하나님이 주신 은총이다. [14]이제 나는 알았다. 하나님이 하시는 모든 일은 언제나 한결같다. 거기에다가는 보탤 수도 없고 뺄 수도 없다. 하나님이 이렇게 하시니 사람은 그를 두려워할 수밖에 없다.

솔로몬이 깨달은 은총은 무엇일까요? 먼저는 기쁘게 살라, 살면서 좋은 일을 하며 살라, 사람이 먹을 수 있고, 마실 수 있고, 하는 일에 만족을 누리라는 것입니다.

하나님이 만사에 때를 정하셨다면, 그 사실 때문에 체념하거나 비관하지 말고 하나님의 선하심을 신뢰하고 좋은 일을 행하고, 하나님이 주신 먹고, 마시고, 하는 일에 만족을 누리며 살라는 것입니다.

그렇다면 솔로몬이 최종적으로 깨달은 것은 무엇일까요?

14이제 나는 알았다. 하나님이 하시는 모든 일은 언제나 한결같다. 거기에다가는 보 탤 수도 없고 뺄 수도 없다. 하나님이 이렇게 하시니 사람은 그를 두려워할 수밖에 없다.

한결같은 하나님이 하신 일을 사람이 보탤 수도, 뺄 수도 없으니 사람은 하나님을 두려워해야 한다. 하나님을 경외해야 한다는 것입니다. 영원하신 하나님의 신비한 섭리 앞에 유한한 인간이 가져야 할 것은 하나님을 향한 경외입니다.

결론

솔로몬의 지혜는 바로 하나님을 두려워하는 것, 하나님을 경외하는 것입니다. 하나님을 두려워하는 사람은 되는대로 살 수 없습니다. 자기 마음대로 살 수 없습니다. 왜냐하면 하나님이 지켜보고 계시기 때문입니다. 매 순간 때가 있고 일의 이유가 있기에 우리는 매 순간 하나님을 생각하고 하나님이 기뻐하시는 일을 하려고 의식하며 살아야 합니다. 그것이 기독교인의 지혜, 분별력, 영성입니다.

전도서의 저자인 솔로몬은 이 땅에 사는 동안 기한과 때를 정하신 하나님의 섭리를 믿고 따르는 것이 지혜라고 합니다. 그 지혜는 곧 하나님을 경외하는 것입니다.

사업이 어렵습니까? 몸이 아픕니까? 계획한 일이 잘 풀리지 않습니까? 보이지 않으나 하나님의 놀라운 계획이 진행되고 있음을 믿으시기를 바랍니다. 하나님은 언제나 나를 이끌고 계십니다. 하나님은 우리

편입니다.

로마의 지성인이자 네로의 스승인 세네카의 말입니다.

우리의 육체는 필요로 하는 것이 많지 않다. 추위를 막고 굶주리지 않고 목
마르지 않은 것만을 원하며 그 이상의 욕망은 오히려 필요가 아니라 결함
이 된다.

우리는 이런 말들을 옛 노인의 잔소리쯤으로 흘려듣기 일쑤입니다.
하지만 그 무엇도 분명하지 않은 이 시대는 노인의 지혜를 깊이 새겨들
어야 할 때입니다. 기독교인은 믿음의 선조들의 지혜에 귀를 기울이는
지혜로운 사람들입니다.

행복하기로 작정한 사람은 어떻게 해도 행복하고, 불행하기로
작정한 사람은 어떻게 해도 불행합니다. 뭔 말이냐고요?
우울증을 앓고 있는 친구를 아무리 달래고 설득해도 언제나 되돌아
갑니다. 우울하기로 작정했으니까요. 화를 내기로 작정한 사람은 진정
시킬 수 없습니다. 건들면 터질 준비가 되어 있습니다. 인간의 마음이
이렇게 미묘하고 예민하고 어렵습니다.
우리는 스스로 그런 마음을 챙기지 않고 언제나 방치해 놓고 있습니
다. 머리를 만지고 얼굴은 화장하면서 마음은 그렇게 할 수가 없습니다.
마음에는 마음을 다스리는 자양분을 끊임없이 공급해야 합니다.
나의 마음이 나에게서 멀리 가버린 것이 낙심이고 우울이고 분노입니
다. 날이 추우면 몸도 춥지만, 마음이 더 추워집니다. 추울수록 마음
단속 잘해야 합니다.
마음을 더 커지게 하는 비결은 인터넷의 정보나 사진 그리고 유튜브

가 아니라, 나보다 먼저 살아낸 사람들의 고민과 생각입니다. 특별히 기독교인은 믿음의 선진입니다. 미묘하고 예민해진 마음을 다스리기 위해서는 믿음으로 이기고 승리한 성경의 인물들을 생각해야 합니다. 춥지만 절대 꺾이지 않는 그런 마음이 우리를 아름답게 합니다. 바울 사도의 말로 마무리하겠습니다.

나는 비천에 처할 줄도 알고 풍부에 처할 줄도 알아 모든 일 곧 배부름과 배고픔과 풍부와 궁핍에도 처할 줄 아는 일체의 비결을 배웠노라 내게 능력 주시는 자 안에서 내가 모든 것을 할 수 있느니라(빌립보서 4:12-13)

보시기에 좋았더라

창세기 1장 31절

하나님 보시기에 좋았다는 이 말씀은 창세기 1:10, 12, 18, 21, 25, 31에서 6번이나 반복하여 말씀하셨습니다. 창조하신 모든 것이 정말 좋으셨나 봅니다.

창조하신 피조물 중에서 '모든 생명체'에게 하신 말씀이 있습니다. 그것은 "생육하고 번성하여 충만하라"라는 말씀입니다.

> 하나님이 그들에게 복을 주시며 이르시되 생육하고 번성하여 여러 바닷물에 충만하라 새들도 땅에 번성하라 하시니라(창세기 1:22, 개역개정)

이 말씀은 사람에게도 주신 말씀입니다. 사람도 다른 동식물과 마찬가지로 "생육하고 번성하여 충만하라"라고 말씀하셨습니다. 그러면 혹시 사람에게만 주신 말씀은 없을까요? 있습니다. 사람에게만 "땅을 정복하라, 모든 생물을 다스리라"라는 말씀을 주셨습니다(창 1:28). 사람은 생육하고 번성할 뿐만 아니라 땅을 정복하고 다스리라고 말씀하셨습니다.

그렇다면 사람에게만 주신 "정복하고 다스리라"라는 말씀의 의미는 무엇일까요? 힘으로 지배하라, 억압하라, 너희들 맘대로 하라는 말씀은 아니겠지요? 하나님 보시기에 좋았더라고 말씀하신 피조세계를 사람에게 힘으로 지배하라, 억압하라, 너희들 맘대로 하라고 하시지는 않으시겠지요? 하나님이 창조한 모든 세계를 하나님 보시기에 좋도록 잘 돌보라는 뜻이라고 생각하는데, 여러분의 생각은 어떠신가요?

그러면 어떻게 돌보는 것이 하나님 보시기 좋을까요? 돌본다는 말은 상대가 연약하다는 것을 전제로 합니다. 대표적으로 '갓난아이를 돌보다'라고 할 때 많이 사용됩니다. 먹이고 씻기고 재우는 등 아기가 잘 자라도록 돕는 것을 돌본다고 합니다.

어디서부터, 누구부터 돌보아야 할까요? '모두 다'라고 하면 애매하니깐 구체적으로 생각해 보겠습니다. 개인적으로 제가 돌보아야 하는 첫 번째 대상은 배우자라고 생각합니다. 남편은 아내를, 아내는 남편을 돌보는 것이 하나님 보시기에 좋았더라는 말씀에 순종하는 첫 번째라고 생각합니다. 제가 그렇게 생각하는 이유는 창세기 말씀 때문입니다.

여호와 하나님이 이르시되 사람이 혼자 사는 것이 좋지 아니하니 내가 그를 위하여 돕는 배필을 지으리라 하시니라(창세기 2:18)

사람이 혼자 사는 것이 좋지 않다고 말씀하십니다. 동물들은 그 종류대로 짝이 있는데 사람은 그렇지 않은 것을 보시고 안쓰럽게 느끼셨던가 봅니다. 그래서 돕는 배필을 주실 생각을 하셨습니다. 그런데 돕는 배필을 주시기 전에 먼저 하신 일이 있습니다. 어떤 일을 하셨는지 아시나요?

여호와 하나님이 흙으로 각종 들짐승과 공중의 각종 새를 지으시고 아담이 무엇이라고 부르나 보시려고 그것들을 그에게로 이끌어 가시니 아담이 각 생물을 부르는 것

이 곧 그 이름이 되었더라(창세기 2:19)

돕는 배필을 주시기 전에 각종 들짐승과 공중의 각종 새, 즉 각종 생물을 아담에게 이끌어 가시고 '아담이 무엇이라고 부르나' 보려고 하셨습니다. 그리고 아담이 부르는 것이 곧 그 이름이 되었습니다.

저는 이 장면에 궁금증이 생겼습니다. 배우자를 주시겠다고 18절에서 작정하신 후, 그리고 20절에서 하와를 만드시기 전에 어째서 각종 들짐승과 공중의 각종 새를 아담 앞에 이끌어 가셨을까요? 어째서 아담이 무엇이라고 부르나 보려고 하셨을까요?

아담은 자기에게 온 각종 들짐승과 공중의 새에게 이름을 지어주었습니다. 하나님은 아담이 동물들의 이름을 짓도록 하시려고 이끌어 가셨습니다. 아마도 하나님 보시기에 좋았더라는 그 기쁨을 아담과 함께 나누기 위해서가 아닐까요?

이름을 짓는다는 것은 어떤 의미가 있을까요?

혹시 이런 이름 들어 보셨나요? '김수한무 거북이와 두루미' 이렇게 시작하는 이름인데, 들어 보셨나요? 옛날 코미디프로를 통해 세상에서 가장 긴 이름으로 알려진 이름입니다. 수한무는 수명이 무한함, 거북이와 두루미는 십장생, 삼천갑자 동방삭은 삼천갑자를 살았다는 중국의 동방삭이라 합니다.

부모는 태어난 아기의 이름을 지을 때 심사숙고합니다. 아기의 미래가 복되기를 바라는 마음으로 신중하게 결정합니다. 귀한 아들의 이름을 지을 때 좋은 말을 다 갖다 붙이다 보니 이름이 80자 가까이나 됩니다.

이름은 그 대상의 본질과 가능성을 함축하고 있습니다. 아기 이름은 그 안에 부모의 바람, 자녀에 대한 사랑이 담겨 있습니다. 이름을 짓는 것은 곧 사랑입니다. 마찬가지로 아담이 각종 생물의 이름을 짓는다는 것은 그 대상과 사랑의 관계를 맺는 것입니다. 하나님은 사람에게 각종 동물과의 사랑의 관계를 맺도록 하셨습니다. 하나님이 보시기에 좋았더라는 기쁨을 아담과 함께 나누셨습니다. 그리고 돕는 배필을 주십니다.(주의할 점이 하나 있지요. 18절에서는 사람이라고 하시다가 배우자를 주시겠다고 하시면서, 그 이후부터는 한 사람은 아담이라고 또 한 사람은 하와라고 부르시네요. 아내가 있어야 남편이 있고 남편이 있어야 아내가 있듯이, 여자가 있어야 비로소 남자도 있다는 뜻이 아닐까요?)

잠에서 깬 아담은 하와를 보고 말합니다. 이는 내 뼈 중의 뼈요 살 중의 살이라 이것을 남자에게서 취하였은즉 여자라 부르리라.

제가 처음 아내를 만났을 때를 기억합니다. 아내의 온몸에서 빛이 나더군요. 나도 모르게 잘해주었던 것을 기억합니다. 아마도 아담이 하와를 처음 본 순간 그 마음이었을 것입니다.

아담은 내 뼈 중의 뼈요 살 중의 살이라고 기뻐하며 경탄합니다. 각종 동물의 이름을 지으면서 보시기에 좋았더라는 하나님의 기쁨을 함께 나누었던 아담이 하와를 보고 한 첫마디의 말이 또한 하나님이 창조하신 여자에 대한 보시기에 좋았더라는 경탄이었습니다.

보시기에 좋았더라는 창조 세계를 향한 하나님의 기쁨을 하와를 본 순간 내 뼈 중의 뼈요 살 중의 살이라는 탄성을 지르며 기뻐했던 것입니다.

아담의 기쁨은 보시기에 좋았더라는 창조주 하나님의 기쁨과 동일한 것입니다. 아담의 기쁨은 최초의 이웃인 하와에게로, 그리고 모든 이웃에게로 확장됩니다. 하나님의 사랑이 아담에게로 그리고 하와에게로 그리고 모든 이웃에게로 확장된다는 말입니다.

네가 밭에서 곡식을 벨 때에 그 한 못을 밭에 잊어버렸거든 다시 가서 가져오지 말고 나그네와 고아와 과부를 위하여 남겨두라 그리하면 네 하나님 여호와께서 네 손으로 하는 모든 일에 복을 내리시리라 (신명기 24:19)

아담이 하나님과 기쁨을 나눈 지 한참을 지난 후 이스라엘에게 주신 신명기 말씀입니다. 추수할 때 밭의 한 모퉁이를 남겨 두라는 말씀입니다. 그것은 나그네와 고아와 과부의 몫이라는 말씀입니다. 거둔 후에 나누어 줄 수도 있겠지만 하나님은 그렇게 하지 않으셨습니다. 아마도 받는 자들의 마음(혹시 받을 때 수치심을 느끼지 않을지)까지도 돌보시는 것이 아닐까 생각해 봅니다. 말하자면 돌보지 않는 듯 돌보시는, 돌보지 않음으로써 돌보시는 하나님의 마음이 아닐까요? 생색내지 않는 돌봄입니다.

나그네와 고아와 과부를 돌보라는 신명기 율법은 태초에 하나님 보시기에 좋았더라는 하나님의 기쁨과 경탄의 세계로 우리를 초대하시는 것으로 생각합니다.

하나님 보시기 좋았더라는 하나님의 경탄과 기쁨을 아담과 함께 나누셨듯이, 이제 우리와 함께 나누시길 원하시는 하나님의 초청장 중 하나가 '기아 대책'(떡과 복음으로 세상을 아름답게 하는 단체입니다. 이 설교는 '기아대책이사회'에서 했습니다)이라고 저는 생각합니다.

섬긴다는 것에 대하여
창세기 18장 1-10절

1. 아브라함의 섬김(1-8절)

오늘 본문의 아브라함의 섬김에는 세 가지 특징이 있습니다. 첫째는 섬김의 대상에 차별이 없습니다. 둘째는 섬김의 태도가 상대방을 존중합니다. 셋째는 섬김의 내용에 있어서 상대방의 사정을 고려합니다.

섬김의 대상(1-5절): '차별이 없습니다'

오늘 본문을 보면 아브라함이 나그네를 정성껏 섬기는 모습을 봅니다. 팔레스타인 지역에는 나그네를 잘 대접하는 것이 관습이라고 합니다. 제가 이스라엘을 방문했을 때 안내를 맡은 선교사님의 말에 따르면, 지금도 양을 치는 사람인 베두인들은 방문객에게 우유와 버터 그리고 빵과 고기를 제공하며 극진히 대접한다고 합니다.

우리 한민족도 손님을 잘 대접하는 것이 전통입니다. 우리나라를 방문한 외국 사람들이 공통으로 하는 말이 한국 사람들은 친절하다는 것입니다. 맞습니다. 제가 어렸을 적에 손님을 대문에 세워두지 말라는 말을 자주 들었습니다. 지금 우리들의 마음도 같지요. 다만 너무 바빠서 가끔 잊어버리기도 하지만 말입니다.

여러분이 섬기는 이는 어떤 사람입니까? 내게 유익을 주거나, 또는 유익을 줄 만한 상대만 섬기려고 하지는 않나요? 아니면 내 유익과 상관없는 사람도 섬길 마음이 있나요?

> 나그네를 대접하기를 소홀히 하지 마십시오. 어떤 이들은 나그네를 대접하다가, 자기들도 모르는 사이에 천사들을 대접하였습니다. (히브리서 13:2)

> 31남에게 대접을 받고자 하는 대로 너희도 남을 대접하라 32너희가 만일 너희를 사랑하는 자만을 사랑하면 칭찬 받을 것이 무엇이냐 죄인들도 사랑하는 자는 사랑하느니라 33너희가 만일 선대하는 자만을 선대하면 칭찬 받을 것이 무엇이냐 죄인들도 이렇게 하느니라 34너희가 받기를 바라고 사람들에게 꾸어 주면 칭찬 받을 것이 무엇이냐 죄인들도 그만큼 받고자 하여 죄인에게 꾸어 주느니라 35오직 너희는 원수를 사랑하고 선대하며 아무 것도 바라지 말고 꾸어 주라 그리하면 너희 상이 클 것이요 또 지극히 높으신 이의 아들이 되리니 그는 은혜를 모르는 자와 악한 자에게도 인자하시니라 36너희 아버지의 자비로우심 같이 너희도 자비로운 자가 되라(누가복음 6: 31-36 개역개정)

예수님은 가난한 자, 소외된 자와 함께 하셨습니다. 구약성경에서도 나그네 고아 과부를 돌보라고 명령하고 있습니다. 기독교인의 섬김은 대가를 바라지 않습니다. 대가를 생각하지 않기에 섬기는 이를 차별하지 않습니다.

아브라함의 친절은 알지 못하는 사이에 천사들을 대접하였습니다. 믿음의 조상 아브라함의 친절이 우리의 친절이 되기를 바랍니다.

섬김의 태도: 상대를 존중합니다

2절을 보면, 그들을 보자, 장막 어귀에서 달려 나가서, 그들을 맞이하며, 땅에 엎드려서 절을 하였다고 말씀합니다. 정성을 다하여 맞이하는 아브라함의 태도를 볼 수 있습니다.

우리는 어떻습니까? 누군가를 도우면서 그를 약자라고 함부로 하거나 나의 강함을 드러내어 상대방의 마음을 불편하게 하지는 않나요?

잘 주고 잘 받아야 합니다. 줄 때는 상대방이 비굴함을 느끼지 않도록 살펴야 합니다. 왼손이 하는 일을 오른손이 모르게 해야 합니다. 받을 때도 잘 받아야 합니다. 주는 사람의 마음을 헤아려서 감사함으로 받아야 합니다. 잘 주고 잘 받는 것이 기독교인의 섬김입니다. 기독교인은 마음을 다하여 기꺼이 행하는 마음으로 상대방을 대합니다. 아브라함이 했던 것처럼 말입니다.

섬김의 내용: 상대방의 입장을 고려합니다

⁴물을 좀 가져 오라고 하셔서, 발을 씻으시고, 이 나무 아래에서 쉬시기 바랍니다. ⁵손님들께서 잡수실 것을, 제가 조금 가져 오겠습니다. 이렇게 이 종에게로 오셨으니, 좀 잡수시고, 기분이 상쾌해진 다음에 길을 떠나시기 바랍니다.

아브라함은 나그네를 받아들인 후 여행객에게 가장 필요한 것들을 제공합니다. 먼저 물을 가져와서 발을 씻게 하고, 나무 아래에서 쉴 수 있도록 하며, 먹을 것을 제공합니다. 씻고, 쉬고, 먹는 것이 나그네에게 가장 필요한 것입니다. 아브라함의 사려 깊은 태도를 느낄 수 있습니다.

여러분은 누군가를 섬길 때 고려하는 것이 무엇입니까? 내가 주고 싶은 것을 줄 수도 있고, 상대방이 좋아하고 필요한 것을 줄 수도 있습니다. 기독교의 섬김은 상대방에게 필요한 것이 무엇인가를 고려합니다. 자기의 능력으로는 해줄 수 없는 것을 무리하게 하라는 말이 아닙니다. 내 힘으로 섬길 수 있는 것 중에서 상대방의 필요를 고려하여 섬기라는 것입니다.

2. 섬긴 자의 복(9-15절)

부지중에 천사를 대접한 아브라함에게 하나님은 두 가지 선물을 계시하셨습니다. 하나는 '내년 이맘때에 사라에게 아들이 있을 것(14절)'이며, 둘째는 '소돔과 고모라가 멸망할 것(20절)'입니다.

아브라함과 사라는 부지중에 천사를 대접하고 내년 이맘때에 아들을 낳으리라는 약속의 말씀을 받았습니다. 또한 소돔과 고모라를 멸망시키실 때 아브라함을 생각하셔서 조카 롯을 구하셨습니다.

이웃을 섬기는 여러분에게 약속의 말씀이 임하고 그 말씀대로 순종하여 하나님의 은혜가 여러분의 삶에 이루어지기를 바랍니다.

예수 그리스도의 이름으로

사도행전 3장 1-10절

베드로와 요한은 하던 대로 오후 3시에 기도하기 위하여 성전으로 올라갑니다. 성전 미문(美門, 아름다운 문)에서 나면서부터 못 걷는 구걸하는 사람을 만납니다. 성문은 많은 사람이 드나드는 곳입니다. 구걸하기 좋은 곳이고, 선교하기 좋은 곳입니다.

> [1] 오후 세 시의 기도 시간이 되어서, 베드로와 요한이 성전으로 올라가는데, [2] 나면서부터 못 걷는 사람을 사람들이 떠메고 왔다. 그들은 성전으로 들어가는 사람들에게 구걸하게 하려고, 이 못 걷는 사람을 날마다 '아름다운 문'이라는 성전 문 곁에 앉혀놓았다.

베드로와 요한은 성전으로 기도하러 올라갑니다. 나면서부터 걷지 못하는 사람은 구걸하기 위해 성전으로 올라갑니다. 목적이 다릅니다. 여러분은 교회에 올 때 어떤 목적으로 오나요? 구걸하기 위해서? 아니면 기도하기 위해서? 생각해 볼 일입니다.

나면서부터 못 걷는 사람을 떠메고 온 사람들의 목적은 무엇입니까? 구걸하는 것입니다. 재물(은과 금)이 목적입니다. 반면에 베드로와 요한의 목적은 무엇입니까? 베드로와 요한은 기도하러 왔습니다. 기도하면 은과 금을 구할 수도 있겠지만, 성령이 충만한 베드로와 요한은 성령이

시키는 대로 구했겠지요. 예수를 증언하는 일을 구합니다. 예수를 증언하는 데 필요한 담대한 용기, 지혜, 동역자, 시간, 재물, 건강 등을 구합니다. 목적은 예수를 증언하기 위한 것입니다. 세상 사람들이 구하는 것과 베드로와 요한이 구하는 것이 다릅니다. 세상 사람들은 소유를 구하고, 베드로와 요한은 존재를 구합니다.

³그는, 베드로와 요한이 성전으로 들어가려는 것을 보고, 구걸을 하였다.

구걸하는 사람이 보기에 베드로와 요한은 지나가는 사람 중의 하나입니다. 그저 자신에게 동정을 베풀어 줄 사람일 뿐입니다. 하지만 베드로와 요한은 예수의 제자입니다. 성령이 충만한 새로운 피조물입니다. 지나가는 사람과 전혀 다른 사람입니다. 구걸하는 사람은 그들을 지나가는 사람 중의 한 사람으로 보기 때문에 세상 사람들에게 구하는 것과 같은 것을 구합니다.

베드로와 요한은 세상 사람들과 다릅니다. 예수의 제자입니다. 그런데도 구걸하는 사람은 세상 사람에게 구하는 것과 같은 것을 구합니다. 그는 베드로와 요한이 무엇을 줄 수 있는 사람인지 알아보지 못합니다. 교회에서 세상에서 구하는 것과 같은 것을 구하면 예수께서 무엇을 주실 수 있는지 모르는 것입니다. 구걸하는 사람은 소유를 구하고 있지만, 베드로와 요한은 존재를 줄 수 있습니다.

⁴베드로가 요한과 더불어 그를 눈여겨 보고, 그에게 말하였다. "우리를 보시오!"

베드로와 요한은 구걸하는 사람을 눈여겨봅니다. 저도 지하철역을 갈 때 그곳에서 구걸하는 사람을 눈여겨보지 않습니다. 세상 사람에게 눈여겨볼 가치가 없습니다. 하지만 베드로와 요한은 그를 눈여겨봅니다. 교회는 한 영혼을 귀하게 봅니다.

세상은 사람에게 가격을 매깁니다. 하루 일당으로 10만 원, 20만 원을 정합니다. 제 친구 중 한 사람은 로펌에 다니는 변호사인데 하루 일당이 60만 원이라고 합니다. 하지만 일당이 그 사람의 가치인가요? 인간을 소유로 보면 사람마다 가치를 매길 수 있습니다. 존재로 보면 그렇게 평가하지 못합니다.

세상이 눈여겨볼 가치가 없는 구걸하는 사람을 베드로와 요한은 눈여겨봅니다. 나태주 시인의 <풀꽃>이라는 시를 봅시다.

오래 보아야 예쁘다.
자세히 보아야 사랑스럽다.
너도 그렇다.

실제로 오래 보면 예쁩니다. 자세히 보면 사랑스럽습니다. 하지만 우리는 오래 볼 시간이 없고, 자세히 볼 여유가 없습니다. 소유를 찾아다니느라 너무 바빠서 모두가 다 예외가 없습니다.

세상이 보지 않는 사람을 베드로와 요한이 눈여겨보듯, 주님은 우리를 눈여겨보십니다. 우리를 귀하게 보십니다. 그런데 교회에 와서 눈여겨보시는 주님을 느끼고 알지 못하면 사람을 보게 됩니다. 교회에서 세상에서 구하는 것과 같은 것을 구한다면 베드로와 요한은 주지 못합니다. 세상이 구하는 은과 금이 없기 때문입니다. 세상이 주는 것을 구하기 위해 교회에 온 사람은 은과 금을 구할 수 없다는 것을 아는 순간 교회를 본 척도 하지 않습니다.

베드로와 요한이 구걸하는 사람에게 말합니다. "우리를 보시오!"

뭘 보라는 것입니까? 은과 금을 줄 사람으로 보지 말고 똑바로 보라는 말입니다. 구걸하는 사람은 지나가는 사람의 지갑을 봅니다. 자기에게 은과 금을 줄 사람인지 아닌지를 봅니다. 그렇게 보지 말고 똑바로 보라는 말입니다. 베드로와 요한이 무엇을 줄 수 있는지 똑바로 보라는 말입니다. 교회에서 무엇을 줄 수 있는지를 똑바로 보아야 합니다.

> 5그 못 걷는 사람은 무엇을 얻으려니 하고, 두 사람을 빤히 쳐다보았다.

구걸하는 사람은 은과 금을 얻으려고 베드로와 요한을 쳐다봅니다. 저는 어렸을 때 빵과 달걀을 얻으려고 교회에 갔습니다. 뭔가 육신적인 것을 얻을 수 있나 하고 교회에 가곤 했습니다. 인간의 기본적 욕망입니다. 복 받을 일, 뭔가 얻을 것이 있나 하고 바라보는데 목사님은 전혀 다른 말을 합니다. 목사님이 복 받으라고 하든지 위로해 주든지 하지, 예수가 어쩌느니 하나님 나라가 어떠니 합니다. 빨리 끝나고 밥이나 먹고 가야겠다고 생각합니다. 하지만 베드로는 그렇지 않습니다. 베드로는 자신이 가진 것을 줍니다. 교회도 마찬가지입니다. 교회는 교회가 줄 수 있는 것을 줍니다. 교회는 세상이 줄 수 있는 것을 주는 것이 아니라 세상이 줄 수 없는 것을 줍니다.

> 6베드로가 말하기를 "은과 금은 내게 없으나, 내게 있는 것을 그대에게 주니, 나사렛 예수 그리스도의 이름으로 [일어나] 걸으시오" 하고,

베드로는 사람들이 구하는 것, 은과 금을 줄 수 없으니 자신이 가진 것, 예수 그리스도의 이름으로 줄 수 있는 것을 준다고 합니다. 교회는 세상이 줄 수 있는 것을 주지 못합니다. 간혹 예수를 잘 믿었더니

엄청난 부자가 되었다는 장로님의 간증이 있는데, 그것은 자기가 사업을 잘해서 또는 운이 좋아서 부자가 된 것이지 교회는 부자가 되도록 하지 못합니다. 부자가 되게 해주시면 선교비를 많이 내겠다고 했더니 부자가 되게 해주셨다고 하는데 그렇지 않습니다. 교회는 그 이상을 봅니다.

베드로는 구걸하는 사람이 원하는 은과 금을 주지 못합니다. 은과 금을 베드로에게 구하지 못하면 거지는 베드로를 외면하게 됩니다. 마찬가지로 교회에서 은과 금을 구하지 못하면 교회를 외면합니다. 베드로가 줄 수 있는 것은 베드로가 가진 것입니다. 그것은 예수 그리스도 이름입니다. 교회도 마찬가지입니다. 찬송가 가사처럼 예수보다 더 귀한 것은 없습니다.

베드로는 말합니다. "예수 그리스도의 이름으로 일어나 걸으시오" 베드로는 예수님의 이름으로 일어나 걸을 수 있도록 합니다. 걸을 수 있게 합니다. 거지는 왜 구걸합니까? 나면서부터 걸을 수 없기 때문입니다. 사람들이 왜 이 사람을 눈여겨보지 않고 무시합니까? 왜 이 사람을 가치 없다고 자세히 오래 보지 않고 지나갑니까? 나면서부터 걷지 못하기 때문입니다. 그가 걸었으면 그렇지 않았을 것입니다.

그렇다면 예수의 이름으로 무엇을 줍니까? 나면서부터 걷지 못하므로 당했던 서러움을 해결해 줍니다. 근원적인 문제를 해결해 줍니다. 문제가 해결되자 걷기도 하고 뛰기도 합니다(8절). 이제 더 이상 구걸하지 않아도 됩니다.

베드로는 예수님의 이름으로 존재를 회복시켜 줍니다. 은과 금과 같은 소유를 주는 것이 아닙니다. 걷지 못할 때는 사람들이 떠메고 오지만 이제는 스스로 걸어 다닙니다. 소유는 일시적인 해결이지만 존재는 영구적인 해결책입니다. 믿음으로 나아오는 사람은 존재를 회복합니다. 소유에서 존재로 나아옵니다. 사람답게 살게 합니다.

> ⁹사람들은 모두 그가 걸어다니는 것과 하나님을 찬양하는 것을 보고, ¹⁰또 그가 아름다운 문 곁에 앉아 구걸하던 바로 그 사람임을 알고서, 그에게 일어난 일로 몹시 놀랐으며, 이상하게 여겼다.

사람들이 몹시 놀라고 이상하게 여깁니다. 소유에서 존재로 바뀌었기 때문입니다. 베드로와 요한이 이 사람을 소유가 아니라 존재 보았기 때문입니다.

만약 이 사람이 다리는 낫지 않았지만 영혼이 구원받았다면 어떨까요? 나는 하나님의 사랑받는 자라고 깨달았다면 이 사람이 계속 구걸할까요? 은과 금을 구하는 것이 아니라 예수님의 이름으로 하나님 나라를 구할 것입니다. 아직 걷지 못하지만 말입니다. 성전 미문에 여전히 앉아 있지만 은과 금을 구하는 구걸을 하는 것이 아니라 하나님을 찬양할 것입니다. 지나가는 사람에게 구걸하는 것이 아니라 오히려 하나님을 찬양하며 하나님 나라를 보여줄 것입니다. 지금 이대로의 모습으로 찬양하여 세상 사람들은 놀래고 이상하게 여길 것입니다.

성경은 이 시대를 본받지 말라고 합니다. 이 시대가 어떠하길래 본받지 말라고 할까요? 사람들이 추구하는 가치가 하나님 나라에서 추구하는 가치와 다르기 때문입니다. 예나 지금이나 이 세상은 돈을 섬기는 세상입니다. 돈이 주인인 세상입니다. 돈을 섬기고 돈이 주인이기 때문에 사람을 물질화시킵니다. 사람의 가치를 돈으로 환산합니다. 돈으로 가치가 매겨지는 것이 바로 물건입니다. 사람을 가격으로 환산하면 사람이 물건이 됩니다. 사람을 물건으로 취급합니다. 마트에서 물건마다 가격이 매겨진 것처럼 말입니다. 비싼 가격이 매겨지지 않으면 무시당합니다.

사람이 물건으로 취급되면 소모품이 됩니다. 전구가 수명을 다하면 바꿉니다. 사람이 소모품으로 대체할 수 있는 물건으로 취급당하면 인간의 존엄성이 사라집니다. 인간성이 상실됩니다. 그런 세상이 바로 지옥입니다.

우리는 그런 사고방식으로 판단하면서 살아갑니다. 우리가 추구하는 가치는 대부분 소유입니다. 세상이 그런 가치를 중요하게 여기기 때문입니다. 대통령, 국회의원이 농부보다 더 가치 있다고 여기는 세상입니다. 하지만 교회는 그렇지 않습니다. 교회는 그 소유에 따라 가치를 달리하지 않습니다. 하나님의 형상을 닮았기 때문입니다. 그것을 놓치면 교회는 망합니다. 세상에서 폼 나는 사람이 교회에서 인정받고 세상에서 그렇지 못한 사람이 교회에서 인정받지 못한다면 교회는 망한 것입니다. 세상의 가치 기준이 교회의 가치 기준이 되면 안 됩니다. 교회는 그것을 회복시켜주는 곳입니다.

나면서부터 걷지 못한 사람이 베드로와 요한으로부터(교회로부터) 받는 것이 무엇입니까? 은과 금이 아니라 근원적인 문제를 해결 받았습니다. 예수의 이름으로 걷게 됩니다. 예수의 이름으로 회복됩니다. 예수의 이름으로 나아가는 그곳은 사람을 하나님의 형상으로 대우하는 하나님 나라입니다. 사람답게 사는 세상입니다.

소유에서 존재로 변화하는 세상, 옆 사람을 하나님의 형상을 닮은 사람, 하나님이 보내주신 사람으로 바라보는 순간 하나님 나라가 존재합니다. '하나님 나라는 여기에 있다. 저기에 있다'라고 공간적으로 말하는 것을 믿지 말라고 말씀하십니다. 하나님 나라는 너희 가운데 있다고 말씀하십니다. 바로 너희(나와 너) 사이에 있습니다. 나와 네가 사랑하며 살 때 하나님 나라가 있습니다.

각 장에서 아래에 있는 설교는 유튜브 검색창에 검색하여 시청하실
수 있습니다.

1장 하나님을 어떻게 믿어야 하나요?

1강 하나님의 상속자(갈 4:4-7)	20201227박세식
4강 나는 하나님의 기쁨입니다(시 139:13-18)	20220904박세식
5강 하나님을 잊지 말라(신 8:7-18)	20201122박세식주일낮예배설교
7강 떨기나무 아래에서(출 3:1-15)	20200830박세식

2장 기도는 어떻게 해야 하나요?

2강 주님은 거룩하시다(시 99:1-9)	20220227박세식
3강 일천번제, 무엇을 구하시겠습니까?(왕상 3:5-15)	230730박세식

3장 성경은 어떻게 읽고 이해해야 하나요?

2강 결혼과 출산에 대하여(창 2:24-25)	230521박세식
3강 바벨탑 이야기(창 11:1-9)	20220608박세식수요저녁예배설교
4강 씨뿌리는 사람의 비유(마 13:1-9)	230716박세식주일낮예배설교
5강 하나님 나라 비유(마 13:44-52)	230726박세식

4장 교회 생활이 신앙생활에 어떤 도움이 될까요?

1강 교회의 존재 이유(고전 1:10-18)	20230201박세식수요저녁집회설교
2강 그리스도의 영광 안에서(골 3:1-11)	20230412박세식수요저녁예배
4강 무엇으로 하나님을 드러낼까요?(요 14:1-14)	230802박세식

5장 성령은 누구이며, 성령의 역할은 무엇인가요?

1강 성령의 선물(고전 12:3-13)	230528박세식
2강 성령의 강림, 언어의 회복(행 2:1-13)	230620박세식

6장 하나님은 우리의 죄를 어떻게 용서해 주시나요?

2강 은혜 아래 있으라 (롬 6:1-11)	230625박세식
3강 모세의 간청 (출 33:12-23)	20201018박세식

7장 믿음의 도전과 시련에 대처하는 방법은 무엇인가요?

2강 주님은 나의 목자시니 (시 23:1-6)	20220508박세식
3강 응답하시는 하나님 (시 118:1-2, 19-29)	20220410박세식
4강 아브라함의 믿음 (창 15:1-12, 17-18)	20220313박세식
5강 여호와 이레 (창22:1-14)	230702박세식
6강 야곱의 씨름 (얍복강) (창 32:22-32)	230806박세식

8장 신앙의 성장을 위해 무엇을 해야 할까요?

1강 성경적 사랑 (고전 13:1-13)	20220130박세식
2강 믿음의 선한 싸움 (딤전 6:3-19)	20220928박세식
3강 거룩한 삶 (레 19:1-2, 15-18)	20201025박세식
4강 감사하고 찬양하라 (시 66:1-12)	20220703박세식
5강 무엇을 바라보고 있습니까? (시 104:24-30)	20220605박세식
6강 엘리야의 두 모습 (왕상 19:1-18)	20220619박세식
7강 열 사람의 나병환자가 깨끗하게 되다 (눅 17:11-19)	230719박세식

9장 하나님의 뜻을 어떻게 알 수 있나요?

1강 복음에는 차별이 없습니다 (엡 3:1-12)	20220105박세식
2강 진리, 자유 (요 8:32)	230705박세식
3강 사랑이 능력입니다 (요 21:15-18)	20230226박세식
4강 매사에 때가 있다 (전 3:1-8)	20221228박세식
6강 섬긴다는 것에 대하여 (창 18:1-10)	20220717박세식
7강 예수 그리스도의 이름으로 (행 3:1-10)	230624박세식

박세식 목사 유튜브 채널